KB265157

자녀교육 혁명 하브루타

유대인 성공의 비결, 질문과 토론이 가정을 살린다

자녀교육 혁명 하브루타

지은이 | 전성수
초판 발행 | 2012. 9. 27
25쇄 발행 | 2024. 8. 1 9.

등록번호 | 제3-203호
등록된 곳 | 서울특별시 용산구 서빙고동 95번지
발행처 | 사단법인 두란노서원
영업부 | 2078-3333   FAX 080-749-3705
출판부 | 2078-3477

▌책 값은 뒤표지에 있습니다.
 ISBN 978-89-531-1815-7 03230

▌독자의 의견을 기다립니다.
 tpress@duranno.com   http://www.Duranno.com

▌이 책의 성경 본문은 개역개정판을 사용했습니다.

두란노서원은 바울 사도가 3차 전도여행 때 에베소에서 성령 받은 제자들을 따로 세워 하나님의 말씀으로 양육하던 장소입니다. 사도행전 19장 8-20절의 정신에 따라 첫째 목회자를 돕는 사역과 평신도를 훈련시키는 사역, 둘째 세계선교(TIM)와 문서선교(단행본·잡지) 사역, 셋째 예수문화 및 경배와 찬양 사역, 그리고 가정·상담 사역 등을 감당하고 있습니다. 1980년 12월 22일에 창립된 두란노서원은 주님 오실 때까지 이 사역들을 계속할 것입니다.

자녀교육 혁명 하브루타

| 전성수 지음 |

두란노

CONTENTS

| PART 1 |
왜 하브루타인가?

chapter 1
자녀를 노엽게 하지 말라

성경은 왜 자녀를 노엽게 하지 말라고 하는가

노엽게 하지 말라면서 왜 매를 들라고 하는가

chapter 2
문제는 애착이다

왜 애착이 중요한가

어떻게 애착을 형성할 것인가

애착은 평생 삶의 기반이다

가족 행복,
자녀 성공,
신앙 전수를 한 방에!

당신은 당신의 삶을 이끄는 평생의 질문이 있는가? 당신의 자녀에게 평생 그 삶을 이끌어 줄 수 있는 질문을 갖게 하는가? 아인슈타인은 '뉴턴의 물리학을 넘어서는 나만의 물리학은 무엇인가?'라는 질문을 평생 동안 추구했다. 프로이트는 '인간의 내면 심리를 더 잘 알 수는 없을까?'라는 질문으로 살았다.

현재 나의 삶을 이끌고 있는 질문은 '성경적 자녀 교육은 무엇인가?'이다. 이 질문은 하나님께 소명을 받은 뒤 생긴 것이다. 하나님은 교수로서 열심히 살던 나에게 신학을 공부하게 하셨고, "너는 피를 토하는 가슴으로 자녀 교육과 교회 교육에 대해 글을 쓰라"고 말씀하셨다. 그 이전에 나는 미술 교육을 연구하고 가르쳤다. 그래서 미술교육 관련 저서도 100여 권 되고, 미술 교과서도 집필했으며, 임용고시 출제위원을 비롯한 각종 심사위원으로도 활동했다.

하지만 하나님의 소명의 말씀을 받은 뒤 내 삶은 180도 바뀌었다. 성경적 자녀 교육에 대한 질문이 나를 이끌었다. 그 질문은 자녀 교육에 대해 생각지도 않던 내게, 1000여 권의 책을 집중해서 읽게 만들었고, 성경을 묵상하게 했으며, 이스라엘에 두 번 가게 했고, 미국에 가서 유대인을 탐방하게 했으며, 지속적으로 고민하고 연구하고 집필하게 만들었다.

이런 질문의 결과로 나온 첫 책이 나중에『복수당하는 부모들』로 개정된『복수당하는 부모 존경받는 부모』였고, 이후에『말씀으로 키운 자녀가 세상을 이긴다』등이 출간되었다.

이 책『자녀교육 혁명 하브루타』는 예담에서 곧 출간될『하브루타』와 함께 그 질문에 대한 지금까지의 고민과 연구의 결정체라 할 수 있다. 이 책은 복수당하는 부모에 대한 해결책이며, 말씀으로 자녀를 키우는 구체적 방법이자 대안이다.

2007년, 기억력 부문으로 기네스북에 오른 유대인 에란 카츠가 쓴『천재가 된 제롬』을 읽으면서 헤브루타라는 단어를 처음 접하고 "바로 이거다!"라는 탄성을 질렀다. 그 뒤 하브루타를 좀 더 자세히 알기 위해 신학대학원을 마치면서 2009년 이스라엘에 갔고, 쉐마목회자클리닉을 찾았으며, 이 프로그램을 통해 미국에 가서 유대인 가정과 학교, 회당을 직접 돌아볼 수 있었다. 그 과정에서 헤브루타보다 하브루타가 보다 정확한 용어라는 것을 알게 되었다.

나는 초등학교 교사로 10여 년 근무했고, 중등 교사 자격증을 가지고 있으며, 대학에서 유아교육과 교수로 있으므로, 유아부터 초등과 중등, 그리고 대학 교육까지 모두 경험했다. 그리고 교육학을 30년째 공부하고 연구하고 있다. 그런 내가 유대인의 하브루타를 접했을 때 이것이야말로 한국 교육의 패러다임을 뿌리부터 바꿔 교육 혁명을 일으킬 유일한 대안이자, 하나님이 원하시는 방법임을 직감했다. 이 하브루타가 유대인으로 하여금 아이비리그에 30% 정도 들어가게 하고, 노벨상을 30% 받게 하며, 각계각층의 전문가가 되게 하는 핵심 비결임을 순간적으로 깨달았다. 하브루타란 '짝을 지어 질문하고 대화, 토론, 논쟁하는 것'을 말한다. 그런데 그것이 어째서 교육 혁명을 일으킬 만하다는 것인가?

신약성경에는 자녀 교육에 대한 언급이 아주 드물다. 그런데 신약에서 자녀 교육과 관련해 두 번씩 반복한 말씀이 있다. 그것은 "네 자녀를 노엽게 하지 말라"(엡 6:4; 골 3:21)이다. 자녀를 노엽게 하지 말라는 말은 자녀를 열받게 하지 말라는 것이고, 자녀에게 스트레스 주지 말라는 말이다. 기도 중에 '복수당하는 부모들'이 한국의 자녀 교육을 정확하게 한마디로 요약한 것임을 알았는데, 나중에 이것은 또 "자녀를 노엽게 하지 말라"는 말씀과도 연결된다는 사실을 깨닫게 되었다.

아이가 어렸을 때 사랑과 돌봄을 통하여 애착 관계를 형성하기보다 글과 숫자를 가르치는 데만 관심을 갖는 현대의 자녀 교육은 자녀에게 스트레스를 주는 최고의 방법이다. 이 스트레스는 아이의 뇌를 망가뜨리고 성격을 망가지게 한다. 아이는 무너진 성격을 통해 두고두고 부모에게 복수를 한다. 이것이 복수당하는 부모의 메커니즘이다.

예수님께서 우리에게 주신 첫 번째 계명은 하나님을 사랑하라는 것이다. 이 계명은 쉐마 말씀(신 6:4-9)에서 가져온 것이다. 그런데 그 쉐마 말씀은 자녀에게 부지런히 가르치고 언제 어디서든지 말씀을 강론하라고 부모에게 명령하고 있다. 강론의 원어적 의미는 이야기를 나누는 것이고, 영어로는 talk about이다. 하나님은 우리에게 하브루타를 통해 성경 말씀을 부지런히 가르치라고 명령하시고 있는 것이다.

기독교인에게 자녀와 관련하여 가장 큰 소망이 있다면 세 가지를 들 수 있을 것이다. 하나는 자녀를 포함한 온 가족이 행복했으면 하는 바람이고, 둘은 자녀가 하나님이 주신 사명에 따라 성공적인 삶을 사는 것이며, 셋은 자녀가 끝까지 믿음을 지켜 천국에 들어가는 것이다. 자녀가 행복하기를 바라지 않고, 자녀가 성공하기를 바라지 않고, 자녀가 신앙을 지키기를 바라지 않는 크리스천 부모는 없다. 그런데 한 가지만 실천해도 이 세 마리 토끼를 모두 잡을 수 있다면 목숨 걸고라도 해야 하지 않을까? 그 한 가지가 바로 가족 하브루타다.

가족끼리 질문하고 대화, 토론, 논쟁하는 가족 하브루타는 서로 속마음을 허심탄회하게 이야기하게 함으로써 가정에 행복을 가져온다. 질문과 토론을 통해 길러진 사고력과 통찰력은 유대인이 그러하듯 자녀를 성공적인 삶으로 이끈다. 성경을 가지고 계속 대화하고 토론하면 자녀의 신앙은 저절로 성숙한다. 이 세 가지뿐만 아니라 가족 간의 의사소통이 원활해지고, 공감과 경청 능력이 길러지며, 자녀의 마음에 분노를 쌓지 않으니 자녀가 엇나갈 일이 없고, 모든 문제를 부모와 상의하게 되며, 자녀의 소질과 적성을 저절로 파악하게 되고, 부모의 신앙도 자연스럽게 성장하게 된다. 이보다 완벽한 자녀 교육 방법이 또 있겠는가?

그런데 하브루타는 어려운 것이 아니라 너무나 쉽다. 가족끼리 이야기만 나누면 되기 때문이다. 이 쉬운 방법이 핵폭탄 같은 위력을 발휘하는 것이다.

나는 요즘 하브루타에 푹 빠져 살고 있다. 정기적으로 집에서 가족과 함께 가족 하브루타 예배를 드리고 있고, 주일 저녁에는 세 가정의 부부와 함께 하브루타를 통해 성경 말씀을 나누고 기도 모임을 하고 있으며, 매주 대학에서 학생들과 교수님들에게 각각 하브루타로 성경 공부를 인도하고 있다. 서울 대치동 하브루타교육원에서 많은 학생들이 하브루타로 지혜를 쌓고, 하브루타교육연구소에서 틈나는 대로 탈무드로 하브루타를 하고 있으며, 노량진교회에서 부모가 직접 자녀에게 성경을 가르치는 토요가족하브루타를 실시할 예정이다.

끝으로 이 책을 집필하는 데 많은 분의 도움이 있었다. 우선 이 책은 순전히 하나님이 주신 소명에 의해 그분의 인도하심으로 씌어졌다. 쉐마의 세계로 이끌어 미국의 유대인 가정과 학교, 회당을 직접 경험하게 해주신 현용수 박사님은 나의 스승이자 멘토시다. 유대인 교육이나 쉐마에 관심있는 분들에게 그분의 여러 책들과 쉐마클리닉을 권한다. 함께 기도해주고 하브루타를 해준 이재룡 목사와 이윤자 사모, 이태곤 목사와 심숙경 사모, 계속 하브루타로 씨름하는 오철규 원장을 비롯한 김금선·김정완·박귀준 이사, 대학의 임마누엘 학생들과 레마의 교수님들께 진심으로 감사드린다. 몇 년째 쉐마가정예배를 실천하며 사진 게재를 허락해 주신 박금주 목사님과 교회에서 쉐마학당을 시작하여 보급에 전념하고 있는 설동주 목사님, 그리고 추천의 글을 써주신 김영길 총장님, 류태영 박사님, 여충호 목사님, 학생들과 하부르타 실천에 노력하고 있는 벨국제학교 이홍남 교장 선생님, 탈무드의 대가 마빈 토케이어의 손자인 조나단 로젠버그에게 깊은 감사의 마음을 전한다.

그리고 무엇보다 나의 존재를 의미 있게 해주는 가족에게 감사하다. 부디 이 책이 복수당하는 부모의 길로 가고 있는 한국의 부모들에

자녀교육 혁명 하브루타

게 희망이 되고, 자녀에게 하브루타를 통해 성경을 가르치며, 가족끼리 허심탄회하게 대화의 물꼬를 트는 데 도움이 되기를 간절히 기도한다.

갈멜산금식기도원에서

전 성 수

: 창의 인성도 부모와 대화를 통해 길러진다

김영길(한동대학교 총장)

21세기에 가장 중요한 것은 감성과 지성의 융합이며, 창의적인 사고력과 문제 해결 능력이다. 하지만 우리는 아직도 산업화시대의 마인드에 빠져 지식 암기에만 골몰한다. 창의 인성이 중요해지는 앞으로의 시대에는 정직과 신뢰와 팀워크가 바탕이 되는 교육이 우리가 나아갈 방향이다. 그런데 이것들은 학교교육을 통해서도 길러지지만 주로 가정에서 육성된다. 특히 부모와의 대화와 토론 속에서 길러진다. 교육의 목적은 하나님께서 주신 달란트를 최대한으로 발휘하도록 돕는 것이다. 그런데 자녀와 평소에 대화하는 유대인 부모들은 자녀들의 소질과 적성을 정확하게 파악하여 도와주고 이끌어준다. 우리 한국의 부모들도 활발한 가족 하브루타를 통해 가족이 모두 행복하고, 자녀의 고등 사고력을 계발하며, 그 마음속에 말씀을 심어줄 수 있기를 기대한다. 이 책은 질문과 대화, 토론의 구체적 방법을 제시하고 있어 한국의 가정과 학교교육을 살릴 훌륭한 지침서가 될 것이다.

: 생각하며 말하는 대화법, 하브루타

류태영(농촌·청소년미래재단 이사장)

유대인에게 가정은 인체의 '배꼽'이고 세상의 중심이다. 그렇기 때문에 유대인은 부모의 역할을 무엇보다 중요하게 여긴다. 그들의 교육은 모두 대화를 통해서 이루어진다. 특히 말 자체보다는 '생각하며 말하는 대화법'을 가르친다. 유대인 부모들이 일찍부터 대화를 통한 교육에 심혈을 기울이는 이유는 창의성을 기르기 위해서다. 대화는 자칫 경직되기 쉬운 생각을 자유롭고 폭 넓고 깊이 있게 만들고, 그런 유연성이 창의적인 능력과 논리성을 키워 주기 때문이다. 하지만 그들은 따로 '언어 공부'를 시키지 않는다. 일상생활에서 자연스레 부모와 나누는 대화를 통해 교육한다. 그들은 모국어를 잘하는 걸 중요하게 여겨서 외국어는 10세가 되어야 가르치지만, 대학에 가면 3개 국어를 능통하게 구사한다. 이런 힘을 발휘하는 것이 바로 하브루타이며, 이 책이 자녀교육 혁명의 초석이 되리라 믿으며 기꺼이 추천한다.

: 하브루타가 가정과 교회를 살린다

여충호(노량진교회 담임목사)

하나님께서 천지를 창조하시고 나서 가정부터 만드셨다. 사탄은 현대에 들어 가정을 파괴하는 일에 온 힘을 쏟고 있다. 어떤 식으로든 가정을 세우는 일은 하나님의 일이고, 가정을 허무는 일은 사탄의 일이다. 한국의 교회가 정체를 보이는 이유도 다음 세대를 세우지 못하고, 자녀에게 신앙을 물려주지 못했기 때문이다. 교회는 이웃을 전도하는 일에 힘을 쏟아야 하지만, 그에 못지 않게 성도로 하여금 자녀에게 신앙을 심어 주도록 도와야 한다. 가정이 무너져 가는 이때에 왜 성경에서 자녀를 노엽게 하지 말라고 하는지, 왜 부모가 자녀에게 부지런히 가르치고 강론해야 하는지를 밝히고, 구체적인 실천 방법을 다룬 전성수 교수의 책이 출간된다고 하니 반갑기 그지없다. 부디 피를 토하는 가슴으로 쓴 저자의 책이 가정과 교회를 살리고, 무엇보다 하나님 가슴을 시원하게 해드릴 수 있기를 간절히 소망한다.

┇ 고등 사고력 계발에 최고의 방법

이홍남(벨국제학교 교장)

벨국제학교는 5차원 전면 교육을 통하여 자신의 달란트를 최대한 발휘하는 그리스도 제자 육성을 목표로 2006년에 개교한 학교다. BELL은 Biblical Education for Life & Leadership의 약자로 성경 교육이 세상 교육을 압도한다는 이념으로 세워졌다. 작년부터 5차원에 하브루타가 더해져 학생들이 매일 QT 하고 활발하게 질문하고 토론하면서 모든 수업과 활동을 하고 있다. 특히 격주로 집에 갈 때 학생들에게 주제를 주어 가족들과 하브루타를 하게 하고, 그 결과물을 제출하게 하고 있다. 하브루타는 학생들의 논리력과 의사소통능력을 높일 뿐 아니라 고등 사고력 계발에 최고의 방법이다. 벨의 학부모이기도 한 저자의 책을 통해 학교에서도 하브루타 바람이 세차게 불기를 간절히 기도한다.

자녀교육 혁명 하브루타

: 한국의 교육혁명을 가능하게 할 하브루타

조나단 로젠버그(탈무드 전문가)

2010년, 나는 서울에서 열린 혁명적인 탈무드 국제학술대회에 참여했다. 수백 명의 교육자와 목회자들, 기업가들과 영향력 있는 지도자들이 한국의 미래에 대해 우려했다. 나는 유대인과 한국인이 서로를 배우는 것이 굉장한 기회이며 그 컨퍼런스가 둘 사이의 다리 역할을 하는 데 매우 의미가 있었음을 기억한다. 오늘, 우리는 또 하나의 큰 걸음을 축하한다. 전성수 교수가 협동 학습 방법인 '하브루타'에 관한 책을 출간했기 때문이다. 하브루타는 탈무드 학습 방법 중 하나다. 나는 하브루타를 유대인 교육 시스템의 특징으로 자랑스럽게 추천한다. 향후 한국의 교육에 많은 혁명적 변화들이 일어날 것이다. 나는 앞으로 많은 성공과 모임을 기대한다. 나 또한 그 일을 적극적으로 도울 것이다.

부모가 아이에게 주는 가장 소중한 선물은 바로 충분한 시간과 긍정적인 관심이다. 아이는 부모가 한결같이 애정 어린 태도로 반응해 주기를 바란다. 아이의 이 같은 바람을 충족시키는 부모는 나중에 아이가 주는 행복을 누리게 된다. 안정된 애착을 가진 아이라면 성인으로 자라서도 자기 자신을 훌륭하게 보살피고, 또 다른 사람과의 관계를 원만히 이끌어갈 수 있으며 삶에서 성취감을 맛볼 수 있다.

1

왜 하브루타인가?

자녀를
노엽게
하지 말라

Harruta

| 성경은 왜 자녀를 노엽게 하지 말라고 하는가 |

자녀 교육을 이야기할 때 가장 많이 언급되는 성경 말씀 중 하나는 "오직 주의 교훈과 훈계로 양육하라"는 말씀일 것이다. 어린이 주일에 하는 설교의 본문이나 제목도 주로 이 말씀과 관련된 것이다. 하지만 이 구절 앞에 있는 말씀에는 거의 신경 쓰지 않는다. 에베소서 6장 4절 말씀 전체를 보자.

또 아비들아 너희 자녀를 노엽게 하지 말고 오직 주의 교훈과 훈계로 양육하라

오직 주의 교훈과 훈계로 양육하라는 말씀 앞에 조건이 붙어 있다. 그 조건은 자녀를 노엽게 하지 말라는 것이다. 더 놀라운 것은 주의 교훈과 훈계로 양육하라는 말씀은 성경에 한 번 나오는데, 자녀를 노엽게 하지 말라는 말씀은 두 번이나 나온다는 사실이다. 다른 한 곳은 골로새서 3장 21절이다.

우리가 자녀들을 주의 교훈과 훈계로 양육하는 것은 너무나 중요한 일이다. 주의 교훈과 훈계로 양육하라는 말은 무슨 뜻인가? 주의 교훈이란 다름 아닌 주님이 주신 말씀이다. 즉 성경 말씀대로 키우라는 말이다. 또 한 가지는 훈계로 양육하라는 것이다.

성경에는 의외로 자녀를 사랑하라고 직접적으로 말씀하신 곳이 없다. 성경 검색에서 '자녀'와 '사랑' 두 키워드를 넣고 검색하면 딱 한 구절이 뜬다.

젊은 여인의 조건으로 자녀를 사랑하는 것이 있다. 이외에 자녀 사랑에 대한 직접적인 언급이 없다. 반면에 훈계에 대한 언급은 매우 많다. 심지어 자녀에게 매를 들고, 채찍을 들라고 명령한다.

자녀교육 혁명 하브루타

자녀를 양육할 때 사랑과 훈계가 조화를 이루어야 한다. 어느 한쪽으로 치우치면 잘못된 양육이 될 가능성이 높다. 사랑이 넘치고 훈계가 부족하면 과잉보호가 되고 허용적 양육이 된다. 자녀의 기를 살리겠다고 훈계하지 않는 부모가 있는데 이것은 전혀 성경적이지 못하다. 반대로 사랑이 부족하고 훈계가 강하면 자녀가 부모를 무서워하고 애착을 형성하지 못하며 그 마음에 분노를 키울 가능성이 높다. 자녀를 노엽게 하는 것이다.

답은 뇌에 있다

왜 성경은 자녀를 노엽게 하지 말라고 두 번씩이나 말씀하고 있을까? 그것이 복수당하는 부모의 메커니즘과 연결되는 것을 나는 나중에야 깨달았다. 왜 하필 복수당하는 부모인가? 복수당하는 것과 피해당하는 것의 차이는 원인을 제공했느냐 아니냐의 차이에 있다. 부모가 원인을 제공하지 않았다면 피해를 당하는 것이지 복수를 당하는 것이 아니다. 그런데 자녀를 노엽게 하면 부모는 복수를 당할 가능성이 높아진다. 2000년 전에 어떻게 자녀 교육의 핵심에 해당하는 말이 성경에 기록될 수 있단 말인가? 나는 다시 한 번 성경의 위력에 전율했다.

복수를 당하는 메커니즘에는 무의식이 있다. 아이의 뇌는 생후 3년 동안 상상할 수 없을 정도로 뇌세포 간에 연결망을 구축한다. 수상돌기와 축색돌기를 연결하는 시냅스(synapse)가 1,000억의 만승 이상으로 늘어난다. 이런 시냅스는 자극이나 경험이 들어오면 늘어나고, 그렇지 않으면 사라진다. 즉 생후 3년 동안 어떤 자극을 받고 어떤 경험을 하느냐에 따라 뇌의 기본이 형성되는 것이다.

이렇게 초기 3년 동안 뇌에 저장되는 것이 무의식이다. 무의식은 우리 마음의 대부분을 차지하며 각 사람의 성격이 된다. 생후 3년 동안 부모와 자녀 간의 관계 형성을 애착이라고 하는데, 안정된 애착을 형성하느냐 그렇지 않느냐에 따라 자녀가 안정된 삶의 기반을 갖느냐, 그렇지 않느냐를 가르게 된다.

복수당하는 부모의 메커니즘은 뇌 과학에 근거한다. 우리의 뇌는 하나님의 최고의 창조물이다. 현대 과학이 발달했다지만 뇌 분야는 아직 미개척 분야로 뇌의 10%도 밝혀 내지 못하고 있다. 이런 까닭에 전 세계의 나라들은 뇌 연구에 천문학적인 돈을 투자하고 있다.

신장(腎臟)에 문제가 생기면 그것을 떼 내고 다른 신장을 넣을 수 있다. 간이나 다른 장기도 마찬가지다. 그러나 뇌에 문제가 생기면 뇌를 꺼내고 다른 뇌를 교체할 수가 없다. 온몸에 퍼진 신경과 완벽하게 대응하는 다른 뇌는 있을 수 없기 때문이다. 만일 어떤 사람이 간이 좋지 않아 다른 사람의 간을 이식했다면 그 사람은 누구인가? 간이 바뀌었지만, 여전히 그 사람이다. 설령 심장이 좋지 않아 다른 사람의 심장을 이식했다고 해도 여전히 그 사람임에 분명하다. 그런데 미래에 의술이 발달하여 뇌를 이식할 수 있다면, 뇌를 이식받은 나는 과연 여전히 나일까? 아니면 원래 뇌의 주인이었던 그 사람일까? 뇌가 바뀌면 이미 내가 아니다. 생각이나 마음, 행동 등이 모두 달라질 것이기 때문이다.

나는 누구인가, 나의 자아는 무엇인가? 이 질문에 대한 가장 실제적인 정답은 '나는 곧 뇌이며, 내 자아가 곧 뇌'라는 것이다. 왜냐하면 뇌를 바꾸면 내가 바뀌기 때문이다. 새끼손가락 하나를 움직이려고 해도 뇌의 지시를 받아야 한다. 새끼손가락은 스스로 움직이지 못한다. 우리의 성격, 인격은 어디서 기인하는가? 바로 뇌다. 우리는 흔히 마음을 가슴에 있는 것으로 여기는데 마음은 뇌에 있다. 사랑의 감정은 어디에서 느끼고 어디에서 주관하는가? 낭만적이지 않지만 사랑 역시 뇌에서 주관한다. 이처럼 뇌는 곧 나이며, 뇌가 죽으면 내가 죽는 것이고, 뇌가 생각을 멈추면 내 인격이나 마음이 사라지는 것이다.

음악은 우리 몸의 어디로 하는 것인가? 피아노는 무엇으로 치는가? 손가락 한두 개가 없으면 피아노를 칠 수 없는가? 그렇지 않다. 손가락이 넷뿐인 피아니스트가 실제로 존재하지 않는가? 손가락을 몇 개 잃어도 피아노를 칠 수 있지만, 음악을 관장하는 뇌를 다치면 열 손가락이 멀쩡해도 피아노를 칠 수 없다. 피아노 연주가였던 사람도 치매에 걸리면 열 손가락이 있어도 피아노를 치기 어렵다. 결국 음악 역시 뇌가 주관하는 것임을 알 수 있다.

예전에는 수학 문제를 잘 풀고 잘 기억하는 것을 머리가 좋은 것으로 생각했다. 그러나 운동을 잘하는 것도 머리가 좋은 것이다. 운동할 때 사용하는 몸이나 팔, 다리 역시 뇌의 지시를 받고 움직이기 때문이다. 다른 사람과 잘 지내는 것도 머리가 좋기 때문이다. 그러므로 마음이 착하고 의지가 강하고 실천을 잘하는 것, 그림을 그리고 음악을 하는 모든 것이 머리가 좋기 때문이다. 회백색의 주름진 물렁물렁한 뇌가 곧 나이며, 이 죽 같은 물질에서 성격과 마음이 생성된다.

우리의 뇌에는 뇌세포가 1,000억 개 정도 있다. 그런데 이 1,000억 개라는 뉴런은 이미 태중에 있을 때 생성된다. 1,000억이란 숫자는 매우 큰 숫자다. 지금부터 숫자를 1부터 센다고 해도 1,000억을 다 세지 못하고 죽을 것이다. 매달 200만 원씩 벌어서 모두 저축한다고 해도 4000년 동안 모아도 1,000억이 안 된다.

난자와 정자가 만나 수정란이 되고 그것이 세포 분열을 해서 1,000억 개의 뉴런을 만들어 우리의 뇌를 형성한다. 그래서 태중에 있을 때 태아는 머리가 가장 크고 무겁다. 급격하게 자라는 뇌가 머리에 있기 때문이다.

하지만 뇌세포의 숫자는 그 사람의 지능이나 능력과 상관없다. 이것은 컴퓨터를 생각하면 이해하기 쉽다. 하나의 PC가 하나의 뇌세포다. 아무리 하나의 컴퓨터가 뛰어나도 그 하나로는 한계가 있다. 그 컴퓨터가 설령 슈퍼컴퓨터라 하더라도 서로 연결되어 있지 않으면 그 컴퓨터 안에 저장되어 있는 자료밖에 검색할 수 없다. 하지만 아무리 성능이 떨어지는 컴퓨터라도 인터넷에 연결되어 있으면 상황이 달라진다. 그 컴퓨터 안에 자료가 하나도 없어도 포털 사이트에 접속하여 검색어를 치면 수많은 정보를 검색할 수 있고 그 정보를 내 컴퓨터에서 활용할 수 있다. 인터넷(internet)이란 용어 자체가 국제(inter)와 네트워크(net)의 합성어다. 인터넷은 국제적 네트워크이며, 세계의 컴퓨터에 있는 정보들을 내 컴퓨터에서 검색할 수 있다. 이것이 연결의 힘이다.

우리의 뇌 역시 뇌세포 하나하나가 독립되어 있다면 제 기능을 발휘할 수 없다. 그 기능을 발휘하게 하는 것이 뇌세포를 연결하는 시냅스의 힘이다. 뇌세포는 세포체와 수상돌기, 축색돌기로 구성되어 있다. 뉴런을 컴퓨터와 비교하면 세포체는 중앙 처리 장치이고, 수상돌기는 입력 장치이며, 축색돌기는 출력 장치다. 수상돌기는 하나의 뉴런에 여러 개가 있지만, 축색돌기는 각 뉴런에 하나가 있다. 수많은 정보를 받아들이되, 출력은 하나의 정보로, 하나의 통로로 내보내는 것이다. 이런 수상돌기와 축색돌기를 연결하는 지점의 간극을 시냅스라고 한다. 이 시냅스는 붙어 있는 것이 아니라 떨어져 있으며, 그 좁은 간극 사이에서 전자 신호를 주고받는다. 그 전자 신호들이 우리 귀에 익숙한 세로토닌, 도파민, 아드레날린 등이다.

아이는 태어날 때 1,000억 개의 신경세포와 50조 개가량의 시냅스를 가지고 태어난다. 시냅스의 경우 생후 초기 몇 달 동안의 경험이나 교육과 같은 환경에 의해 1,000조 개 이상으로 폭발적으로 늘어난다. 태어난 후 뇌세포의 숫자는 오히려 줄어들지만, 시냅스는 20배로 늘어난다는 뜻이다. 하나의 뇌세포에는 보통 1만 개 이상의 시냅스가 존재한다. 그 말은 우리 뇌의 연결망은 1,000억 개의 뉴런당 1만 개의 시냅스가 존재하므로 1,000억의 만승 이상의 시냅스로 구성되어 있다는 말이 된다. 다시 말해 1,000억을 만 번 곱한 숫자의 시냅스가 우리 뇌에 있다는 것이다. 이것은 우리 뇌가 하나님의 걸작이라서 가능한 얘기다. 현대 기술이 아무리 발달했어도 인간은 이 정도의 네트워크를 가진 로봇을 만들어 낼 수 없다.

우리의 지능과 마음은 이런 뇌세포끼리의 연결망의 결과물이다. 즉 뇌세포끼리 시냅스를 통해 주고받는 신경전달물질의 결과가 우리의 지능이고 마음이다. 그런데 이런 시냅스는 태어나면서부터 본격적으로 늘어나기 시작해 3세까지 급격하게 팽창한다. 아이의 뇌 무게는 태어날 때 360g 정도였다가 성인이 되면 1,300~1,500g이 된다. 태어날 때보다 네 배 정도가 되는 것이다. 아이의 뇌 무게는 태어나서 1년이 안 되어 두 배로 늘어나고, 3세경에는 세 배로 늘어난다. 즉 3세경에 성인 뇌 무게의 70% 정도에 달하며, 7세면 90%에 달한다. 이렇게 뇌의 무게가 어렸을 때 늘어나는 이유는 뇌세포가 늘어나거나 뇌세포 크기가 커지기 때문이 아니다. 뇌세포끼리를 연결하는 시냅스의 양이 기하급수로 늘어나기 때문이다. 즉 하나의 뇌세포에 1만 개 이상의 연결망을 만드는 시냅스가 뇌의 무게를 늘리는 원인인 것이다.

자녀교육 혁명 하브루타

우리 마음의 대부분은 무의식

이런 시냅스는 외부로부터 자극이 들어올 때 그 정보를 처리하기 위해 생긴다. 그리고 그 자극이나 정보는 시냅스가 뻗어 나가면서 저장된다. 이것이 무의식이다. 우리의 마음에는 의식과 무의식이 있다. 의식은 전체를 놓고 볼 때 사실 빙산의 일각에 불과하다. 겉으로 드러나지 않은 바닷속에 있는 거대한 빙산이 우리의 무의식이다. 무의식도 뇌에서 벌어지는 신경세포와 시냅스의 작용이다.

뇌 활동의 95%는 무의식적 행동을 만들어 낸다.[1] 5%의 의식과 95%의 무의식 간에는 긴장이 존재한다. 무의식은 평소에 지각하지 못하고 내버려두고 방치되었던 영역이다. 의식은 언어로 표현되는 등 상당히 고차원적이지만, 무의식은 의식으로 표현되기 전 신체 언어로 표현되곤 한다. 기쁜 상태, 괴로운 상태가 언어, 즉 의식으로 자각되지 않고 신체로 표현될 수 있는 것이다. 왠지 힘들고 우울하고 불안하다는 것도 자각하기 힘들고 의식해서 언어로 표현할 수 없는 경우가 많다.

무의식이란 인간 영혼의 심연이다. 무의식의 창고에는 너무 부담스러웠거나 상처가 된 모든 경험이 냉동 보관되어 있다. 무의식은 개인의 경험만으로 형성되는 것이 아니라 부모로부터 물려받은 타고난 성격이나 유전적인 것에 의해서도 형성된다. 어릴 때의 생각이나 감정들은 굉장히 용량이 제한되어 있고 정보 처리도 잘 못한다. 그래서 어릴 때의 경험은 판단하거나 해석하거나 지각할 수 없는 것들이 많다.

그런 경험들이 우리 마음속에 축적되어 현재까지 살아남았다고 할 수 있다. 그 바탕 위에 자기가 나름대로 해석한 여러 가지 경험들을 통해 자기만의 무의식이 만들어진다. 그리고 그것은 의식으로 연결된다.

그래서 어렸을 때의 뇌는 마음에 가장 많은 비중을 차지하는 무의식을 만드는 과정이고, 그 무의식을 어떻게 만드느냐는 어떻게 평생의 기반을 만드느냐와 같다. 이렇듯 무의식은 아이가 받은 자극과 경험, 교육, 환경으로 형성되므로 어렸을 때 어떤 자극과 경험, 교육, 환경을 접했느냐는 매우 중요하다. 이런 것들이 마음의 대부분을 형성하기 때문이다.

어렸을 때 부정적 자극을 받으면 부정적 정서를 뇌에 쌓게 된다. 부정적 정서는 부정적인 무의식이 되고, 그것이 그 사람의 마음을 지배하게 되며, 그래서 성격이 된다. 반면에 어렸을 때 긍정적 자극과 경험을 받으면 긍정적 정서를 뇌에 쌓게 되어 긍정적인 무의식이 그 사람의 마음이 되고 성격이 된다. 아이에게 부정적인 자극과 경험, 스트레스를 주는 교육과 환경을 제공하면 그것이 뇌에 그대로 저장되어 아이의 성격에 영향을 미치고, 아이는 나빠진 성격을 통해 부모에게 부정적인 자극과 스트레스를 돌려주게 된다. 이것이 복수당하는 부모의 메커니즘이다.

그런데 문제는 우리가 우리 자신의 무의식을 모른다는 사실이다. 우리가 무의식을 모르는 이유는, 그것이 주로 3세 이전에 시냅스에 저장된 것들이기 때문이다. 우리 뇌의 시냅스 양은 2~3세 때 가장 높은

자녀교육 혁명 하브루타

수준에 도달하다가 이후부터 많은 시냅스를 정리하는 가지치기를 시작한다. 이는 아마존 정글과 조림된 숲을 생각하면 된다. 2~3세 아이의 뇌 안에 있는 시냅스가 아마존 정글이라면 들어오는 정보를 잘 처리할 수 있도록 길을 내고 가지를 쳐서 조림된 숲을 만든 것이 3세 이후에 가지치기된 시냅스다. 숲속의 길은 한 번 간다고 생기지 않는다. 반복해서 수많은 사람이 오고가야 길이 생긴다. 시냅스의 정보 처리도 그렇다. 어렸을 때 한두 번 경험한다고 습관이 되고 가치관이 되지 않는다. 자라면서 수많은 경험과 교육의 결과로 습관이 되고 가치관이 되고 성격이 되는 것이다.

이렇게 시냅스가 정리되는 것을 시냅스 가지치기라고 한다. 아이들이 경험한 것들에 의해 대뇌피질의 신경회로가 솎아지면서 점차 질서가 생기기 시작한다. 만 10~12세에는 강한 신경회로들은 남고 사용하지 않거나 약한 신경회로들은 몇 년에 걸쳐 사라진다. 하지만 평생에 걸쳐서 수상돌기와 시냅스에 세세하게 무늬를 짜 넣고 선을 새기는 일은 계속된다.

한 연구에 따르면 시냅스의 경우 생후 10년 가까이 그 양이 계속 줄어든다고 한다. 인간은 태어나서 시냅스 양을 폭발적으로 늘려 환경에 적응해 살아갈 수 있도록 모든 가능성을 열어 두었다가 자라면서 사용하지 않는 시냅스를 가차 없이 쳐내는 것이다.

시냅스의 수가 감소한다고 해서 두뇌의 발달이 쇠퇴하는 것은 아니다. 오히려 지속적으로 적절한 자극과 경험을 주어 가지치기에서 생존한 시냅스의 연결을 강화하면 더 좋은 뇌를 만들 수 있다. 인간의 뇌는 간단한 산수 문제만 계속 풀어도 기능이 향상된다. 일본 도호쿠 대학의 연구 결과에 따르면 매일 3분씩 두 달 동안 간단한 숫자 계산을 빠르게 푸는 훈련만 해도 기억력과 언어 능력이 20~30% 향상된다고 한다.

애착은 본능이다

두 아들이 있다고 하자. 큰아들은 살인을 저질러 감옥에서 무기징역을 살고 있다. 둘째 아들은 부모와 함께 살고 있다. 그런데 둘째 아들마저 매일 부모에게 대들고, 짜증 부리고, 공부하지 않고, 집을 나가 버리겠다고 하고, 게임 중독에 빠져 있다. 이 두 아들 중 누가 더 견디기 쉬울까? 차라리 감옥에 가 있는 아들이 견디기 쉬울 것이다. 그런데 내가 보기에 우리나라 부모들은 목숨 걸고 둘째 아들을 만드는 것처럼 보인다. 왜 목숨 걸고인가? 목숨 바쳐 희생해서 자녀를 교육시키지만, 그것이 오히려 자녀에게 스트레스를 주어 복수당하는 부모의 길을 가고 있기 때문이다.

자녀가 스트레스를 받는 가장 중요한 이유 중 하나는 애착의 문제다. 소나 말은 태어나자마자 걸을 수 있다. 심지어 뛸 수도 있다. 어미에게 가서 젖을 찾아 먹을 수 있다. 하지만 사람은 태어나자마자 걸을 수 없다. 엄마 젖도 찾아가서 먹지 못한다. 엄마가 입에 젖을 물려주어야 빨 수 있을 뿐이다.

송아지나 망아지는 태어나자마자 어떻게 서고 걸을 수 있을까? 그 비밀은 바로 뇌에 있다. 망아지는 세상에 나올 때 이미 어미 뇌 기능의 70~80%를 가지고 태어나기 때문에 누가 가르쳐 주거나 도와주지 않아도 혼자서 서고 걸을 수 있다. 대부분의 포유동물들이 약간의 차이는 있지만, 이미 뇌 기능의 상당 부분을 가지고 세상에 나오기 때문에 태어난 지 얼마 되지 않아 어미와 같은 행동을 할 수 있다.

반면 갓난아기는 성인 뇌 기능의 20%밖에 가지고 태어나지 않아서 오랫동안 누군가의 보살핌을 필요로 한다. 인간은 다른 포유동물에 비해 뇌가 덜 발달된 상태로 태어나기 때문에 고개조차 들어 올리지 못한다. 그러므로 소나 말은 어미가 없어도 생존할 수 있지만, 인간은 돌봐주는 사람이 없으면 생존하지 못한다. 하나님은 부모의 사랑과 돌봄을 요구하는 것이 본능이 되도록 인간을 창조하셨다.

아이가 부모의 사랑과 돌봄을 요구하는 것이 본능이라는 사실은 매우 중요하다. 본능은 채워지지 않으면 그 다음 단계로 발달하지 못하기 때문이다. 식욕은 본능이다. 먹지 못하면 어떻게 되는가? 성인의 성욕도 본능이다. 채워지지 않으면 문제가 발생한다. 마찬가지로 사랑받고자 하는 아이의 본능이 채워지지 않으면 수많은 문제로 이어진다. 본능이 채워지지 않으면 다른 것에 관심을 가질 여유가 없다. 10일 굶은 사람 앞에 멋진 연예인과 밥이 있다고 해보자. 무엇을 선택하겠는가? 답은 뻔하다. 마찬가지로 애착의 본능이 채워지지 않은 아이는 애착에만 관심이 있다. 부모가 가르치려고 하는 지식에 전혀 관심을 기울일 수 없다.

아이의 사랑받고자 하는 본능이 곧 애착이다. 애착은 부모와 사랑의 관계를 맺는 것이다. 아이에게는 사랑과 관심, 돌봄이 절대적으로 필요하다. 이것이 채워져야 그 다음 단계로 발달할 수 있다. 그것이 본능이기 때문이다.

아이에게 사랑과 돌봄 중에 어느 것이 더 필요할까? 이 땅에 자녀를 사랑하지 않는다는 부모는 없다. 그러나 자녀를 제대로 돌보지 않는 부모는 많다. 아이에게 사랑보다 더 필요한 것은 돌봄이다. 자녀를 망치는 것이 낮은 사랑이 아니다. 낮은 돌봄이다. 플라토닉 사랑은 가능하지만 플라토닉 돌봄은 불가능하다. 돌봄은 직접적인 보호와 챙겨 줌, 안아 줌이 필수적이기 때문이다.

부모 중에는 자녀를 사랑하지만 돌보지 않는 부모가 많다. 돌본다는 것은 아이를 직접 안아 주고, 젖을 먹이고, 놀아 주고, 아프면 약을 먹이는 것을 말한다. 그런데 요즘 부모들이 이런 돌봄을 기관이나 다른 사람에게 맡기고 있다. 놀이방이나 보육원에 맡기고, 도우미에게 맡기고 24시간 보육기관에 맡긴다. 이것은 부모가 돌보는 것이 아니다. 애착은 부모와 자녀 사이에 형성되는 것이 기본이다.

나는 24시간 보육을 절대적으로 반대한다. 이것은 국가가 나서서 돈을 들여 사이코패스를 만드는 것과 크게 다르지 않다. 아이가 어렸을 때 부모 손에 자라지 않고 다른 사람에게서 자라면 애착을 제대로 형성할 수 없다. 애착은 애착 대상과 긴 시간 동안 형성해야 하기 때문이다. 애착이 제대로 형성되지 않으면 아이는 지속적으로 스트레스를 받게 되고, 무의식에 부정적 정서를 쌓게 된다. 그것은 많은 심리장애로 연결되고 극단적인 경우 사이코패스로 이어진다.

0~2세 무상 보육에 대해서도 생각해 볼 필요가 있다. 무상 보육 정책은 엄마가 잘 키우는 아이도 국가의 지원을 받기 위해 기관에 맡기는 결과를 초래한다. 즉 다른 사람 손에 아이를 키우게 하는 것이다. 2세 이하는 반드시 부모가 키우는 것이 좋다. OECD에서도 2세 이하의 아이는 부모가 양육할 것을 적극 권한다. 0~2세는 무상 보육이 아니라 무상 양육이어야 한다. 직접 그 아이를 키우는 부모에게 최우선의 지원을 해줘야 한다.

어린아이에게 가장 큰 스트레스는 애착의 욕구가 채워지지 않는 것이다. 아이들은 돌봄을 받지 못하면 굶는 것만큼이나 스트레스를 받는다. 그 스트레스는 고스란히 뇌를 자극한다. 그 자극은 시냅스가 뻗어 가게 만들고 부정적 정서로 뇌에 저장되어 무의식이 되고, 성격을 그르친다. 아이는 나빠진 성격을 가지고 부모의 말을 잘 듣지 않고, 대들고, 반항하고, 소리 지르고, ADHD가 되고, 정서장애가 되고, 공부를 안 하고, 게임에 빠진다. 어렸을 때 잘 돌보지 않은 부모에게 되갚음을 하는 것이다. 이것이 복수당하는 부모의 메커니즘이고, 수많은 청소년 문제의 원인이다.

그러므로 자녀를 노엽게 하는 최고의 방법은 자녀를 돌보지 않고 애착을 형성하지 않는 것이다. 사랑과 관심, 돌봄을 받지 못하는 아이

Chapter 1. 자녀를 노엽게 하지 말라

는 마음에 분노를 쌓는다. 그 분노는 공격성으로 나타나고, 반항으로
나타난다.

| 노엽게 하지 말라면서 왜 매를 들라고 하는가 |

성경은 자녀를 노엽게 하지 말라면서 자녀를 훈계하고 매를 들라고
말씀한다. 성경은 왜 자녀를 노엽게 하지 말라면서 훈계를 위해 매를
들라는 것일까?

잠언에만 훈계라는 말이 24회나 나온다. 잠언서는 자녀 교육과 관
련해서 자녀 훈계의 중요성을 강조한다.

> 매를 아끼는 것은 자식을 사랑하지 않는 것이다. 자식을 사랑하는 사람은 훈
>
> 계를 게을리 하지 않는다 잠 13:24, 표준새번역

성경은 매를 드는 것이 사랑이라고 말씀한다. 훈계를 하는 것이 사
랑이라고 강조한다. 훈계는 선택 사항이 아니라 하나님의 명령이다.

> 아이를 훈계하지 아니하려고 하지 말라 채찍으로 그를 때릴지라도 그가 죽
>
> 지 아니하리라 네가 그를 채찍으로 때리면 그의 영혼을 스올에서 구원하리
>
> 라 잠 23:13-14

위 말씀은 훈계할 것을 강한 명령이자 경고로 하고 있다. 또 다른 성경 구절에서 훈계하는 원인을 알 수 있다.

비록 아이라도 자기의 동작으로 자기 품행이 청결한 여부와 정직한 여부를 나타내느니라 잠 20:11

처벌과 훈계는 다르다

처벌은 아이들을 통제하는 것이고, 훈계는 아이들이 스스로 통제하는 방법을 배우도록 안내하고 가르치는 것이다. 처벌이 아이들에게 먹히는 이유는 아이들이 부모의 반응을 두려워하기 때문이다. 반면에 훈계는 그것이 옳기 때문에 아이들로 하여금 스스로 규율을 따르도록 만드는 것이다. 아이들은 이런 훈계를 통하여 옳고 그름을 판단하는 능력을 기르게 된다. 훈계가 아이들에게 나쁜 행동과 그 행동의 결과 사이의 상호관계에 대해 생각할 기회를 주기 때문이다.[2] 처벌은 감정적인 대응이고, 훈계는 원칙과 규칙을 정해 놓고 적용하는 것이다.

〈표 1〉 처벌과 훈계의 차이

구분	처벌	훈계
목적	위반에 대한 벌을 가함 혼내는 것이 목적	성숙을 위해 깨닫게 함 고치는 것이 목적
관심의 초점	과거의 잘못	미래의 바른 행위

대상	드러난 행위	마음의 동기
대응	감정적 대응	원칙과 규칙에 따른 대응
태도	부모 편에서의 적의와 좌절감	부모 편에서의 사랑과 관심
아이에게 미치는 영향	두려움과 죄의식	안정감

훈계할 때 무엇보다 중요한 것은 부모의 태도다. 같은 부모가 똑같은 방법을 사용한다 하더라도 그의 내적 태도에 따라 훈계가 되기도 하고 처벌이 되기도 한다. 조건적이고 제한적이며 엄격한 사랑이 아니라 너그러우면서도 원칙이 있는 사랑이야말로 아이들의 진정한 자기 규제를 가능하게 한다. 〈표 1〉과 같이 처벌과 훈계는 차이가 있으며 부모는 자녀를 훈계해야지 처벌하면 안 된다.

한편, 아이의 행동을 긍정적으로 이끌기 위해 처벌 대신 보상을 하는 경우도 있다. 그러나 보상을 잘못하게 되면 그것이 외적 동기와 관련되기 때문에 내적 동기를 방해할 수도 있다. 외적 보상과 처벌은 시간이 흐르면서 아이 자신이 이끌어낼 수 있는 그 어떤 자발적인 관심도 끌어내지 못한다.

부모는 훈계를 핑계로 자녀에게 상처를 주어서는 안 된다.[3] 부모가 자녀에게 처벌하겠다는 위협은 부모에 대한 반감이나 반항을 불러일으킨다. 처벌받은 아이들은 부모를 적으로 여기기 때문에 부모에게

자녀교육 혁명 하브루타

도움을 얻으려 하기보다 부모로부터 어떻게든 달아나려 한다. 부모가 소리를 지르면 아이들은 논리적으로 들을 수 있는 능력이 마비된다. 큰 소리를 듣는 순간, 사고가 정지되기 때문이다. 또한 부모가 아이가 화를 내고 소리 지르는 것을 받아 주면 아이는 점점 통제하기 어렵게 된다. 아이는 그것을 통해 부모를 오히려 조종하려 들기 때문이다. 아이가 학교에서 성공하고, 인간관계에서 성공하려면 의사소통 기술을 배워야 한다. 이러한 기술은 아이가 부모의 말에 귀를 기울이고 부모가 아이의 말에 귀를 기울이는 과정에서 자연스럽게 익히게 된다.

아이들에게 폭력적이거나 학대하는 부모들은 아이들이 자기를 화나게 한다고 합리화한다. 그러면서 자신은 아이를 위해 최선을 다한다고 말한다. 그들은 폭력을 도덕 교육의 유일한 수단으로 생각한다. 아이들의 마음이 얼마나 다치는지, 아이들이 마음속으로 얼마나 복수심을 키우는지는 알지 못한다. 아이가 일부러 부모의 화를 돋우었기 때문에 아이를 가혹하게 다루어도 된다고 주장하는 사람들도 있다. 심하게 학대받은 아이들은 무의식 중에 학대자와 자신을 동일시해서 학대 행위를 옹호하기도 한다. 그래서 자신을 때린 부모를 저주하면서도 어느 순간 자신의 자녀를 학대하게 되는 것이다. 비행과 범죄의 뿌리는 처벌이 가장 큰 원인이다. 처벌은 비행과 범죄의 원인인 분노와 공격성, 충동을 만들기 때문이다.

우리는 자녀에게 신체적인 벌을 주거나 혹은 말을 잘 듣지 않으면 너를 아무도 사랑하지 않을 것이라고 협박하는 것으로 자녀의 행동을 통제하려 든다. 아이는 부모의 마음을 상하게 하면 부모가 자신을 사랑하지 않을 것이라 믿기 때문에 착해야 한다고 생각한다. 그런데 아이가 부모에게 이 같은 말을 자주 듣게 되면 모든 행동의 목표가 다른 사람으로부터 인정받기 위한 것이 된다. 다른 말로 하면, 다른 사람의 인정을 받지 못하는 일은 아예 하지 않게 된다. 부모에게서 인정받지 못한 사람은 자신의 생각이나 욕구와 상관없이 다른 사람이나 사회가 요구하는 높은 기준을 성취하기 위해 매달리게 된다. 이 경우 완벽주의자가 되거나 패배주의자가 될 수 있다.

자녀에게 가장 좋지 않은 것은 벌이 아니라 벌주겠다고 위협하는 것이다.[4] 아이는 벌을 받으면 자기 잘못에 대해 대가를 치렀기 때문에 마음이 가벼워진다. 하지만 위협하면 언제 벌 받을지 모르기 때문에 계속 긴장해야 하고 부모의 눈치를 봐야 한다. 한편, 벌주겠다고 위협만 하고 그냥 넘어가는 횟수가 많아지면 자녀는 더 이상 위협 자체를 무서워하지 않게 된다.

이것 역시 감정과 마음의 문제다. 훈계할 때 아이의 마음에 공포나 두려움이 자리하는 기간이 길면 안 된다. 그것이 스트레스가 되어 뇌에 영향을 미치고 아이가 계속 불안해하기 때문이다. 그러므로 자녀가 잘못했다면 위협해서 계속 불안하게 만들지 말고 무엇이 잘못인지 정확하게 말해 주고 훈계를 하거나 용서해야 한다.

아이들은 부모가 훈계를 하고 매를 들더라도 부모를 존경할 수도 있고 복수하고 싶은 마음이 들 수도 있다. 그것을 가르는 기준은 부모가

자녀교육 혁명 하브루타

훈계를 하거나 매를 들었을 때 감정적으로 했느냐 아니냐에 있다. 같은 훈계와 매라도 부모가 사랑으로 하는 것인지, 감정을 주체하지 못해 하는 것인지를 아이들은 잘 안다. 사랑으로 하는 훈계와 매는 아이들에게 분노를 품지 않게 한다. 훈계도 하고 매도 들되 자녀를 노엽게 하지 말라고 한 성경의 말씀이 바로 이를 두고 한 것이다.

따라서 자녀를 노엽게 하지 말라는 말은 자녀가 분노를 품지 않도록 하라는 의미다. 아이들의 말로 열받게 하지 말라는 것이고, 점잖게 말하면 스트레스 주지 말라는 의미다. 자녀에게 준 스트레스가 자녀의 뇌를 망치고, 망가진 뇌는 부모에게 복수하게 만들기 때문이다.

지금 이 땅의 아이들은 사회나 학교, 가정에서 주는 스트레스로 인해 그 마음속에 분노를 품지 않는 아이가 없을 정도로 심각한 상태에 있다. 이 분노가 다른 친구를 왕따시키고 폭력적이게 하고 게임에 빠지게 하고 컴퓨터나 휴대폰을 잠시도 놓지 못하게 하며 자살하게 만든다. 아이를 노엽게 하여 복수당하는 부모가 되는 가장 핵심적인 이유는 두 가지다. 하나는 애착이 안 된 경우이고, 다른 하나는 아이를 빨리 가르치려고 든 경우다. 애착에 대해서는 다음 장에서, 조기학습에 대해서는 그 다음 장에서 구체적으로 살펴보고자 한다.

chapter 2

문제는
애착이다

SBS-TV 〈우리 아이가 달라졌어요〉라는 프로그램을 보면 수많은 문제의 아이들이 등장한다. 강박증, 편집증, 폭력, 공황장애, ADHD, 욕설과 폭언, 거식증, 폭식증 등 매주 다양한 양상의 문제가 등장한다. 똥을 누지 않는 것이 문제여서 엄마가 "응가하자"란 말만 해도 엄마를 때리는 아이도 있다.

〈우리 아이가 달라졌어요〉는 아이들의 이 같은 문제 양상을 보여 준 다음, 전문가를 등장시킨다. 전문가는 아이의 상태를 관찰한 다음 두 가지 처방을 내린다. 하나는 모든 아이들에게 주는 똑같은 처방이고 다른 하나는 아이들 각자에게 맞는 각기 다른 처방이다. 두 번째 처방은 아이의 문제에 대한 처방으로 강박증이면 강박증 해결을 위한 처방이, 거식증이면 거식증 해결을 위한 처방이 내려진다.

그런데 모두에게 똑같이 내려지는 첫 번째 처방은 '부모가 자녀와 많이 놀아 주라'는 것이다. 공을 차든, 블록 쌓기를 하든, 게임을 하든, 여행을 하든 자녀와 함께 놀아 주라는 것이 한결같은 처방이다. 왜 모든 아이들에게 이처럼 똑같은 처방을 내리는 걸까? 모든 아이의 문제 행동은 한 가지에 그 근원이 있기 때문이다.

그 한 가지 근원은 무엇인가? 바로 애착이다. '자녀와 놀아 주라'는 곧, 애착을 회복하라는 뜻이다. 아이는 부모가 자기와 놀아 줄 때 사랑이라는 실체를 체험할 수 있기 때문이다. 하지만 그 놀이는 반드시 부모의 눈높이가 아닌 자녀의 눈높이로, 자녀의 입장에서 이루어져야 한다. 자녀가 부모의 사랑을 확인해야만 그 다음 단계의 치료가 가능하다. 왜냐하면 어린 시절의 심리장애는 거의 애착이 잘 되지 않아서 발생하기 때문이다. 아이는 본능적으로 부모의 사랑과 돌봄을 요구한다. 그런데 이 요구가 받아들여지지 않을 때 스트레스를 받고 분노를 마음에 쌓게 된다. 그 분노는 강박증을 만들기도 하고, 폭력과 폭언을 가져오고, 다른 수많은 증세를 가져온다. 증세는 다양하지만 원인은 단 한 가지, 불안정한 애착이다.

이처럼 전문가가 내린 두 가지 처방에 따라 해결점을 찾아가다 보면 아이들은 언제 그랬냐는 듯이 문제 행동에서 벗어나게 된다. 이것은 무엇을 말하는가?

모든 문제 아이의 근원에는 부모의 양육 태도가 있음을 알 수 있다.

아이와 애착 관계를 갖는 것에는 관심이 없고 자녀를 가르치려고만 들거나 드러난 행동만 보고 야단치는 부모에게 문제가 있는 것이다. 그러므로 이 프로그램을 통해 달라진 것은 아이가 아니라 부모다. 부모가 달라지니 당연히 아이도 달라지는 것이다.

| 왜 애착이 중요한가 |

애착이란

애착이란 사랑하는 사람과 관계를 맺고 유지하는 것을 말한다. 아이들이 실제로 가장 두려워하는 것은 부모에게 사랑받지 못하고 버림받는 것이다.

아이는 양육자와 애착 관계를 형성함으로써 삶의 기반을 마련한다. 이를 바탕으로 자녀는 평생 동안 타인과 신뢰 관계를 형성하게 된다. 이 애착 관계를 부실하게 형성했을 때, 아이는 아무리 좋은 환경과 교육이 주어져도 블랙홀처럼 소멸시켜 버린다.

애착이란 말은 영국의 정신분석학자인 볼비(J. M. Bowlby)가 정의한 것으로 대표적인 애착 관계는 아이와 엄마 사이다. 아이와 엄마는 서로 사랑의 관계를 유지하려고 집요하게 애쓰는데 이것은 본능이다. 그러므로 그 본능이 충족되지 않으면 다음 단계로 나아가지 못한다.

동물학자인 해리 할로우(Harry Harlow)는 원숭이를 대상으로 애착과 관련한 실험[5]을 했다. 새끼 원숭이가 있는 우리 안에 두 개의 어미 모형 원숭이를 만들었는데 하나는 철사로 만들고 다른 하나는 천으로 만들었다. 그리고 철사로 만든 원숭이에게만 젖병을 묶어 놓았다. 그런데 새끼 원숭이는 배고플 때만 잠시 철사로 만든 원숭이에게 가서 젖을 먹고 나머지 시간은 천으로 만든 원숭이와 시간을 보냈다. 이 실험을 통해 동물도 생존을 위해 먹는 것보다 부드러운 접촉이 중요함을 알 수 있었다.

애착 관계를 형성하려면 부드러운 피부 접촉이 필요하다. 또 아이를 따뜻한 시선으로 바라보고, 웃어 주고, 안아 주는 것이 필요하다. 애착의 궁극적인 목적은 생존에 필요한 안전한 상태를 유지하는 것이다. 초기의 애착 관계는 그 아이의 성격 형성에 지대한 영향을 미치기 때문이다. 애착 관계가 잘 형성된 아이는 다른 사람과도 긍정적인 인간관계를 맺는다. 이미 엄마와 그런 관계를 경험했기 때문이다. 이런 아이는 엄마가 항상 자신에게 집중하고 반응해 주었기 때문에 '나는 사랑받을 만한 가치가 있는 사람'이라는 긍정적인 자존감을 갖게 된다.

아이가 보내는 신호에 부모가 잘 반응해 주고, 눈과 귀, 코, 손으로 주변 환경을 스스로 탐색하도록 도와주면 아직 말랑말랑한 아기의 뇌는 자극을 받아들여 새로운 시냅스를 연결하고 강화하는 작업을 부지런히 하게 된다. 학습 습득의 황금기를 성공적으로 보낼 수 있는 것이다.

자녀교육 혁명 하브루타

스킨십은 자녀의 정서와 성장에 매우 큰 영향을 미친다. 어루만짐은 모든 포유동물의 필수 비타민과 같다. 조산아들은 대부분 여러 주 동안 인큐베이터에서 지내지만, 엄마가 규칙적으로 쓰다듬고 부드럽게 어루만져 주면 몸무게가 다른 아기들보다 75%나 빠른 속도로 증가한다는 연구 결과도 있다.[6] 스킨십은 실제로 치료 효과도 있다. 엄마의 따뜻하고 사랑스런 손이 아이의 아픈 부위를 쓰다듬으면 피부에 분포된 수많은 신경 말단의 감각기를 통해 뇌에 전달되어 뇌는 통증을 완화시키는 것이다. 만져 줄 때 온화한 미소, 다정한 목소리, 공감하는 감정 등을 보내면 뇌의 감정 중추에 스며들어 엔도르핀 같은 진통 호르몬을 분비시켜 고통을 줄여 준다. 엄마의 손이 약손인 것이다. 스킨십은 또한 아이의 뇌 발달을 촉진하는 매우 중요한 촉매제 역할을 한다. 그래서 생후 3년 동안 접촉이 부족하면 뇌에 심각한 장애가 영구적으로 발생한다. 이처럼 안정된 애착을 형성하기 위해서는 사랑과 관심, 그리고 스킨십 등이 필수적이다.

스킨십이 뇌 발달에 큰 영향을 미치는 이유는 뱃속에서 피부가 만들어질 때 뇌와 같은 외배엽에서 나와 발달하기 때문이다. 곧 태생이 같은 피부와 뇌는 풍부한 신경회로로 연결되어 있어서 아주 약한 피부 자극도 곧바로 뇌에 전달된다. 또 다른 이유는 신생아 때부터 아기와 부모 간의 상호작용 기능을 담당하는 뇌 부위가 발달해 있기 때문이다.

한 연구팀이 태어난 지 5일 된 신생아의 뇌를 PET로 촬영한 결과 다른 부위와 달리 유독 아기와 부모와의 상호작용을 담당하는 뇌 부위만 두드러지게 활성화되었음을 발견했다. 부모와 빨리 접촉한 아이들이 그렇지 않은 아이들보다 전반적으로 발달 상태도 좋고 아기와 아기를 돌보는 사람 사이에 형성되는 친밀한 유대감, 즉 애착 관계도 높다. 알파파는 주로 명상을 하거나 이완을 하거나 기분이 좋을 때 나타나는 파형인데 아기를 마사지해 주면 알파파가 증가한다.

안정된 애착을 형성한 아이는 신뢰감을 가지고 환경을 자신 있게 탐색하며 다른 사람과 안정된 관계를 발달시킬 수 있다. 또한 긍정적인 자아상을 가지고 문제에 성공적으로 대처하게 된다. 반면에 애착이 불안정한 아이는 다음과 같은 특성을 보인다.

- 양육자와 잘 떨어지지 않으려고 한다.
- 다른 아이들과 관계를 잘 맺지 못한다.
- 공격적인 행동을 나타낸다.
- 자아상이 부정적이다.
- 다른 사람과 자신에게 신뢰성이 없다.
- 지나치게 친근감을 보이기도 한다.
- 인정받으려는 욕구, 애정 욕구가 강하다.
- 어른스러운 행동을 많이 하기도 한다.

그렇다면 애착 관계는 어떻게 형성될까? 애착 관계 형성에 필요한 것은 사랑과 관심과 믿음이다. 반면에 애착 관계 형성에 가장 큰 방해물은 불안감이다. 불안감은 양육자로부터 사랑과 관심을 제대로 받지 못할 때, 양육자와 분리되는 느낌을 받을 때 극심하게 높아진다.

"빨리 안 올 거야? 너 안 오면 그냥 버리고 가 버릴 거야!"

부모는 아이를 빨리 오게 하려고 무심코 한 말이겠지만, 아이는 부모로부터 버림받을지도 모른다는 불안감이 뇌리에서 떠나지 않게 된다. 왜냐하면 아이 입장에서 그것만큼 두렵고 불안한 것이 없기 때문에 매우 민감할 수밖에 없다.

따라서 아이를 버리겠다고 위협하거나 다리 밑에서 주워 왔다고 놀려서는 안 된다. 엄마는 위협이나 농담 수준에서 하는 것이지만, 아이는 정체성의 혼란을 겪게 되고, 엄마와 자기의 애착 관계를 계속 의심하는 상황이 지속되면서 안정감을 찾지 못한다.

애착을 안정적으로 형성하는 환경과 그렇지 못한 환경에 대해 살펴보면 다음과 같다.

〈애착 형성에 좋은 환경〉

- 하고 싶은 일을 스트레스 없이 즐겁게 할 수 있는 분위기
- 칭찬과 격려와 같은 긍정적인 정서를 갖게 하는 말
- 아이의 발달 과정에 비해 너무 어렵거나 쉽지 않도록 제때에 주어지는 새롭고 신기한 도전의 기회
- 놀이 속에서 자유롭게 시도하고 재미있게 배울 수 있는 분위기

- 단백질, 비타민, 미네랄이 풍부한 영양식
- 여러 가지 다양한 감각 자극
- 아이가 소극적인 방관자가 아닌 능동적인 참여자로 활동할 수 있는 환경
- 아이가 최대한 자신의 행동을 선택하는 기회
- 아이가 최대한 다른 사람들과 자주 어울릴 수 있는 기회
- 아이가 스스로 자신의 행동을 돌아보고 노력의 결과를 스스로 평가할 수 있는 환경

〈애착 형성에 좋지 않은 환경〉

- 부담을 주는 계속적인 요구
- 야단치고 화를 자주 내는 분위기
- 발달 단계에 앞서는 무리한 학습
- 놀이보다 책이나 학원 등에 의존하는 교육 환경
- 인스턴트 식품과 칼로리가 너무 낮거나 너무 높은 식사
- 다양한 감각 자극의 부족, 또는 동시에 여러 자극이 주어지는 환경
- 과잉보호하거나 방임하는 상태
- 다른 사람이 아이 대신 모든 것을 해주는 환경
- 오래 혼자 있는 상태, 한두 사람과만 계속 지내는 환경
- 탐색해 볼 도구나 자신을 되돌아볼 기회가 없는 무거운 분위기

자녀교육 혁명 하브루타

애착 실패는 많은 심리장애를 유발한다

아이가 엄마를 비롯해 주 양육자와 잘 떨어지지 않으려고 하는 분리불안은 대표적인 불안정한 애착으로 나타나는 현상이다.

진수는 유치원 차가 올 시간이면 배가 아프다고 방바닥을 뒹굴었다. 또 유치원 차를 타지 않기 위해 발버둥을 쳤다. 그래서 엄마가 오늘은 안 되겠다며 유치원 차를 그냥 돌려보내면 배 아픈 증상이 없어지고 멀쩡해졌다. 무수한 테스트와 교사와의 상담을 통해 진수는 대부분 다른 여섯 살 아이처럼 가정불화가 생겼을 때 엄마가 집을 나가 버리겠다고 말하는 것을 문자 그대로 받아들인다는 사실을 알게 되었다. 진수는 자신이 유치원에 간 사이 엄마가 사라질까 봐 유치원에 가지 않으려는 것이다. 이것은 아이가 일부러 의식적으로 하는 행동이 아니다. 그런 불안과 두려움이 아이의 배를 실제로 아프게 하는 것이다.

사랑과 돌봄에 대한 욕구는 본능이다. 그런데 이 본능이 해결되지 않으면 그대로 스트레스가 되고 이것은 나중에 여러 가지 문제로 표출된다. 그러므로 그 많은 문제 행동들은 하나같이 "엄마 제발 제게 관심과 사랑을 주세요"라고 소리치는 것과 다르지 않다. 실제로 〈우리 아이가 달라졌어요〉에 출연한 아이들은 부모가 사랑과 관심을 갖고 놀아 주고, 적절한 처방을 해주면 언제 그랬냐는 듯 문제 행동에서 벗어난다. 부모가 아이의 눈높이에 맞게 놀아 주고 사랑해 주는 것, 이것이 곧 가장 좋은 애착 방법이다. 애착 본능이 충족되면 아이는 비로소 문제 행동을 고치기 시작한다.

실제로 학생들의 25% 정도는 여러 가지 정신장애를 겪고 있음을 밝힌 조사 결과가 있다. 서울시 학교보건진흥원은 서울에 살고 있는 6~17세 학생 2,672명에 대한 면접 조사를 토대로 '서울시 소아청소년 정신장애 유병률 조사'라는 보고서를 발표했다. 보고서에 따르면 서울 초·중·고교 학생 4명 중 1명꼴로 행동장애가 있는 것으로 나타났다. 2,672명의 학생 중 416명(15.6%)은 주변 사람이나 학교생활 등 특정 대상에 공포증이 있었다. 행동장애 중에는 ADHD가 가장 많았고, 적대적 반항장애를 보이는 학생도 전체의 11.3%나 차지했다.[7]

그러나 부모는 자기 아이가 정신장애를 앓고 있다는 사실을 알지 못한다. 자신의 자녀만큼은 지극히 정상이라고 생각한다. 정신장애를 앓고 있는 자녀의 부모일수록 더 그렇게 생각한다. 하지만 정신의학의 기준으로 보면 학생들의 4분의 1은 주의력결핍이나 자폐증, 공황장애, 강박증 등의 증세를 보이고 있다.

왜 이렇게 많은 아이가 정신장애를 앓는 걸까? 스트레스 때문이다. 우리 아이들이 받는 스트레스의 가장 큰 요인은 애착 실패와 무리하게 시키는 조기학습이다. 애착도 부모의 문제이고, 공부도 부모의 문제다. 그러므로 자녀의 정신장애의 가장 큰 책임은 그 부모에게 있다는 결론에 이른다. 어떤 사람들은 그 원인을 정부나 교육 정책의 탓으로 돌리겠지만, 그런 정책은 대부분 학부모의 요구에 의해 만들어진다.

현대 사회에 들어 예전에는 들어 보지도 못한 분야들이 계속해서 생겨나고 있다. 얼마 전까지만 해도 정신과, 신경정신과는 있었지만,

자녀교육 혁명 하브루타

소아정신과라는 전문 분야는 없었다. 놀이치료나 미술치료 역시 최근에 생긴 분야다. 이유가 무엇인가? 가정과 학교가 아이들의 양육과 교육에 책임을 다하지 못하면서 무리하게 공부시키기 때문에 생겨난 부작용이다.

하지만 의사나 치료사는 치료만 할 수 있다. 어린이들을 심리적으로 건강하게 해주는 일은 매일 그들과 접촉하는 부모와 교사들의 몫이다. 설령 소아정신과 의사의 도움으로, 또는 상담치료사의 도움으로 아이의 정신장애가 치료되었다 하더라도 아이에게 정신장애를 앓도록 만든 가정이나 학교가 변하지 않으면 또다시 재발할 수밖에 없다.

정신장애는 유전이나 다른 여러 요소들로 발생하기도 하지만, 부모가 자녀의 감정에 잘못 대응하고, 부모의 욕심에 따라 무리한 학업 스트레스를 주기 때문에 생겨나는 경우가 아주 많다. 부모의 우울증이나 강박증, 열등감, 자격지심 등이 그대로 자녀에게 이어지기도 한다.

의사들에 따르면, 모든 질병의 70% 이상이 정서에서 유발된다고 한다. 즉 질병의 70%는 감정에 의해 생긴다는 말이다. 미국의 경우 2,000만 명 이상이 정신적 혹은 정서적 불안으로 고통을 받고 있고 80만 명이 정신병원에 입원해 있다고 한다.[8] 우리나라도 소아정신과 의사가 늘어나는 추세다.

정신과 의사인 나카이 히사오 교수는 어느 수준에 이르면 환자를 퇴원시킬 것인가를 고민하다가 '정신 건강의 기준'을 만들었다고 한다. 여기에 그 일부를 소개한다.

- 싫은 일을 자연스럽게 나중으로 미루는 능력
- 혼자 있을 수 있는 능력, 또는 둘이 있을 수 있는 능력
- 적당히 타협하는 능력
- 하지 않으면 안 된다고 하는 기분에 대항하는 능력

위 내용을 보면 이게 정말 정신 건강의 기준이라고 할 수 있는가 하는 의문이 든다. 하지만 이런 능력을 갖지 못하면 편집증, 강박증, 자폐증, 주의력결핍, 공황장애 등을 일으킨다. 예를 들어 싫은 일을 자연스럽게 나중으로 미루지 못하고 하지 않으면 안 된다는 기분이 들 때 그 기분을 버리지 못하면 강박증이나 완벽주의자가 된다. 실제로 정서적으로 건강한 사람은 자신의 한계를 분명하게 아는 사람이다. 자신을 있는 그대로 용납하고 받아들인다. 자신에게 불만이 없으면 타인에게도 불만이 없을 가능성이 높다. 다른 사람에게 책임을 전가하거나 도피할 가능성도 낮다.

부모는 아이에게 유전자를 물려주는 유전 요인인 동시에 가장 강력한 환경 요인이다. 모든 뇌는 유전적 요인 이상의 잠재력을 가지고 있다. 이 잠재력은 부모가 아이를 믿어 주고, 아이 스스로 자신감을 가질 때 땅속에 묻힌 금맥을 캐듯이 잠재력이라는 무궁한 가치를 획득할 수 있다.

자녀교육 혁명 하브루타

아이에게 심각한 열등감을 갖게 하려면 아이를 거부하라. 부모가 자녀를 사랑하지 않는다는 인상을 심어 주는 것이다. 생각해 보라. 가족은 내가 아무리 못나고 망나니짓을 해도 나를 용납하고 이해해 준다. 가장 믿고 의지할 가족에게 무시당하는 아이가 과연 자존감을 가질 수 있을까? 자신감은 뇌를 활성화시킨다. 자신감이 있으면 긍정적인 태도를 갖게 되고, 긍정적인 태도는 정보에 유연하게 반응하여 성장하는 속도를 높여 준다.

실수를 했거나 나쁜 습관을 바꾸고 싶다면 뇌에게 이렇게 말해 보라. "내가 예전에는 그랬지, 그러나 지금은 아니야."

상처가 있는 부모는 자신의 상처로 인해 자녀에게 문제가 생기지 않을까 염려한다. 하지만 상처는 그 사람에게 부정적인 영향을 미치기도 하지만 오히려 삶의 강력한 동인이 되기도 한다. 그 상처가 곪아서 터지느냐 치료되어 오히려 더 건강해지느냐는 그것을 상처로 인정하고 치유하느냐의 여부에 달려 있다. 동일한 재료도 어떤 방법으로 오랜 시간 놔두냐에 따라 전혀 다른 형태로 변한다. 포도는 그냥 오래 두면 썩어서 버려야 하지만, 잘 처리해서 오래 두면 포도주가 된다. 배추 역시 그냥 오래 두면 썩어서 버려야 하지만 잘 처리해서 오래 두면 김치가 된다. 밥을 그냥 오래 두면 썩어서 버려야 하지만 잘 처리해서 오래두면 식혜가 된다. 과거의 상처나 고난, 고통도 이와 같다. 사람들이 자기에게 주어진 여러 어려움들을 어떤 시각에서 바라보고 어떤 노력을 기울이느냐에 따라 전혀 다른 삶의 결과로 나타난다.

지난 과거의 아픈 경험을 부끄러워하지 않고 그대로 인정하고 받아들이는 순간, 뇌는 긴장으로 막혀 있던 회로를 풀고 새로운 생각을 하기 시작한다. 열등감이나 콤플렉스에서 벗어나는 가장 쉽고 중요한 방법은 그것의 존재를 인정하는 것이다. 내가 가진 열등감이나 자격지심, 부끄러운 모습을 있는 그대로 인정하는 순간부터 치료는 시작된다.

우리는 열등하지 않다. 그렇다고 우월하지도 않다. 우리는 그저 자기 자신일 뿐이다. 내가 있고 다른 사람이 있다. 남이 있고 내가 있는 것이 아니다. 열등감은 비교에서 나온다. 비교는 남을 의식할 때 생긴다. 하나님은 인간을 모두 다르게 만드셨을 뿐 열등한 그룹, 우등한 그룹으로 나누어 창조하지 않으셨다. 우리 모두는 세상에 하나뿐인 개인이며 독특한 존재다. 나는 나 외의 다른 사람이 아니며 다른 사람처럼 될 수도 없다. 다른 사람 역시 나처럼 될 수 없다. 나는 나고, 다른 사람은 다른 사람이다. 남편은 남편이고 아내는 아내다. 부모는 부모고 자녀는 자녀다.

우리나라는 정신과에 가는 것을 매우 꺼린다. 미친 사람이나 가는 곳으로 생각하는 사람도 있다. 정신의학은 미친 사람을 치료하는 학문이 아니다. 사람을 심리적, 생물학적, 사회적 관점에서 포괄적으로 이해하고 정신적인 어려움이 생겼을 때 도움을 주는 학문이다. 우리는 정신과와 가까워질 필요가 있다. 정신적인 문제가 포착될 때, 문제가 더 심화되기 전에 전문가의 도움을 받는 것이 중요하다.

정신과학에서 정신에 문제가 있다고 하는 경우는 크게 두 가지로 분류한다. 하나는 정신분열증이고, 다른 하나는 신경증이다. 정신분열증은 우리가 흔히 '미친 사람'이라고 할 때 나타나는 증상으로 뇌의 신경전달물질 중 도파민이 과잉 분비되어 나타난다. 실제로 이들의 뇌 사진을 찍어 보면 뇌 구조에는 이상이 없다. 하지만 신경전달물질을 현미경으로 관찰하고 생화학적으로 분석해 보면 도파민이 증가되어 있다.

신경증의 경우 신경의 연결에 미세하게나마 문제가 있는 것이다. 뇌는 환경을 통해 적응해 가는데 뇌의 감정을 지배하는 변연계라는 부분이 형성되는 시기는 1세부터 3세까지다. 그런데 이때 스트레스를 많이 받거나 양육이 제대로 이루어지지 않은 경우 그 조직이 약해진다. 약해진 조직은 성숙해 가면서 사랑과 돌봄에 의해 강화되어야 하지만, 그렇지 못한 상태로 변연계가 유지되면 신경증이 유발된다.

정신분열증과 신경증의 치료 과정은 다르다. 정신분열증은 과잉 분비된 도파민을 감소시키는 약물 치료를 하는 반면, 신경증은 약물 치료도 중요하지만, 정신 치료, 인지행동 치료가 더 효과적이다.

아이들이 애착에 실패하면 항상 불안과 두려움에 시달리게 된다. 그런 불안과 두려움이 가져오는 대표적인 증상이 분리불안이다. 분리불안은 아이가 주 양육자와 떨어지지 않으려 하고 떨어지면 매우 불안해하는 증상이다. 이것은 돌을 전후로 극심하게 나타난다. 하지만 이것은 누구에게나 있는 것이므로 그런 증상이 있을 때 따뜻하게 안아 주고, 떨어져 있는 시간을 조금씩 늘리면 점차 사라지게 된다.

정신장애의 가장 대표적인 현상은 걱정하지 않아도 될 일을 미리 걱정하는 것이다. 그런 불안과 두려움이 정신장애를 가져온다. 어느 조사 결과에 의하면 사람들이 걱정하고 불안해하는 것 중에 40%는 지나간 과거이며, 50%는 아직 일어나지도 않은 미래이고, 10%만이 현재를 위한 것이라고 한다. 이처럼 지구상의 절반의 인구가 '아직 일어나지도 않은 미래' 때문에 불안해하며 살고 있다.[9] 그러므로 90%는 전혀 쓸모없는 걱정이며, 하지 않아도 되는 것 때문에 불안해하는 것이다. 불안 때문에 마음 졸이고 잠 못 이루다가 심장병으로 죽는 경우도 있다.

불안이란 일상생활 속에 내재된 아주 정상적인 감정이다. 놀라거나 원하는 것을 하지 못했을 때, 누군가에게 거절당했을 때, 무력감을 느낄 때 불안감을 느끼게 된다. 현대 사회를 살아가는 것만으로도 우리는 일상적인 불안에 노출되어 있다. 아이들은 자기감정을 조절하는 능력을 익혀야 하는데 그중에 가장 대표적인 것이 불안감이다. 외상 후 스트레스 장애, 선택적 함묵증, 분리 장애 등의 배후에는 불안이 있다. 그러므로 이 같은 불안을 해소하면 증세가 없어지거나 상당 부분 좋아진다. 내적으로 불안이 잠재되어 있는 아이의 특징은 다음과 같다.

• 위축된 행동을 하거나 신체적인 접촉이나 대인관계 접촉에 불안

자녀교육 혁명 하브루타

해한다.
- 눈 맞춤을 거의 하지 않고 주변의 변화에 민감하며 적응하는 데 시간이 오래 걸린다.
- 작은 일에 지나치게 근심하고 의존한다.
- 친밀한 사람에 대해 분리불안을 느끼고, 긴장된 상황에서는 신체적인 아픔을 호소한다.

한편 애착 실패는 반응성 애착장애를 가져오기도 한다. 이것은 아이와 양육자 간의 애착으로 인한 문제가 아동의 다양한 발달을 지연시키는 것을 말한다. 이 장애는 안락함이나 자극, 애정 등 아이의 기본적인 감정적 욕구를 지속적으로 방치하거나 주 양육자가 자주 바뀔 때 주로 발생한다. 반응성 애착장애의 주 증상은 자폐와 같이 사회적인 반응 부족과 전반적인 무관심이다. 부모와 친밀한 관계를 형성하지 못해 아무한테나 애착 반응을 나타내거나 반대로 지나치게 경계하며 접촉을 거부하는 것이다. 이처럼 발달적으로 적절하지 못한 사회적 관계의 형성은 크게 다음 두 가지 유형으로 나타난다.

첫째, 장기간에 걸쳐 거의 모든 사회적 관계를 시작하지 못하고, 발달적으로 적절하지 못한 방식으로 반응을 한다. 사회적 관계를 맺을 때 지나치게 억제적이고, 경계를 하며, 심하게 양가적(兩價的)이고 상반된 반응을 보인다. 예를 들면, 양육자에게 접근하고 회피하는 양가적인 태도를 보이는가 하면 안락한 상황에서도 저항하고, 사람들을 냉

정하게 경계한다.

둘째, 애착 대상을 선택하는 능력이 결여되어 애착 대상을 무분별하게 선택한다. 낯선 사람에게도 지나치게 친근감을 나타내는 등 애착 대상을 분별하여 선택하지 못하는 것이다.

애착 실패는 그 외에도 공격성과 폭력성을 보이는 반항성 장애, 손을 비롯한 몸의 특정 부분이 흔들리는 틱 장애(Tic disorder), 강박장애, 편집장애, 주의력결핍 과잉행동장애(ADHD), 공황장애, 선택적 함묵증 등 다양한 심리장애로 연결될 수 있다.

| 어떻게 애착을 형성할 것인가 |

아기는 모유를 원한다

아기가 엄마의 자궁 속에 있다가 세상에 나오는 경험은 그의 삶을 통틀어 가장 극적이자 커다란 경험이다. 아기는 양수로 둘러싼 자궁 속에서는 물속에 있다가 세상 밖으로 나온 순간 물을 버려야 한다. 그래서 호흡도 입으로 해야 한다. 어둠에 둘러싸여 있다가 밝은 빛을 경험해야 하고, 탯줄을 통해 공급받던 영양분을 입으로 빠는 수고로움을 통해 공급받아야 한다. 아기가 태어나면 거꾸로 들고 엉덩이를 한대 때리는데 입 속의 이물질을 제거하고 공기 호흡을 하게 하기 위해서다. 이처럼 아기는 태어나는 순간 인생에서 가장 큰 스트레스를 경

자녀교육 혁명 하브루타

험하게 된다.

아기가 태어나면 자궁 속에 있을 때와 가장 비슷한 환경을 만들어 극도의 공포와 불안, 두려움에서 벗어나도록 해야 한다. 그런데 자궁 속과 가장 유사한 환경은 엄마의 품속이다. 엄마 품에 안겨서 자궁 안에서처럼 엄마의 심장박동 소리를 듣는 것이다. 그러면 아기는 극심한 스트레스 상태에서 어느 정도 안정을 찾을 수 있다. 그런데 요즘은 대부분 병원에서 분만을 해서 아기가 태어나면 엄마와 분리시켜 신생아실로 데려간다. 신생아실이 아무리 좋은들 엄마 품만 하겠는가? 더구나 아기는 세상 밖으로 나와서 처음 먹는 음식으로 분유를 먹는다. 아기에게 가장 중요한 초유를 먹지 못하는 것이다. 그래서 외국에서는 아기가 태어나면 엄마 품에 안기고 모유를 먹이는 것이 점점 늘어나는 추세다.

모유는 항상 적당한 온도를 유지하며 신선하고 아기가 생후 5~6개월까지 모유만 먹어도 충분할 만큼 영양이 풍부하다. 아기의 몸은 생후 5~6개월이 되어서야 면역 성분을 만들기 시작해 만 5세에 완성된다. 모유에는 항세균성 및 항바이러스성 항체와 여러 방어 인자가 함유되어 있어서 아기가 여러 감염과 병에 걸리지 않도록 한다. 우유에도 면역 성분이 있으나 살균 처리 과정에서 면역 성분이 죽는다. 또 모유에는 우유에는 없는 항균단백질(락토페린)이 함유되어 있어 소화기 계통의 질환을 예방한다.

특히 초유는 아기에게 아주 중요하다. 출산 후 2~5일 사이에 나오는 황갈색의 끈적끈적한 젖인 초유에는 알부민과 글로불린이 많이 들어 있어 담백하다. 면역체가 많이 들어 있어 질병에 대한 저항성을 높이고, 변을 잘 보게 하며, 비타민 A와 D 등의 영양제를 공급하여 성장 발육을 촉진한다. 특히 철분의 함량은 우유의 17배나 된다. 젖의 빛깔이 유백색이 아니라고 버리는 사람도 있는데, 초유는 신생아를 보호하고 산모의 자궁 수축을 도와주는 작용도 하므로 반드시 먹이는 것이 아기와 엄마에게 좋다.

모유를 먹이게 되면 프로락틴과 옥시토신이라는 호르몬이 분비되어 마음이 편안해지고 그래서 아기를 보살필 수 있는 힘을 얻게 된다.[10] 모유 수유는 산모의 산후 출혈을 적게 한다. 산모는 수유에 의한 무월경으로 출산 후 월경에 의한 실혈을 적게 하고, 배란을 늦게 하게 함으로써 다음 임신을 늦출 수 있다. 또 수유를 하면 임신 전 체중으로 빨리 회복되고, 뼈가 제자리를 찾도록 촉진한다. 뿐만 아니라 난소암의 위험성을 감소시키고 갱년기 전 유방암의 위험성도 줄여 준다.

한마디로 모유는 사람에게 맞고, 우유는 송아지에게 맞다. 우유가 아무리 좋은 영양분을 함유했다고 한들 모유만 하겠는가. 더구나 요즘 소는 자연 상태에서 키우지 않고 스트레스를 많이 받는 우리에 가두어 온갖 호르몬제와 항생제가 들어간 사료를 먹여 키운다. 소의 몸 속에 축적되는 몸에 좋지 않은 노폐물은 그대로 우유로 흘러가게 되고, 아무리 멸균 처리를 한다 해도 아기에게 좋지 않은 영향을 미치게 된다.

그러나 무엇보다 모유 수유가 좋은 가장 큰 이유는 엄마와 아이 사이에 형성되는 애착 관계 때문이다. 아기를 포근하게 안고 젖을 먹이면 자궁 속과 가장 비슷한 환경을 조성해 주어 태어날 당시의 충격을 줄여 준다. 특히 모유를 먹이면 하루에도 십여 차례 아기를 안을 수밖에 없다. 이렇게 아기를 자주 안아 주면 아기의 정서 발달과 애착 관계 형성에 아주 좋다.

갓 태어난 아기가 볼 수 있는 거리는 20cm 정도에 불과하다. 그런데 놀랍게도 엄마가 아기를 안고 젖을 먹일 때의 거리가 20cm 정도다. 즉 갓난아기는 엄마의 젖을 먹으면서 엄마의 얼굴을 익히고 표정을 읽게 되며 눈으로 대화하게 된다.

이렇게 모유 수유가 좋은 줄 알지만 직장에 나가야 하거나 모유가 나오지 않거나 여러 가지 이유로 모유 수유를 하지 못할 때가 있다. 그렇더라도 아기와 애착 관계를 형성하는 것은 매우 중요하므로 모유 수유를 할 때와 같이 아기의 귀를 엄마의 심장에 가까이 대어 안고 아기와 시선을 주고받으며 젖병을 물려야 한다. 아기에게 수유하는 사람이 엄마가 아니더라도 이렇게 해주어야 좋다. 아기 침대에 누인 상태에서 젖병을 물리는 것은 혼자 밥 먹는 것보다 훨씬 좋지 않다. 성인인 우리도 혼자 밥 먹으려면 왠지 외롭고 때로 서러워지기도 하는데 아기 역시 이때 똑같은 감정을 느끼게 된다. 더구나 아기는 이때 반드시 애착 관계를 형성해야 하는 중요한 시기를 보내고 있음을 잊어선 안 된다.

양육자가 바뀌지 말아야 한다

만 3세 이전에 부모와 형성된 애착 관계는 평생에 영향을 미친다. 이 시기에 부모와 상호작용한 경험을 기억으로 저장하고 이를 바탕으로 애착 패턴을 형성하며 만 3세 전후로 고정이 된다. 이런 고정된 애착 패턴은 다른 사람을 대할 때마다 작동되어 그대로 행동으로 나타나게 된다.

따라서 양육자가 자주 바뀌는 것은 자녀에게 불안감과 스트레스를 가중시킨다. 최소한 생후 1~3년까지는 부모가 직접 키우는 것이 가장 좋다. 그러나 요즘은 일하는 엄마가 많아서 아이를 엄마가 직접 양육하지 못하는 경우가 많다. 그리고 반드시 엄마가 양육해야 아이가 훌륭하게 자라는 것은 아니다. 엄마가 직접 키우지 않고 다른 사람이 키웠지만 아이들이 잘 자란 연구 결과도 얼마든지 있다. 만일 부모가 직접 아이를 키우기 어려운 입장이라면 생후 3년까지는 한 사람이 아이를 맡아 키우는 것이 중요하다. 즉 양육자가 자주 바뀌어서 아이가 불안해하지 않도록 해야 한다.

태어나서 1년 동안 무관심 속에 방치된 아기는 여러 가지 잠재력을 영원히 빼앗기게 된다. 애착이 없고 정서적으로 텅 비어 버린 인간이 되는 것이다. 어린아이가 무관심 속에 방치되거나 학대를 받으면 뇌의 전두엽 발달에 장애가 생겨 자제력이 떨어진다. 반사회적인 행동을 억제하는 능력이 떨어질수록 훨씬 더 충동적이고 공격적이며 반항적인 아이가 된다.

자녀교육 혁명 하브루타

아기는 생후 8~12개월이 되면 분리불안을 갖게 된다. 즉 양육한 사람과 절대 떨어지지 않으려 한다. 아기가 낯가림을 하고 부모와 떨어지지 않으려는 것은 자연스런 모습이다. 그러나 낯선 사람이 나타나기만 하면 필사적으로 부모에게 매달리고 시간이 가도 그런 태도를 버리지 못한다면 아이는 만성적인 내적 불행 때문에 고통을 받고 있는 것이다. 내적 불행을 가진 아이는 대부분 심각한 우울증을 겪거나 툭하면 화를 내고 심각한 공포증 때문에 활동에 어려움을 겪거나 공격적인 성향을 보이기도 한다. 따라서 생후 12개월은 매우 민감한 시기로 이때 주 양육자가 바뀌면 정신적 타격을 크게 받는다.[11] 애착 관계가 흔들리기 때문이다. 이런 불안과 스트레스는 그대로 아이의 뇌에 입력되며 그것이 아이의 성격 형성의 기초를 마련하기 때문에 그 영향은 평생 간다고 볼 수 있다. 생후 12개월 이전에 주 양육자와 떨어지는 경험은 아기 입장에서 보면 '죽음과 같은 불안과 두려움'이다. 아기가 엄마에게 매달리는 애착 행동은 강력하고도 근본적인 본능이다. 아기는 살기 위해 엄마와 가까이 있어야 한다. 따뜻하고 포근한 엄마의 품은 아기의 생존을 위해 필수적인 것이다.

그러므로 엄마가 아기를 양육하지 못한다 해도 주 양육자가 바뀌지 않도록 해야 한다. 또한 엄마는 아기의 양육 과정에 대해 잘 알고 있어야 하고, 수시로 엄마의 얼굴을 익힐 수 있도록 해야 하며, 같이 있는 시간이나마 아기가 질적으로 충분한 사랑을 느낄 수 있도록 해주어야 한다. 그랬을 때 엄마가 아닌 다른 사람이 키워도 애착 관계 형성에 문제가 생기지 않는다. 때로 멀리 있는 할머니나 친척에게 자녀를 맡기고 일주일에 한 번이나 한두 달 만에 아기를 보러 가는 부모가 있는데 이는 애착 관계 형성에 결코 바람직하지 못하다.

3세 이전에는 1차적으로 부모와 밀접한 애착 관계를 형성하는 것이 급선무이므로 3세 이전에 아기에게 큰 소리로 야단을 치거나 매를 대는 것은 옳지 않다. 아이가 혼난 뒤에 행동을 수정하는 것은 무섭기 때문이지 왜 그래선 안 되는지를 이해해서가 아니다. 일단 밀접한 애착 관계가 형성되고 나면 혼이 나더라도 애착 관계가 흔들리지 않는다. 그 이전에는 역효과만 낼 뿐이다.

600만 명의 유대인과 집시 등을 학살한 히틀러는 우수한 아리안 종족을 보존하기 위해 노력했다. 그래서 건강한 아리안족 부부에게서 태어난 아기들을 부모와 분리하여 최고의 시설을 갖춘 기관에서 각 분야 최고의 교육 전문가들에게 맡겨 양육시켰다. 하지만 아무 이상 없이 건강하게 태어난 아기들이 얼마 되지 않아 여러 가지 문제를 보이고 몸이 약해져 죽거나 제대로 성장하지 못했다.[12] 부모와 애착 관계를 형성하지 못했기 때문이다.

어렸을 때 정신적 충격을 받으면 뇌간과 뇌 변연계에 영향을 주어 불안, 충동성 같은 감정을 조절하기 어렵게 된다. 만 두 살에서 다섯 살 사이에 정신적으로 충격을 받으면 일시적인 기분과 사고력을 조절하는 뇌의 영역이 영향을 받을 가능성이 높다. 이런 공허감과 애정 결핍은 그 다음 세대로 이어지는 경우가 대부분이다.

자녀교육 혁명 하브루타

그러나 그런 환경에서 자랐다고 100% 그렇게 되는 것은 아니다. 이후에도 뇌에 영향을 미칠 가능성이 있는 요소는 얼마든지 있다. 그럼에도 이때가 가장 중요한 시기이며 가장 영향을 많이 받을 수 있는 시기임을 주지해야 한다.

심리학자 레이먼드 주니어는 학대받고 자란 아이들의 25~35%가 성인이 된 후 자기 자식을 육체적, 또는 성적으로 학대한다고 밝혔다. 또 부모 중에 한쪽은 맞고 한쪽은 때리는 것을 보고 자란 아이들은 그중 무려 40%가 나중에 자기 배우자를 때린다고 했다. 학대받고 자란 아이들의 40% 이하가 그런다는 것이고, 그 절반 이상은 어른이 되어서 범죄를 저지르거나, 수용시설에 갇히거나 자기 가족을 학대하는 정도로 심각한 정서적 문제를 일으키지 않는다. 그런 아이들의 60%는 평범하거나 성공적인 성인기를 보낸다. 하지만 중요한 점은 이렇게 성공적으로 자란 어른의 경우 그들 주변에 그들의 자긍심을 키워주고 지켜 준 최소한 한 명 이상의 어른, 즉 멘토가 있었으며 집을 나온 후에 상담을 받았다는 사실이다.

| 애착은 평생 삶의 기반이다 |

안정된 애착은 긍정적 자아상을 형성한다

안정된 애착을 형성한 아이의 가장 큰 특징은 자아상이 긍정적이라는 점이다. 아이들은 어렸을 때 부모의 양육 태도에 따라 세 가지 자아를 키운다. 영아들은 누구나 전능한 자아상을 가지고 있다. 자신이 무엇이든지 할 수 있다고 생각하는 것이다. 이것은 또한 생존에 필요하기 때문에 영아기에는 이런 자아상이 필요하다. 아이는 영유아 때부터 세상에는 자신이 할 수 없는 일이 있다는 것을 알게 되면서 자아상에 변화를 갖게 된다. 그 변화는 세 가지 흐름으로 나타난다. 그것은 부정적 자아, 긍정적 자아, 허상적 자아가 그것이다.

부정적 자아는 열등적 자아상, 무능한 자아상으로 부모가 아이에게 "넌 못해, 할 수 있는 게 없어, 넌 못난이야"라는 부정적 인식을 심어 줌으로써 갖게 된다. 아이가 위협이나 폭력적 분위기에서 자라면 이렇게 된다. 한편 긍정적 자아상은 격려와 칭찬을 받고 자란 경우 갖게 되는 유능한 자아상이다. 전능적 자아상이 '나는 할 수 있다'는 긍정적 자아, 유능한 자아로 변하는 것이다. 물론 우리는 부정적 자아상이 아닌 긍정적 자아상을 가져야 한다. 그런데 그것은 안정된 애착 관계를 형성하고 스트레스를 주지 않는 환경에서 자랐을 때 가능하다.

다른 하나는 허상적 자아로 비현실적 자아상이다. 이것은 부모가 무엇이든지 허용하고 받아 줄 때 형성된다. 이들은 스스로 많은 것을 누릴 자격이 있다고 자신을 과대평가하고 크게 부풀려진 자긍심을 가지고 있으며 미래에 대한 비현실적 기대를 가지고 있다. 이런 아이들은 다른 아이를 괴롭히면서도 죄책감이 없고, 직장에 취직하더라도 자기는 이런 일을 할 사람이 아니라면서 다른 것들을 바라본다. 오랜 시간

고시생으로 사는 사람들이 대부분 여기에 속한다. 미래에 대해 터무니없는 낙관론으로 일관하고, 자신을 위해 다른 사람이 희생하는 것을 지극히 당연하게 받아들인다. 실패하면 실패의 책임을 자신이 아닌 상황이나 정부, 또는 다른 사람에게 돌린다.

요즘 아이들은 스스로 많은 것을 누릴 자격이 있다고 과대평가하며 터무니없이 부풀려진 자긍심으로 미래에 대해 비현실적인 기대를 가지고 있다. 이것은 대개 부모로부터 기인한다. 자존감과 자긍심을 갖는 것은 중요하다. 그러나 그것은 철저하게 현실에 바탕을 두어야 한다. 희망과 비전은 높이 가질지라도 그것을 이루기 위한 출발점은 지금의 내 실력과 경험과 위치에서 출발해야 한다. 그렇지 않으면 그 꿈과 비전은 영원히 잡지 못할 신기루에 불과할 수 있다.

무조건 허용하는 부모는 아이가 화내고 짜증내는 것을 견디지 못하는 무능함을 드러낼 뿐이다. 아이가 원하는 대로 다 해주는 것은 결코 아이의 성장에 도움이 되지 못한다. 이것은 전능한 자아의 환상을 정당화시켜 영유아기 때의 정신 상태를 계속 유지시킴으로써 허상적 자아를 형성하게 만든다. 무조건적인 허용은 아이에게 자기가 원하는 것은 언제든지 가질 수 있다는 영아기의 전능한 자아의 환상에서 유능한 자아로 옮겨 가지 못하게 만든다.[13] 부정적 자아상과 함께 우리가 경계해야 하는 것이 바로 이런 허상적 자아상이다.

안정된 애착을 형성한 아이는 다른 사람과 시시콜콜 다투지 않는다. 다른 사람도 나와 같은 생각과 느낌을 가진 존재라는 것을 인정하기 때문이다. 갈등과 문제가 생기더라도 대화와 타협을 통해 그것을 해결하려 노력한다. 그들은 다른 사람과 시비에 말려들어 말싸움을 하지 않는다. 다른 사람에게 편안하게 도움을 요청하고 또 다른 사람이 도움을 요청해도 편안하게 반응하고 도와주려고 한다. 또 자기감정에 솔직하고 다른 사람의 말에 저의가 있는지 의심하지 않는다.

죄를 저질러 감옥에 갇힌 사람들을 생각해 보자. 이들의 대부분이 세상에 있을 때 계속 나쁜 짓을 하던 사람일까? 아니면 순간의 감정이나 욕구를 자제하지 못해 죄를 저질렀을까?

죄를 짓고 안 짓고는 순간에 결정된다. 그 순간을 넘기면 죄를 짓지 않는 것이고, 그 순간을 넘기지 못하면 죄를 짓게 된다. 술을 마시고 운전하다가 경찰이 보였을 때 그대로 질주할 것인가, 멈추고 음주 측정에 응할 것인가는 순간적으로 결정해야 한다. 올바른 판단과 감정의 조절은 어린 시절 부모와 애착 관계를 잘 형성했느냐에 좌우된다.

아이가 긍정적인 자아상을 갖길 원한다면 아이의 기분을 망쳐 놓는 일을 최대한 줄여야 한다. 아이가 자신감을 가지기를 원한다면 강압적으로 통제하는 것을 그만두어야 한다. 아이가 다른 사람들로부터 존중받기를 원한다면 아이를 존중해 주어야 한다. 즉 자녀를 노엽게 하지 말고 아이의 마음을 읽어 주고, 그 감정에 공감해 주며, 분명하게 가르쳐야 할 기준과 원칙을 심어 주어야 한다.

자녀교육 혁명 하브루타

아기는 부모와의 관계에서 모든 것을 배운다

아이에게 진정으로 필요한 것은 부모와의 애착 관계이며 이 애착 관계는 돈으로 만들어지는 것이 아니다. 전문가들은 인격은 세상에 태어나 6세까지 85%가 형성된다고 말한다.[14] 이처럼 애착 관계는 그 아이가 평생을 살아가는 삶의 기반이다. 삶의 기반이 무너지면 그 어떤 것으로도 보상받을 수 없다. 애착 관계는 언제나 형성할 수 있는 것이 아니며 영유아기 때만 형성할 수 있다. 애착 관계는 부모가 아이와 진심 어린 사랑 관계를 유지할 때만 형성되는 것이다.

아이가 진정으로 필요한 것이 무엇인지를 이해한다면, 아이를 키우기 위해 좀 더 많은 돈을 벌어야겠다고 생각하기보다는 아이들과 좀 더 많은 시간을 가져야겠다고 생각하는 것이 맞다. 요즘 부모들 중에 자기 자식에게 관심이 없거나 시간을 투자하지 않는 부모는 별로 없다. 그러나 그 관심과 시간 투자의 양과 질이 중요하다.

요즘 부모들은 자녀에게 시간과 관심을 더 많이 투자하라고 하면 어느 학원에 보내고 어느 프로그램에 참여시키라는 말로 받아들인다. 자녀가 정서적으로 바르게 자라고 있는지에 관심을 갖는 것이 아니라 어떻게 하면 똑똑하게 키울까에만 관심을 기울인다. 자녀가 겉으로 심각한 문제를 드러낼 때까지 자녀의 깊은 내면을 보지 못한다. 아이에게 관심을 가지고 시간을 내라는 것은 아이의 마음을 읽어 주고, 이야기를 들어 주고, 공감해 주고, 고민을 함께해 주고, 함께 즐겁게 놀아 주라는 뜻이지, 어떻게 하면 공부하게 할까 고민하고 잔소리하라는 것이 아니다. 아이의 정서에는 이상이 없는지, 행동에 특별한 변화는 없는지, 마음에 상처는 없는지에 관심을 기울이라는 얘기다.[15]

아이에게 어떤 자극을 주는 것이 좋은지, 무엇부터 시작해야 할지 모를 때 부모는 유치원이나 학원 등 교육기관에 자녀를 맡겨 버린다. 그리고 자신은 그 학원비를 대기 위해 열심히 돈을 번다. 아이는 부모와 함께할 시간이 더 없어지고 그래서 정서적 교감도 정서적 애착도 생기지 않는다. 부모는 최대한 자녀와 함께 있는 시간을 늘려야 한다. 많은 시간을 자녀와 보내기 어려운 형편이라면 질적 애착 관계 형성에 주력해야 한다. 아이와 자주 통화를 하고, 사랑한다고 말하고, 함께 있는 시간에는 실질적으로 자녀와 교감이 이루어지도록 해야 한다.

하지만 아이와 함께 있는 시간이 많다고 해서 긍정적 애착 관계가 저절로 형성되는 것은 아니다. 부모가 자녀와 함께 있지만 엄마는 설거지하고, 아빠는 신문이나 텔레비전을 보고, 아이는 장난감을 가지고 혼자 놀고 있다면 그것은 실질적으로 함께 있는 것이라고 보기 어렵다. 애착 관계 형성을 위해 양적 시간도 중요하지만 그 내용이 더 중요한 것이다.

문제가 드러나기 시작한 청소년들을 보면, 자신의 속마음을 잘 드러내려 하지 않고 그것을 또 두려워한다. 자신의 이야기를 영웅담처럼 꾸며서 하면서 자신의 슬픔이나 두려움을 감추려 한다. 자신을 위장하고 포장하여 슬픔과 고통을 억누르기 때문에 자신을 진정으로 보살피고 알아주려는 사람보다 힘이 더 센 사람에게 의지하려 든다. 그

힘 안에서 자신이 보호받고 있다고 생각하는 것이다.[16] 이것은 대부분 어렸을 때 불안전한 애착 관계로 인한 경우가 많다.

이처럼 아이가 어렸을 때 제대로 사랑받지 못해 불안정한 애착 관계를 형성하면, 잠투정, 음식 투정, 학습장애를 일으키고, 청소년기에는 수많은 외부의 유혹에 넘어져 문제를 일으키며, 결국 자율적인 성인으로 자라지 못하게 된다. 부모는 바깥으로 분출된 이 같은 문제를 해결하기 위해 영유아 때 투자해야 하는 시간보다 훨씬 더 많은 시간과 돈을 허비하게 된다. 초기 3년가량의 투자로 앞으로 40~50년이 평안하다면, 그것은 어느 쪽으로 보나 남는 장사다.

부모가 사랑과 관심을 가지고 아이의 행동에 반응하면 아이의 뇌에는 계속 긍정적 정서가 쌓이고, 그 긍정적 정서는 긍정적인 자아상과 내적 동기, 좋은 성격으로 이어진다. 부모가 아기의 울음에 세심하고 적절하게 반응하면, 내가 필요하면 누군가가 도와준다는 사실이 아기의 뇌에 저장되고, 이것은 자신과 타인 간의 의사소통에 자신감을 심어 준다.

아기가 배고플 때 먹이면 양육자가 나의 요구를 충족시킨다고 느끼게 되고, 그것은 다른 사람을 배려하고 반응하는 능력으로 이어진다. 아기와 자주 눈을 맞추면 아기가 얼굴에 표정이 있음을 알게 되어 다른 사람의 감정을 읽는 능력과 연결된다. 아기를 많이 안아 주면 두려움이나 불안을 줄이고 편안하게 하여 다른 사람과 친밀하게 지내는 능력으로 이어진다. 아기가 두렵고 불안해할 때 안고 토닥거리며 안정시켜 주면 아기는 다른 사람이 나를 이해해 주고 도와준다고 느끼게 되어 다음에 다른 사람의 감정을 인식할 수 있게 된다.[17] 이처럼 부모가 사랑과 배려로 하는 모든 행동은 아기의 뇌에 저장되고 그것이 무의식이 되며, 그 무의식이 곧 성격이 된다. 이것이 평생 동안 부모를 따르고 존경하게 하는 안정된 애착의 메커니즘이다. 반대로 불안정한 애착은 복수의 메커니즘을 발달시키고 형성하게 만든다.

부모가 아이에게 주는 가장 소중한 선물은 바로 충분한 시간과 긍정적인 관심이다. 아이는 부모가 한결같이 애정 어린 태도로 반응해 주기를 바란다. 아이의 이 같은 바람을 충족시키는 부모는 나중에 아이가 주는 행복을 누리게 된다. 안정된 애착을 가진 아이라면 성인으로 자라서도 자기 자신을 훌륭하게 보살피고, 또 다른 사람과의 관계를 원만히 이끌어갈 수 있으며 삶에서 성취감을 맛볼 수 있다.

애착에는 놀아 주는 것이 최고다

지금까지 논의한 내용들을 정리해 보자. 어렸을 때 겪은 경험들은 무의식에 저장된다. 무의식에 저장되는 시기는 주로 만 3세 이전이다. 따라서 이 시기에 아기가 어떤 경험을 어떤 느낌으로 하느냐는 매우 중요하다. 이 시기에 시냅스가 폭발적으로 늘어나며 그 시냅스는 아이가 경험하고 느끼는 것들에 의해 연결되기 때문이다. 이 시기에 아이의 머릿속에 저장된 무의식들이 그 아이의 성격이 된다. 그러므로 무의식에 어떤 경험과 정서를 저장하느냐에 따라 그 아이의 지능과 성격이 결정된다.

무의식에 저장되는 것들은 긍정적인 정서와 부정적인 정서로 크게 나눌 수 있다. 아이가 스트레스를 받으면 부정적인 느낌이 그대로 무의식에 저장된다. 마찬가지로 아이가 즐겁고 재미있고 편안하고 신뢰의 경험을 하게 되면 아이의 뇌 속에 긍정적인 정서가 저장되고 긍정적인 성격을 형성하게 된다. 아이가 불안정한 애착과 공부 등에 대한 스트레스를 무의식에 쌓으면 그것이 성격이 되어 자기도 모르게 평생 동안 두고두고 부모에게 복수하게 된다.

그러면 아이에게 가장 즐겁고 재미있는 경험은 무엇일까? 그것은 놀이다. 그래서 〈우리 아이가 달라졌어요〉 같은 프로그램에서 한결같이 내리는 첫 번째 처방은 '자녀와 놀아 주라'다. 자녀와 놀아 주는 것이 애착에 가장 좋기 때문이다. 그런데 이때 아이에게 가르치려 들지 말고 아이의 눈높이에서 아이와 교감하며 놀아 주어야 한다.

비싼 교재 교구가 있어야만 놀 수 있는 것이 아니다. 아이에게는 플래시 카드나 책보다 흙이나 모래가 더 좋은 교재이자 교구일 수 있다. 부모가 아이와 집에 있을 때 아이의 사고력을 자극하는 방법은 아주 간단하다. 아이가 하고 싶어 하는 것을 함께 즐기면 된다. 아이들은 어렸을 때 좋아하고 관심을 가지는 대상이 한두 가지는 반드시 있게 마련이다. 그 관심 분야부터 시작하면 된다. 즉 아이가 물고기에 관심을 갖고 있다고 하자. 그러면 작은 수족관을 만들어 집에서 물고기를 기르면서 직접 물고기를 관찰하게 한다. 물고기에 대한 책을 구입해서 아이에게 읽어 주면서 그림을 보고 대화한다. 또한 물고기에 대한 그림을 자주 그리고, 물고기에 대한 비디오나 영화, 텔레비전 프로그램을 보면서 아이의 사고를 자극하는 것이다. 물고기의 세계는 넓고 넓다. 그러므로 민물고기, 바다물고기, 물고기의 종류, 생김새, 색깔, 사는 곳 등 물고기와 관련한 관심을 점차 넓혀 가면서 아이의 관심을 넓고 깊이 있게 해줄 수 있다.

한편 아이가 무언가를 싫어한다면 아이에게 어떤 어려움이 있다는 증거이므로 그 원인을 찾아 없애 주어야 한다.

아이에게 중요한 것은 부모가 자신을 소중하게 여기고 있음을 느끼는 것이다. 아이에게 숫자를 알게 하고, 글을 빨리 읽게 하는 것보다 더 중요한 것은 기본적인 신뢰감과 자존감을 형성하는 것이다. 아이들이 이야기하는 것이 들을 가치가 있다고 생각하는 것, 아이들이 마음껏 탐색하고 돌아다닐 수 있게 안정감을 주는 것, 세상이란 참 재미있는 곳이구나 하는 생각이 들게 해주는 것, 이것이 부모가 자녀에게 해주어야 할 가장 중요한 것이다.

조기학습이
뇌를
망가뜨린다

외국인이 우리나라 말 중에서 가장 빨리 배우는 말이 있다. 무엇일까? 바로 '빨리 빨리'다. 영어로 '빨리 빨리'에 해당하는 단어는 무엇일까? 수년 동안 영어를 배웠지만 그 단어가 얼른 떠오르지 않는다. 외국인들은 그 수많은 한국어 중에서 '안녕하세요'도 아닌 '빨리 빨리'를 왜 가장 먼저 배울까? 그만큼 우리는 '빨리 빨리'의 망령에 사로잡혀 있다.

인간의 모든 발달은 결국 뇌의 발달이다. 신체나 언어, 정서 등 그 어떤 발달이든 뇌 발달에서 기인하기 때문이다. 이런 발달에 대해 교육적으로 접근하는 세 가지 방법이 있다. 하나는 발달에 앞서 교육하는 것이다. 둘째는 제때에, 즉 적기에 하는 것이고, 셋째는 자연스럽게 발달하도록 그냥 놔두는 것이다. 세 번째의 자연스럽게 발달하도록 놔두는 입장을 지지하는 학자들로는 닐과 루소 등이 있다. 동양의 노자, 장자도 이 견해를 지지한다.

한국 부모의 95% 이상이 첫 번째 입장을 취한다. 아이들을 어떻게든 빨리 빨리 교육시키고 싶어 한다. 이 빨리 빨리의 망령이 한국을 뒤덮고 있고, 이 빨리 빨리로 인해 아이들의 뇌가 망가지고 있다.

아이의 뇌를 가장 크게 망가뜨리는 것은 스트레스다. 그리고 이 스트레스의 가장 큰 요인은 앞에서 살펴본 애착의 실패다. 스트레스의 두 번째 요인은 아이의 발달 단계에 맞지 않는 과업이나 공부다. 아직 준비되지 않은 아이에게 무리하게 공부를 시키면 심한 스트레스를 받게 되고, 그것은 그대로 아이의 무의식에 저장되어 좋지 않은 성격 형성으로 이어진다.

| 빨리 빨리의 망령 |

빨리 걷는 것이 아이에게 좋은가?

부모들은 대부분 아이가 언제 서서 걸었는지를 기억한다.

"우리 아이는 9개월 때 섰어."

"무슨 소리야, 우리 아이는 8개월 때 서서 걸었는걸."

아이가 서서 걷는 것이 왜 부모에게 중요할까? 아이의 발달에서 서서 걷는 것은 중요한 과업이므로 그것을 했을 때 아이가 정상적으로 발달하고 있구나 생각할 수 있다. 그런데 부모들이 아이를 빨리 세우고 걷게 하고 싶은 데는 다른 이유가 있다. 서서 걷는 것은 객관적으로 보이는 아이의 첫 과업이다. 그래서 그 첫 과업을 엄마 노릇을 잘하고 있느냐 아니냐의 중요한 잣대로 삼게 된다.

심층적으로 들어가 보면 아이를 빨리 세워서 걷게 하는 한국 부모들의 심리에는 '아이를 자랑'하고 싶어 하는 마음이 숨어 있다. 그런데 이것은 아이에 대한 자랑이 아니다. 결국 '아이를 잘 키우고 있는 엄마 자신에 대한 자랑'이다. 아이를 빨리 세워서 걷게 하는 가장 큰 목적은 다른 사람에게 우리 아이가 벌써 서서 걸었다고 말함으로써 아이를 키우는 것에 대한 보상을 받고 싶어 하는 엄마의 욕구가 숨어 있다. 그것은 아이가 서서 걷게 되자마자, 아이의 할머니와 할아버지, 외할머니와 외할아버지, 이모 등등에게 전화를 걸어 자랑하는 것을 보면 알 수 있다.

그런데 아이 입장에서 걷는 문제를 생각해 보자. 아이의 근육이나 뼈가 제대로 발달되지 않은 상태에서 무리하게 서서 걷게 한다면, 아이에게 시도되는 그 어떤 행동도 아이에게는 심각한 스트레스가 아닐 수 없다. 예를 들어 자동차의 전진과 후진도 제대로 배우지 않은 사람에게 거리 주행을 해야 한다면서 무조건 거리로 나가라고 한다면 얼마나 황당하고 긴장되겠는가?

경험이 많은 어른도 이렇게 스트레스를 심하게 받는데 아이는 어떻

자녀교육 혁명 하브루타

겠는가? 단지 아이는 말을 못해서 표현하지 못할 뿐이다. 이렇게 표현되지 못한 스트레스는 그대로 아이의 뇌에 저장되고, 무의식이 되어 성격이 된다.

태어나자마자 걷는 연습을 시킨다 해도 아이가 5개월 때 스스로 서서 걷게 할 수는 없다. 설령 슈퍼 베이비가 태어나서 그럴 수 있다 하더라도 그것이 무슨 의미가 있는가? 8개월에 서서 걸었든, 15개월에 서서 걸었든 무슨 상관이 있는가? 8개월에 서서 걸었다고 해서 몸이 튼튼하고 모든 부분에서 빨리 발달하거나, 15개월에 서서 걸었다고 모든 부분에서 늦게 발달하는 것이 아니다. 오히려 무리하게 빨리 걷게 시킨 아이가 많은 스트레스로 인해 부정적 정서를 무의식에 쌓게 된다.

똥오줌을 가리는 배변 연습도 마찬가지다. 아이가 아주 어렸을 때부터 변기를 준비해서 기미만 보이면 그곳에 앉혀 똥을 누게 하는 부모가 있다. 심지어 아이가 뱃속에 있을 때부터 아기 변기를 준비하기도 한다. 그러나 아이가 아무리 발달이 빨라도 똥오줌을 12개월에 완전히 가릴 수는 없다. 아이가 두 돌을 전후한 시기가 아니면 아무리 일찍부터 연습시켜도 아이는 완전히 똥오줌을 가리지 못한다. 발달에 앞서 시키는 무리한 배변 연습은 아이에게 심각한 스트레스로 작용한다.

아이의 발달 단계를 무시한 부모의 어떤 시도도 아이에게는 스트레스일 뿐이다. 부모와 자녀 모두에게 스트레스가 되는 일을 왜 하는가?

두 돌을 전후하여 조금만 배변 연습을 시키면 쉽게 할 수 있는 일을 왜 미리부터 스트레스를 주면서 시키려 하는가?

한글 공부나 숫자 공부 역시 마찬가지다. 아이가 한글 공부나 숫자 공부를 할 정도로 뇌의 네트워크가 제대로 형성되어 있지 않은데 무리하게 공부를 시키게 되면 아이는 지속적으로 스트레스를 받게 된다. 사람이 스트레스를 받으면 스테로이드라는 호르몬이 분비된다. 이 호르몬은 사람이 스트레스에 대처하도록 도와준다. 하지만 이 스테로이드가 지속적으로 분비되면 독으로 작용해서 특히 해마체와 편도핵에 나쁜 영향을 미친다. 지나친 스테로이드 분비로 해마체가 손상되면 장기기억을 만들고 보존하는 능력이 떨어지게 되고 기억력이 좋지 않으므로 아이는 공부를 잘하지 못하게 된다.

빨리 빨리는 하나님의 섭리를 거스르는 것

아이의 뇌는 일정한 규칙을 따라, 일정한 단계를 거쳐, 하나님이 창조한 대로 발달해 간다. 그 발달은 순차적으로 그리고 점진적으로 이루어진다. 아이들의 모든 발달은 하나님의 창조 작품이다. 그러므로 아이들의 발달에 앞서서 빨리 빨리 무엇인가를 교육시키려 하는 모든 시도는 하나님의 창조 섭리를 거스르는 것이다.

아무리 아이가 똑똑하다고 해도 옹알이도 하기 전에 글을 읽을 수는 없다. 아무리 아이가 신동으로 태어났다고 해도 두 돌이 되기 전에 연필을 가지고 한글을 쓸 수는 없다. 설령 그럴 수 있다 하더라도 그래

자녀교육 혁명 하브루타

서 어쨌다는 것인가?

아이의 뇌를 집어넣는 대로 저장되는 무한대의 창고쯤으로 생각하는 부모들은 발달 단계를 무시하고 계속 아이에게 글자를 가르친다. 글자 카드를 이용해서 글을 읽게 하고, 가나다라를 외우게 한다. 심지어 출산하고 집으로 돌아온 순간부터 아이의 눈길이 갈 만한 곳에 한글과 영어 알파벳을 붙여 놓는다. 고개도 제대로 가누지 못하는 아이를 위해 100권짜리 전집을 들여 놓기도 한다.

아이를 낳은 뿌듯함은 바로 아이를 잘 길러야겠다는 부담감으로 이어진다. 그런 부담감은 조급함으로 이어지고, 그래서 100만 원이 넘는 전집을 들여놓는 것이다. 그러나 그 전집은 몇 년 동안 책장만 장식하고 있다가 버려질 가능성이 많다. 그 사이에 더 좋은 책, 더 좋은 교구들이 계속 개발되기 때문이다. 아이가 어렸을 때는 100만 원짜리 교구나 전집이 중요한 것이 아니라 아이와 눈 한 번 더 마주치고 한 번 더 안아 주는 것이 중요하다. 모래나 흙, 장난감을 가지고 10분이라도 함께 놀아 주는 것이 훨씬 더 중요하다.

아이가 싫어하는 데는 반드시 이유가 있다. 그렇게 아이가 싫어하는 이유를 무시하고 계속 강요하면 아이 마음의 병을 더 키울 뿐이다. 그것을 하게 하려면 왜 싫어하는지, 왜 그것을 거부하는지 원인을 먼저 찾고 그 원인을 해소해 주어야 한다. 가장 일반적으로 자녀가 싫어하고 관심을 보이지 않는 이유는 그것이 뇌 발달상 아직 때가 아니기 때문이다. 아이의 정상적인 뇌 발달 단계를 넘어서는 무리한 학습은 아무런 효과가 없다. 오히려 학습에 대한 스트레스로 인해 정신 질환이 생기는 등 심각한 부작용에 시달릴 가능성이 높다.[18] 뇌 발달을 무시하는 그 어떤 교육이나 자극도 자녀에게 약이 아니라 독이 된다.

한국의 부모들은 아이가 한글도 제대로 읽거나 쓰지 못하는데 영어에 매달린다. 아이의 뇌 속에서 모국어인 한글과 낯선 언어인 영어가 충돌하여 무슨 일이 일어나고 있는지 전혀 생각하지 않고 영어 유치원에 보내고, 조기 유학을 보내고, 영어 학원에 보내고, 영어 비디오를 틀어 준다. 아이가 그런 활동에 즐겁게 참여하지 않는 이상 그것은 고스란히 스트레스일 뿐이다. 설령 아이가 즐겁게 참여하더라도, 배우고 싶어서 참여하는지 엄마가 영어 배우는 것을 좋아하고 신기해 하니까 엄마를 즐겁게 하기 위해 그러는 것인지 정확하게 분별해야 한다. 아이가 영어 비디오를 좋아한다고 해서 계속 보여 주는 것 역시 아이에게 도움이 되지 않는다. 그것은 아이가 사탕을 좋아한다고 계속 사탕을 먹이는 것과 다르지 않다. 사탕은 몸에 나쁜 영향을 미치지만, 영어 비디오를 계속 반복해서 보는 것은 몸뿐만 아니라 정신에까지 나쁜 영향을 미치게 된다.

발달 단계를 무시한 어떤 형태의 교육도 훗날 더 큰 부메랑으로 돌아오게 되어 있다. 그러므로 우리말에 대한 감수성과 이해력이 생길 때까지 외국어 공부를 강요하지 않는 것이 이 시기 아이들의 뇌를 존중하는 방법이다. 강요된 조기학습은 교육 효과를 떨어뜨릴 뿐 아니라 자신감을 떨어뜨리고 무조건 외우려는 나쁜 공부 습관을 붙게 만

자녀교육 혁명 하브루타

든다. 왜 자신감이 없어지는가? 자신의 뇌 발달에 맞지 않는 것을 가르치면서 기대감을 높이는 부모로 인해 아이는 주눅이 들기 때문이다. 왜 외우려는 습관이 생기는가? 어른들이 영어 단어를 외워서 말하고, 특정 지식을 외워서 말하면 마구 칭찬하니까 그 기대에 부응하기 위해서다. 무리한 조기학습은 외부로부터 무조건 자극이 주어지는 형태이므로 아이가 스스로 생각하는 힘을 빼앗아 버린다.

그러므로 정말로 중요한 부분은 IQ와 관련된 인지적 부분이 아니라 정서와 마음에 관련된 것이다. 그 사람이 어렸을 때 어떤 정서적이고 사회적인 경험을 했느냐가 장기적인 정신 건강을 결정한다. 암기를 잘한다는 것과 이해를 잘한다는 것은 아주 다른 이야기다. 단어를 잘 외우는 것과 언어 이해력이 있다는 것은 매우 다른 말이다. 영어 단어는 외우지만, 왜 그것을 외워야 하는지, 그것을 어디에 어떻게 쓰는지 알지 못한다. 구구단은 외우지만, 그것이 실제 생활에 어떻게 적용되는지를 알지 못한다. 설령 안다 하더라도 바로 답을 맞히는 형태의 아주 기본적인 사고밖에 하지 못한다. 하지만 이런 사고는 사회에서는 거의 쓸모가 없다. 휴대폰 하나만 있어도 충분하기 때문이다.

모든 발달에는 결정적 시기가 있다

로렌츠(K. Lorentz)는 어미 오리를 뒤쫓는 새끼 오리를 연구해서 오리의 뇌 발달에 환경적 요인이 중요한 영향을 미치는 결정적인 시기가 있다는 것을 발견했다. 그것은 바로 어미를 지각하는 생후 1시간 미만이었다. 오리가 부화할 때 흰 장화를 신고 그 앞에 서 있었더니 새끼 오리는 흰 장화를 어미로 생각하고 계속 로렌츠를 따라다녔다. 오리의 뇌에는 태어나자마자 처음 보는 물체를 쫓아가라는 메시지가 유전적으로 프로그램되어 있는 것이다.

이 같은 결정적 시기는 뇌의 발달에서 매우 중요하다. 결정적 시기란 학습 단계에서 특정 기간 동안 반드시 획득해야 하는 중요한 시기를 말한다. 이 결정적 시기 동안 시냅스의 연결성이 사용되지 않으면 그대로 사라지고 만다. 대개 사라지는 그 공간은 더 활발하고 효율적으로 작용하는 다른 시냅스에 의해 채워진다. 발달 학습 측면에서 볼 때, 그 시기에 배우지 못하면 영원히 배우지 못하는 결과를 초래하게 된다. 예를 들어 생후 6개월 이전에 백내장을 치료하지 않으면 시력을 상실한다. 백내장은 수정체가 하얗게 혼탁해져 맹인과 다름없는 상태가 되는 것을 말한다. 백내장에 걸린 아이를 생후 6개월 이전에 치료하지 않으면 시각과 관련한 뉴런이 형성되지 못하기 때문에 이후에 치료해 봤자 시력을 회복하지 못하는 것이다.

결정적 시기는 뇌의 가지치기 작업에 의해 좌우된다. 뇌의 시냅스 수는 폭발적으로 늘어나 무력한 아이가 낯선 환경에 적응하고 생존해 갈 수 있도록 모든 가능성을 열어 둔다. 그러다가 사용되지 않는 시냅스는 가지치기 과정을 통해 약화시키고 남은 시냅스는 더욱 강화시켜 보다 효율적인 뇌로 발달시킨다. 이러한 가지치기 작업이 가장 맹렬하게 이루어지는 시기가 바로 생후 3년간이며 일반적으로 12세 정도

자녀교육 혁명 하브루타

가 되면 이러한 결정적 시기가 끝난다고 본다.

| 조기학습은 뇌에 어떤 영향을 미치는가 |

조기학습과 조기교육은 다르다

한 아이가 온 힘을 다해 번데기의 껍질을 벗고 나오려는 나비의 모습을 지켜보고 있다. 아이는 어린 나비의 모습이 너무 안쓰러워 나비가 쉽게 나올 수 있도록 껍질을 잘라 주었다. 그러자 나비는 껍질에서 쉽게 빠져나올 수 있었지만 얼마 안 있어 날갯짓 몇 번 하고 땅에 떨어져 죽고 말았다. 나비는 번데기 껍질을 벗고 나오는 동안 날개 근육이 단련되어 하늘을 힘껏 날 수 있다. 그런데 근육이 단단해지기 전에 껍질을 벗고 세상에 나왔으니 힘차게 날아다닐 힘이 없는 것이다. 나비를 도와주려던 아이의 행동이 오히려 나비에겐 독이 된 것이다.

자녀 교육도 마찬가지다. 부모가 자녀를 도와준답시고 한 일이 오히려 자녀가 홀로서는 일을 방해하는 결과를 초래하기도 한다. 가장 대표적인 것이 조기학습이다. 조기교육과 조기학습은 비슷한 말처럼 보이지만 전혀 다른 것이다. 조기교육은 아이의 발달에 따라 필요한 것을 채워 주는 교육을 말한다. 반면에 조기학습은 아이의 발달보다 이른 시기에 한글이나 영어, 숫자 등을 학습시키는 것을 말한다. 조기교육이 아이의 뇌 발달에 따라 필요한 자극과 환경을 제공하는 것이라

Chapter 3. 조기학습이 뇌를 망가뜨린다

면, 조기학습은 아이의 뇌 발달에 상관없이 부모의 필요와 욕구에 따라 문자와 숫자를 가르치는 것을 말한다.

아이는 사랑과 돌봄을 요구하는데, 부모는 그 요구를 무시하고 한글을 가르치고, 영어를 가르치고, 숫자를 가르치는 일에 혈안이 되어 있다. 아이가 사랑과 돌봄을 받고자 하는 것은 하나님이 주신 본능이다. 그러나 한글과 영어를 배우고자 하는 욕구는 아이의 본능이 아니다. 아이의 뇌는 아직 한글을 받아들일 정도로 발달되어 있지 않다. 다만 아이는 부모가 한글을 깨우치고 영어로 말하는 것을 좋아하기 때문에 흉내를 낼 뿐이다. 그러므로 아이에게 조기학습은 그대로 스트레스가 되어 뇌에 저장된다. 다시 말해 아이의 뇌 발달에 맞지 않게 무리하게 학습시키는 것은 자녀를 노엽게 하는 일이다.

적당한 스트레스는 위험에서 우리를 건져 주고 건강에도 좋다. 그러나 뇌를 망치는 스트레스는 크고 작은 스트레스가 지속적으로 반복되는 경우다.[19] 일반적으로 공부 스트레스가 이런 경우다.

만 3세까지 한글을 비롯한 언어 교육은 엄마가 자주 아이에게 말을 걸어 주고 동화책을 읽어 주는 것으로도 충분하다. 사고력을 담당하는 뇌의 전두엽이 발달하고 움직이기 시작하는 시기가 5세 무렵이다. 이 시기에 뇌 발달에 맞는 자극을 주면 스펀지처럼 흡수하면서 뇌가 자란다. 그러나 준비되지 않은 자극을 무리하게 주면 그것의 10분의 1도 받아들이지 못한다.

어렸을 때 풍부한 언어 환경을 제공하는 것은 풍부한 어휘, 정확한 발음, 빠르게 읽기 등을 위해서가 아니다. 더 중요한 것은 그러한 풍부한 경험을 통해 뇌의 전체적인 인지 메커니즘이 형성되고 어렸을 때나 나중에 어른이 되어서나 세상과 상호작용할 수 있도록 인지 수준을 끌어올리기 위해서다. 언어는 자녀의 사고 구조를 형성하는 바탕이 되기 때문이다.

그렇다면 아이에게 한글을 가르치면 좋은 때는 언제인가? 아이에게 동화책을 읽어 주면 처음에는 그림에만 몰두하다가 어느 순간 글씨에 관심을 보이기 시작할 때가 있다. 또 주변에서 글을 읽는 형이나 언니를 보고 글을 읽고 싶어 할 때가 있다. 그때가 아이가 글을 배울 준비가 된 상태다. 이때 통문자를 가지고 한글을 가르치면 아이는 준비되어 있기 때문에 즐겁게 배우고 배우는 속도도 매우 빠르다. 부모에 대해서도 자신을 도와주는 사람이라고 긍정적으로 인식하게 되고, 자신에 대해서도 긍정적인 자아상을 갖게 된다. 이것은 서서 걷는 일이든, 배변 연습이든, 그림 그리는 것이든, 피아노를 배우는 것이든, 영어를 배우는 것이든 모든 것에 적용된다.

뇌가 준비되지 않은 상태에서 한글이나 숫자, 영어 등을 가르치면 아이는 낮은 자존감과 부정적인 자아상을 구축하게 된다. 뇌가 준비되지 않았기 때문에 학습한 것을 빠르게 이해하지 못하게 되고, 그러면 자신이 똑똑하지 못하다고 생각해서 부정적인 자아상을 갖게 되는 것이다.

<표 2> 조기학습과 적기교육의 비교

	조기학습	적기교육
뇌	뇌 발달에 맞지 않다	뇌 발달에 맞다
동기	외적 동기	내적 동기
부모나 교사	괴롭히는 사람	도와주는 사람
부모	힘들다	힘들지 않다
자녀	힘들다	힘들지 않다
시간	오랜 시간이 걸린다	오랜 시간이 걸리지 않는다
돈	많이 든다	적게 든다
자존감	낮아진다	높아진다
자아상	부정적 자아상	긍정적 자아상
결과	복수당하는 부모	존경받는 부모

그런데 우리나라 대부분의 부모들은 아이에게 조기학습을 시킨다. 아이의 뼈나 근육이 준비되지 않았는데 빨리 세워 걷게 하고, 서둘러 배변 연습을 시키고, 뇌가 준비되지 않은 상태에서 한글과 영어를 가르친다.

우리나라의 수학은 미국의 수학보다 훨씬 어렵다. 그런데 우리는 그런 수학을 다시 몇 년 더 앞당긴다. 이렇게 어려우니 이해하는 데 시간이 오래 걸리고 사교육을 해서라도 이해시키려니 돈도 많이 들고, 자녀는 어려운 공부를 지겹도록 해야 하니 힘이 든다. 지속적이고 반복적인 스트레스는 그대로 뇌에 부정적 정서를 쌓게 되고 어느 순간 복수가 시작된다.

동덕여대 아동학과 우남희 교수 연구팀은 외국어 조기학습의 효과를 알아보기 위해 흥미로운 실험을 했다. 연구팀은 영어 공부를 정식으로 받아 본 적이 없는 4세와 7세 아동을 대상으로 매일 30분씩 8회에 걸쳐 다양한 영어 교육을 실시하고 그 모습을 관찰했다. 영어 교육은 4세 이하도 쉽게 따라 할 수 있도록 다양한 시청각 교재를 사용하고, 노래와 게임 등을 접목하여 진행했다. 그랬더니 영어 공부를 일찍 시작하면 영어를 쉽고 빨리 배운다는 일반적인 상식과는 전혀 다른 결과가 나왔다.

걷고 뛰고 달린다는 뜻이 담긴 노래를 동작과 함께 따라 부르게 했더니 7세 아이들은 노래와 동작만으로 그 뜻을 쉽게 이해한 반면 4세 아이들은 노래와 동작을 똑같이 따라 하고도 그 의미를 알지 못했다. 4세와 7세의 두 그룹 모두에게 노래, 게임 등을 접목하여 영어 교육을 시키자 아직 기억력이 발달하지 못한 4세 아이들은 7세 아이들보다 긴 가사의 노래를 따라 하지 못했다. 또 게임을 활용하면 영어를 잘 습득할 것이라고 생각했지만, 4세 아이들은 게임의 규칙을 이해하지 못해 영어를 잘 배우지 못했다. 어릴수록 영어를 빨리 배운다는 학설과 달리 4세보다 7세 아동이 훨씬 빨리 배웠다. 4세 아동은 아직 인지 발달이 이루어지지 않은데다 기억력도 좋지 않아서 언어를 효과적으로 학습하지 못한 것이다.

언어 기능과 연상 사고 기능은 측두엽의 영역인 칼로좀 이스무스 (callosal isthmus)에서 담당한다. 이 뇌 영역의 성장은 6세 이전에는 20%의 성장을 보이다가 7세에는 75%, 8세부터는 80%의 빠른 성장을 보인다. 그러나 12세가 넘으면 급격히 그 성장률이 0~25%로 떨어진다. 언어중추가 있는 측두엽 부위는 태어나면서 꾸준히 발달하지만, 6세에서 12세 사이에 가장 빠른 발달을 보이는 것이다. 그래서 한글에 대한 집중 교육과 영어 교육은 6~12세에 하는 것이 가장 적합하다.

|조기학습이 자녀를 망가뜨린다|

지나친 조기학습은 정보를 대충 처리하게 만든다. 뇌에 무리가 가는 것을 피하기 위해 무의식적으로 정보를 성의 없이 다루는 것이다. 뿐만 아니라 과도한 조기학습은 아이로 하여금 공부에 대해 부정적인 태도를 갖게 만든다. 뇌의 신경회로가 제대로 갖춰지지 않은 상태에서 선행학습을 하다 보면 본의 아니게 실패와 좌절을 많이 맛보게 된다. 이러한 부정적인 경험은 학습에 대한 부정적인 태도를 형성하게 만들어 공부 자체를 회피하게 만든다.

자녀교육 혁명 하브루타

해마의 신경세포 하나는 2만에서 3만 개가량의 신경세포와 연결되어 있는데다 몇 개월 단위로 빠르게 모든 신경세포가 새 것으로 교체된다. 해마는 우리가 잠든 사이에 가장 활발하게 움직인다. 해마는 낮의 상황을 기억해 두었다가 우리가 잠을 자는 동안 그 기억을 정리하고 축적한다. 즉 밤에 잠을 자지 않으면 해마가 하루 동안의 기억을 정리하고 장기기억으로 저장할 기회를 박탈당해 뇌 속이 마치 정리되지 않은 서랍장처럼 뒤죽박죽이 되는 것이다. 해마가 가장 활발하게 움직이는 수면 상태가 바로 '렘수면'(REM sleep)이다. 학습 효과를 높이려면 해마가 활동적으로 일을 하기 직전, 즉 잠자기 직전에 공부하는 것이 가장 좋다.

공부를 열심히 해도 성적이 잘 나오지 않는 학생의 경우 뇌 과학적으로는 '도파민에 의한 강화 학습'이 되지 않기 때문이라고 본다. 도파민은 성취감을 느꼈을 때 분비되는데, 뇌가 기뻐하는 학습이 강화 학습이다. 이때 공부하면 특별히 노력하지 않아도 뇌의 기능이 왕성해져 어떤 학습을 하든 좋은 결과를 얻게 된다. 뇌는 우리가 기쁨을 느낄 때 똑같이 그 감정을 느낀다. 이 때문에 도파민을 통한 강화 학습의 사이클을 가동시키려면 자기 스스로 기쁨을 느낄 수 있는 공부를 해야 한다. 부모나 선생님이 시켜서 하는 공부가 아니라 자기 스스로 능동적으로 공부하는 것이다. 뇌가 기쁨을 느끼기 위해서는 무엇을 하든 스스로 선택했다는 감각이 절대적으로 필요하기 때문이다.

따라서 부모가 아이의 공부를 끊임없이 간섭하고 잔소리하는 것은 결코 바람직하지 않다. 강화 학습의 사이클이 작동하지 않으면 도파민이 분비되지 않아 공부가 결코 즐거울 수 없다. 당연히 아무리 노력해도 좋은 결과를 낼 수 없게 된다. 아이가 정말 공부 잘하기를 바란다면 공부 자체에서 즐거움과 기쁨을 느낄 수 있도록 도와주어야 한다.

너무 쉽거나 너무 어려운 공부를 하면 뇌가 잘 반응하지 않는다. 너무 쉬우면 뇌가 나서지를 않고, 너무 어려우면 뇌가 부담감을 느끼기 때문이다. 그래서 공부는 자기 수준에서 약간 어려운 것이 가장 좋다. 성취감도 느낄 수 있고 노력한 보람도 찾을 수 있기 때문이다. 도파민에 의한 강화 학습의 사이클을 가동시키려면 뇌에 자신의 능력보다 약간 큰 부담을 주고 이 힘든 상황을 돌파하여 기쁨을 주는 것이 중요하다. 뇌는 힘든 일을 극복했을 때 도파민이 활성화되면서 큰 기쁨을 느끼며 더불어 강화 학습의 사이클도 더욱 강화된다.

뇌는 단순하게 암기한 정보보다 이해한 정보를 훨씬 잘 기억한다. 의미를 파악하지 않은 채 무턱대고 암기만 하면 뇌는 단기간에 쓰고 버릴 정보로 인식해서 오래 저장하지 않는다. 뇌는 자신을 설득시키지 못한 정보는 가차 없이 쳐내기 때문에 학습한 정보를 뇌에 오랫동안 저장시키고 싶다면 충분히 이해하며 공부해야 한다.

인간의 뇌는 기존에 알고 있는 지식을 활용하여 새로운 지식을 학습하는 습성이 있다. 따라서 관련 지식이 없는 상태에서 새로운 지식을 처리하는 일은 매우 힘들기 때문에 기억도 잘 되지 않는다. 공부는 반복이다. 학습 효과를 높이려면 반복해야 한다.

자녀교육 혁명 하브루타

우리의 뇌는 중요한 정보를 오래 기억하려는 습성이 있다. 반복적으로 같은 내용이 들어오면 중요하다고 판단한다. 그래서 평소 반복 학습을 통해 뇌에 중요한 정보라는 인식을 심어 주면 정보 전달 기능을 하는 시냅스의 연결이 점점 강화되어 단기기억에서 장기기억으로 넘어간다. 반복 학습을 하면 새로운 정보가 단기기억을 담당하는 해마에서 장기기억을 담당하는 대뇌피질로 넘어가 저장된다. 때문에 한 번에 공부를 끝내기보다는 기억이 희미해질 때쯤 다시 한 번 그 내용을 반복해서 학습하는 것이 효과적이다.

뇌는 매일 너무 많은 양의 정보를 입력하면 먼저 배운 내용을 지워 버리는 습성이 있다. 이런 현상은 랙 단백질과 관련되어 있는데 랙 단백질은 뇌에 과도하게 많은 정보가 입력될 때 기억 공간을 확보하기 위해 과거의 기억을 지워 버리는 기능을 한다. 그래서 뇌가 과부하에 걸리면 랙 단백질이 분비되어 기억을 지운다. 자녀가 공부를 잘하기 원한다면 뇌가 과부하되지 않도록 해야 한다. 그러려면 반드시 휴식이 필요하다. 휴식은 산책이나 운동, 목욕을 하는 등 공부와 거리가 먼 것일수록 좋다. 휴식 시간을 통해 뇌는 정보와 정보를 연결하는 시간을 확보하게 되고 그러면 새로 형성된 시냅스의 연결이 강화되어 오래 기억에 남고 적절한 순간에 꺼내 쓸 수 있다.

아이에게 비슷한 종류의 과외를 많이 시키면 뇌는 자극에 대해 쉽게 적응하여 점점 비효율적으로 변한다. 대개 과외 학습은 부모의 강요에 의해 이루어지기 때문에 아이는 쉽게 학습동기를 잃고 만다. 그

Chapter 3. 조기학습이 뇌를 망가뜨린다

래서 미술관이나 음악회를 관람하고 이국적인 음식점에 데려가거나 여행을 떠나는 등 풍부하고 다양한 경험을 하도록 하는 것이 좋다. 그러면 많은 시냅스들이 연결되고 유지되어 뇌가 효율적으로 기능한다.

뇌는 주변 환경의 변화에 민감하게 반응하도록 설계되어 있어서 단조롭고 틀에 박힌 것을 아주 싫어한다. 일상적이고 변화 없는 정보는 뇌에게 아무런 의미가 없다. 단기기억을 통해 저절로 사라질 뿐이다. 뇌에 같은 일을 계속 반복시키면 그와 관련한 회로를 만들어 버린다. 천편일률적인 사고와 행동은 뇌의 기능을 저하시킨다.

일상적이고 변화가 없는 정보는 머릿속에 강한 인상을 남기지 못할뿐더러 오래 기억되지도 않는다. 틀에 박힌 정보는 워낙 자극이 약해서 뇌에서 기억 저장의 중추적 역할을 하는 '해마'를 통과하지 못한다. 해마는 새로운 기억을 만들고 단기기억을 장기기억으로 전환시키는 일을 하기 때문이다. 이 해마를 통과하지 못하는 자극은 새로운 정보로 기억되거나 장기기억으로 저장되지 않고 바로 사라진다. 그러므로 좋은 뇌를 만들려면 뇌에 끊임없이 새롭고 돌발적인 자극을 줘야 한다.

수많은 학자들은 경험이 시냅스 연결성을 견고하게 만들어 뇌 발달을 촉진하는 중요한 요소라고 강조한다. 일리노이 대학 연구팀은 경험이 뇌 발달에 어떤 영향을 미치는지 살펴보기 위해 쥐를 대상으로 흥미로운 실험을 했다. 쥐를 두 그룹으로 나누어 한 그룹은 돌릴 수 있는 바퀴와 타고 오를 수 있는 사다리 등 가지고 놀 수 있는 장난감을 충분히 주었다. 다른 그룹은 아무것도 없는 환경에서 홀로 키웠다. 나중에 시냅스의 양을 비교해 보니 풍부한 환경에서 다양한 경험을 하고 자란 쥐가 그렇지 않은 쥐보다 뉴런당 시냅스가 25%나 더 많았다. 풍부한 경험을 한 쥐들이 미로 찾기 등 문제 해결 능력도 뛰어났다.

그런데 우리는 경험을 인지적 학습 경험에 한정한다. 한글이나 영어, 숫자 경험에 한정하고 책을 가깝게 하는 경험에 한정하는 것이다. 그러나 이것들은 풍부한 경험과 전혀 거리가 멀다.

인지 학습에 중점을 두는 학습은 뇌의 극히 일부분만 계발하는 것이다. 아인슈타인의 경우 그가 정립한 상대성 이론은 단순히 합리적이고 이성적인 사고에 의한 결과가 아니다. 그는 언덕에 누워 눈을 반쯤 감고 땅 위로 쏟아지는 햇빛을 바라보다가 그 이미지 속에서 상대성 이론을 발견했고, 누구나 공감할 수 있는 수학 공식으로 완성시켰다. 즉 상대성 이론은 이성적, 논리적, 분석적, 합리적 사고를 담당하는 좌뇌와 직관적, 감성적, 공간적, 창의적 사고를 담당하는 우뇌를 골고루 활용한 결과라 할 수 있다. 어떤 일을 할 때 머릿속으로 예행 연습, 즉 시뮬레이션을 할수록 뇌가 전반적으로 활발하게 움직인다.

이런 관점에서 볼 때, 검사를 통해 어떤 유형의 뇌인지 파악한 후 취약한 부분을 훈련하여 전체적인 뇌 기능을 높여 준다는 학습 방법은 똑똑한 뇌를 만드는 데 효과적이지 못하다. 좋은 뇌를 만들려면 뇌의 특정한 영역을 발달시키는 학습과 훈련에 치중하기보다는 다양한 환

Chapter 3. 조기학습이 뇌를 망가뜨린다

경 자극을 통해 뇌를 골고루 계발하는 것이 더 바람직하다. 여기서 환경 자극이란 특별한 것이 아니라 음악을 듣거나, 요리를 하거나, 책을 읽거나, 신문을 보거나, 운동을 하거나 평소 다니지 않던 길을 걷는 등 쉽게 할 수 있는 것들을 말한다.

뇌의 발달은 생후 3년간 70% 이상 이루어진다. 어린 시절에 시냅스의 숫자를 늘리고 강화시키는 경험을 적절하게 제공하면 생후 몇 달 만에 아기의 시냅스 수는 태어날 때보다 무려 20배나 늘어나고 무게도 생후 1년경에 2배로 급증한다.

하지만 모든 경험이 좋은 것은 아니다. 부정적인 경험은 오히려 뇌를 손상시킨다. 부정적인 경험에 노출된 아이들은 시냅스의 수도 적고 대뇌피질 등의 크기도 정상아보다 20~30%나 작은 것으로 나타났다. 그리고 신경전달물질의 신호 체계에 이상이 생겨 학습 능력도 떨어지고 경계와 각성을 담당하는 부위도 활성화되어 불안이나 돌발행동, 과민반응 등 이상행동을 보인다.

생후 3년까지는 고도의 정신 활동을 담당하는 대뇌가 집중적으로 발달하는 시기다. 효율적인 뇌를 만들려면 3세까지 모든 뇌가 골고루 왕성하게 발달하도록 도와주어야 한다. 예를 들어 자동차에 대해서 배운다면 이때 단순하게 자동차가 그려진 그림이나 비디오를 보여 주기보다는 직접 밖에 나가 자동차를 보여 주고, 만지게 하고, 냄새 맡게 하며, 소리를 들려주는 것이 좋다. 이렇게 아이가 가지고 있는 모든 감각을 총동원하는 교육이 이루어지면 하루가 다르게 뇌가 쑥쑥 자라게 된다. 오감을 이용해 주변을 탐색하는 아이를 사사건건 간섭하지 않는 것 역시 뇌가 자라게 하는 방법이다.

TV는 뇌에 매우 부정적인 영향을 미친다. 특히 0~3세에 TV를 너무 많이 보면 뇌에 치명적인 영향을 미친다. 이 시기에 지나친 시청각 자극은 뇌를 손상시켜 인지 발달, 정서 발달, 사회성 발달 등 전반적인 뇌 발달을 저해한다. TV는 어린이의 뇌가 아주 높은 수준의 자극을 기대하도록 만든다. 아기는 점차 TV의 자극을 정상적인 것으로 생각해서 상대적으로 현실을 지루하게 느낀다. 이는 주의력결핍 과잉행동장애 아이들이나 집중력이 부족한 아이들에게 전형적으로 나타나는 현상이다.

현란하고 자극이 강한 정보들이 넘쳐나는 TV는 아이의 뇌를 웬만한 자극에는 무덤덤하게 만들어서 일상생활에서 받는 자극을 억눌러 버린다. 또한 뇌가 정보를 수동적으로 받아들이고 대충 처리하게 만들어 학습 곤란을 가져올 수 있다. 화면이 빨리 바뀌기 때문에 고차원적인 사고를 담당하는 전두엽에서 영상 정보를 처리하지 못하고 생략해 버린다. 이전 화면에서 본 것의 의미를 파악하려다 보면 다음 화면을 자꾸 놓치게 되니까 뇌가 TV를 보는 동안에는 정보의 의미를 파악하는 과정을 아예 생략해 버리는 것이다. 연구 결과에 의하면 1세부터 3세 사이에 TV를 시청한 아이들의 10%가량이 7세 때 ADHD를 보였다.

수없이 떠들어대는 TV가 언어발달에 도움이 되지 않는 이유는 뇌의 언어중추가 TV의 언어 자극에 잘 반응하지 않기 때문이다. 아이들은 다른 사람과 얼굴을 마주보고 대화하면서 나타나는 언어 자극에 민감하게 반응한다.

공부나 성적, 대학 입시에 대한 스트레스로 인해 망가지는 아이들이 얼마나 많은가? 성적을 비관해 아파트에서 떨어져 자살하고, 명문 대학을 가라고 압박하는 엄마를 살해하는 아들도 있다. 학교에 폭력이 넘치고 게임 중독이 늘어나고 은둔형 외톨이가 늘어나는 것도 많은 경우 공부 스트레스로 인한 것이다. 이렇게 복수당하는 부모의 이야기는 현대에 들어 넘치고 또 넘친다.

어려서 책을 많이 읽는 것이 좋을까?

돌 전부터 책을 많이 읽어 주면 아이는 아침에 일어나자마자 책꽂이에서 책을 뽑아 와 읽어 달라고 하고 밤에는 20~30권의 책을 읽어 줘야 잠이 들기도 한다. 그렇게 되면 아이는 두 돌을 전후하여 한글을 깨치게 되고, 혼자 책을 읽기 시작한다. 하루에도 수십 권씩 책을 읽는다. 밖에 나가면 간판 글자까지 술술 읽고, 가사 하나 틀리지 않고 동요를 부르는 등 언어적인 부분에서 또래보다 뛰어난 능력을 보인다. 우리는 이런 아이를 영재라고 부른다.

하지만 이런 아이가 보육원이나 유치원에 가면 이상한 행동을 하기 시작한다. 아이가 책 외에 다른 장난감에는 관심을 전혀 보이지 않고 또래 아이들과도 어울리지 못하는 것이다. 이것이 책 자폐다. 정식 명칭은 초독서증(Hyperlexia)이다. 한 통계에 따르면 우리나라 초등학생의

38명 중 1명이 자폐라고 한다. 소아정신과 의사들은 우리나라 자폐아의 경우 상당수가 초독서증에서 기인하는 유사 자폐라고 진단한다. 초독서증이란 뇌가 성숙하지 않은 아이에게 무차별하게 텍스트를 주입해 의미는 전혀 모르면서 기계적으로 문자를 암기하는 유아 정신 질환을 말한다. 부모와 친구 등 타인과 함께 어울리며 사회성을 배워야 할 유아들이 너무 빨리 '문자'에 눈을 뜨면서 다른 사람과 소통하기를 거부하고 자기만의 세계에 틀어박히는 '자폐 성향'을 보이는 것이다. 이런 유사 자폐는 심한 경우 뇌 손상을 비롯한 각종 신체 이상까지 초래하는 무서운 결과를 가져온다. 아이에게 책을 많이 읽게 하고 책 속에 빠져 살게 하는 것은 춥고 외로운 바다에 구명조끼 하나 입히지 않고 아이를 던져 놓는 것과 같을 수 있다.

초독서증의 증상은 사회성 결여, 난폭 행동, 언어 상실, 사물에 대한 과도한 집착 등으로 나타난다. 이러한 증상이 자폐증과 유사하다고 해서 '유사 자폐'라고 부른다. 뇌 손상으로 인해 발병하는 선천성 자폐와 달리 환경에 의해 후천적으로 생기는 유사 자폐는 조기에 발견해 적절한 치료를 하면 완치되는 경우가 많기 때문에 조기에 전문가의 도움을 받는 것이 중요하다. 증세가 가벼운 경우 가정에서 엄마가 그동안 아이에게 부족했던 부분을 채워 주는 것만으로도 상당한 치료 효과를 볼 수 있다.

초독서증 아이들은 많은 단어를 알고 있으면서도 정작 대화할 능력이 없다는 것이 가장 큰 문제다. 이런 아이들은 대체로 문장 이해력이 부족할 수 있으므로 아이와 눈을 맞추고 천천히 또박또박 짧은 문장으로 말하는 것이 좋다. 그리고 아주 간단한 몸짓이나 단어라도 대화가 가능할 수 있도록 아이의 반응을 이끌어내기 위해 끊임없이 자극해야 한다. 자주 안아 주고 같이 목욕하는 등 스킨십을 자주 하는 것도 좋은 치료법이다. 아이에게 피부는 또 하나의 뇌라는 말이 있다. 아이와 신체 접촉을 많이 하면 할수록 아이의 뇌가 발달할 뿐 아니라 딱딱해진 아이의 마음을 치유할 수 있다. 또 집에만 있으려는 아이를 밖으로 데리고 나가 놀이터에서 또래들과 자꾸 접촉하게 하고, 오감으로 자연을 느낄 수 있도록 해야 한다.

그런데 문제의 핵심은 책을 많이 읽히는 것이 아니라 책만 읽게 하는 것이다. 책을 많이 읽는 아이도 책의 내용에 대해 부모와 충분히 대화를 나눈다면 전혀 문제되지 않는다. 문제는 다른 경험은 시키지 않고 책만 읽게 하는 것이다. 손으로 만지고 찢고 접고 흙과 모래 속에서 놀며 또래와 충분히 소통하며 노는 가운데 책을 읽게 해야 하는 것이다. 나아가 읽은 책에 대해 타인과 소통할 수 있다면 아이는 훨씬 지혜롭고 건강하게 자랄 것이다.

선행학습으로 이어지는 조기학습

어릴 때의 조기학습은 학생이 되는 순간 선행학습이 된다. 선행학습은 뇌의 발달을 철저하게 무시하는 것이며 결정적 시기를 전혀 고려하지 않는 것이다. 그런 탓에 뇌는 스트레스를 받아 여러 가지 장애

자녀교육 혁명 하브루타

를 일으키게 된다.

국가에서 교육 과정을 만들고 교과서를 만들 때는 우리나라의 내로라하는 전문가들이 수십 명, 수백 명 모여 연구하고 작업한다. 모두 각 분야의 전문가들이다. 최고의 전문가들이 뇌의 발달과 학생들의 심리, 배워야 하는 교육 내용을 고려하여 만든 것이 교육 과정이고 교과서다. 초등학교 3학년 교과서는 초등학교 3학년 학생의 발달 단계에 맞춰서 만들어진다. 중학교 1학년 교과서는 그 나이에 필요하고 적절한 내용을 담고 있다. 따라서 중학교 1학년 학생이 배워야 할 내용을 초등학교 5학년 학생이 배우려면 뇌에 심각한 무리가 따르게 된다. 마음도 힘들고 몸도 힘들고 뇌도 힘들다. 그래서 마음도 지치고 몸도 지치고 뇌도 지친다.

선행학습을 한 아이들은 학교에서 하는 공부가 재미없다. 이미 배운 내용이므로 수업 시간에 집중하려 해도 집중이 되지 않는다. 그래서 그 시간에 다른 공부를 하거나 졸거나 다른 생각을 하게 된다. 하지만 아이들은 하루 중 많은 시간을 학교에서 보낸다. 그런데 학교에서는 다른 생각하고, 학원이나 과외를 통해서는 선행학습을 하는 것이 과연 효과적일까?

예습과 복습 중 어느 것이 효율적일까? 효과와 효율은 약간 차이가 있다. 효과는 결과만 따지는 것이고, 효율은 경제성까지 따지는 것이다. 예습과 복습 중에 어떤 것이 더 시간이 절약되고, 쉽게 접근이 가능하며, 기억하기 쉬울까? 말할 것도 없이 복습이다. 이미 교사와 공부한 내용을 다시 한 번 공부하는 것과 처음 접하는 새로운 내용을 공부하는 것은 시간과 노력 등에 엄청난 차이가 있다.

예습은 교사의 설명을 들으면서 더 잘 이해하려고 하루나 몇 시간 전에 미리 공부하는 것이다. 그러나 우리나라에서 예습은 1~2년 앞서는 선행학습이 되곤 한다. 복습이 훨씬 효율적인데도 우리나라 학생들은 예습을 넘어선 선행학습에 무리하게 매달리고 있다. 얼마나 비효율적이고 낭비인가? 시간은 시간대로 오래 걸리고, 돈은 돈대로 엄청나게 들고, 아이의 에너지는 무한대로 들어가는 비효율적인 일이 우리나라에선 당연지사가 된 것이다.

선행학습 하는 시간의 3분의 1만 복습하는 데 투자해도 선행학습보다 더 좋은 결과를 가져올 수 있다. 선행학습 하는 돈의 3분의 1만 제때 하는 교육, 복습하는 교육으로 돌리면 더 좋은 결과를 가져올 수 있다. 선행학습 하는 에너지의 3분의 1만 들여도 훨씬 좋은 결과를 얻을 수 있다. 그것이 뇌에 맞기 때문이다. 그런 까닭에 우리는 모두 용감하게 선행학습에서 적기교육으로 돌아서야 한다.

부모의 자랑하고 싶어 하는 심리가 주범

부모가 아이의 발달 과정에 앞서 미리 교육하는 심리의 저변에는 자녀를 통해 부모 자신이 인정받고 싶어 하는 욕구가 강하게 자리하고 있다. 부모에게 가장 큰 자랑거리는 자녀다. 부모는 우리 아이가 다른 아이보다 훨씬 빨리 서서 걸었다고 자랑하고 싶고, 두 살도 안 되어

자녀교육 혁명 하브루타

한글을 줄줄 읽는다고 자랑하고 싶어 한다. 아이가 영어로 인사를 하고 영어 단어를 외울 수 있다고 자랑하고 싶어 한다.

그런데 이렇게 자랑하고 싶어 하는 욕구가 부모의 마음을 조급하게 만들고 아이를 다그치게 만든다. 이왕이면 어느 대회에 나가 상을 받고 성적표에 1등이 찍히면 더 좋다. 이런 부모의 기대에 부응하기 위해 아이는 스트레스에 시달리고 그렇지 못할 경우 실망하고 상처를 남기게 된다. 또 자녀를 자랑하고 싶어 하는 부모의 마음에는 다른 사람과 비교하는 습관이 자리 잡고 있다. 요즘 유행하는 '엄친아' 즉 '엄마 친구 아들'이 부모의 이 같은 속마음을 대변한다. 자녀의 성패를 자신의 성패로 여기는 것이나 남과 비교하는 것은 부모가 자식의 문제와 자신의 문제를 분리하지 않기 때문이다. 상처를 치유하고 심리 문제를 상담할 때 상담자가 가장 먼저 하는 일은 본인의 문제와 남의 문제를 분리시키는 것이다. 남의 문제를 자기 문제로 여기는 데서 심리 장애가 시작되는 경우가 많기 때문이다.

우리의 자녀는 각각 이 세상에 존재하는 단 하나의 사람이다. 이 세상의 많고 많은 사람 중에서 그와 똑같은 사람은 단 한 사람도 존재하지 않는다. 자녀를 키우면서 다른 사람의 눈치를 볼 필요가 없고, 다른 아이들과 비교할 필요도 없다.

"다른 것은 엄마가 다 해주고 너는 공부만 하면 되는데 그것도 못하니?"

이런 말을 하는 부모들이 의외로 많다. 그런데 이것이 자녀로 하여

금 공부에 대해 질리게 만드는 지름길이다. 공부를 부담으로, 엄마를 위해 해야 하는 것으로 생각하게 만들기 때문이다.

"얘가 머리는 너무 좋은데, 노력을 안 해요."

머리가 좋다는 말 속에는 몇 가지 부모의 내심이 숨어 있다. 첫째는 여기에도 부모에 대한 자랑이 숨어 있다. 자녀의 머리가 좋다는 말에는 유전에 기인한 것이므로 부모의 머리가 좋다는 자랑이 숨어 있다. 한국 부모들 중에는 자신이 공부를 못했다고 말하는 부모가 거의 없다. 공부는 잘했는데 가정 형편이 어려워서 공부를 계속하지 못했다고 말한다. 물론 정말 그런 사람도 있다. 그런데 그런 말로 자신을 합리화하는 사람들이 더 많다. 둘째, 이 말 속에는 부모는 책임이 없고 자녀에게 책임이 있다는 의미가 숨어 있다. 즉 자녀에게 책임을 전가하는 것이다. 부모는 머리가 좋아서 자녀에게 좋은 머리를 물려주었는데, 자녀가 노력을 안 해서 공부를 못한다는 책임 회피가 숨어 있는 것이다.

이런 말을 들으면 아이는 자신의 무능을 탓하게 된다. 더구나 노력을 했음에도 좋은 성적이 나오지 않으면 아이는 더욱 절망하게 된다. 그런데 세상에서 가장 비겁한 것이 책임 전가다.

자녀는 저마다 배우는 속도도 다르고 내용도 다르다. 아이들 중에는 걷는 아이가 있고, 뛰는 아이가 있고, 도약하는 아이가 있다. 걷는 아이는 아주 천천히 배운다. 꾸준히 배우고 서서히 앞으로 나아간다. 뛰는 아이는 아주 빨리 배운다. 모든 것을 빠르게 경험하고 해치운다. 도약

자녀교육 혁명 하브루타

하는 아이는 아무것도 배우는 것이 없는 것 같고 아무런 진전도 없는 것 같다. 그래서 키우기는 다른 아이보다 어렵지만 어느 날 갑자기 도약해서 깨닫기 시작한다. 건듯이 천천히 배우는 아이는 그 아이대로 장점이 있고, 뛰는 아이, 도약하는 아이는 그 아이대로 장점이 있다.

부모에게 가장 필요한 것은 하나님의 섭리에 따라 성장해 가는 내 아이의 유일무이한 발달 과정을 인정하고 존중하는 것이다. 하나님은 유전인자를 통해 아이가 자연스럽게 성장할 수 있는 모든 것을 이미 만들어 놓으셨다. 우리는 그것을 인정하고 존중해야 한다. 그래야만 자연이 준 아이들의 성장 과정을 믿을 수 있고 아이들을 비교적 쉽게 키울 수 있으며 그들을 도울 수 있다.

지금까지 논의를 정리해 보자. 아이의 뇌 발달과 공부와 관련하여 접근하는 세 가지 방법이 있다. 첫째는 뇌 발달보다 앞서서 가르치는 것이다. 둘째는 뇌 발달에 맞게 교육하는 것이다. 셋째는 뇌 발달과 상관없이 내버려두는 것이다. 가장 적절한 방법은 제때 가르치는 것이다. 그런데 한국의 부모들은 95% 이상이 첫 번째 방법으로 접근한다. 그 대표적인 예가 조기학습과 선행학습이다.

조기학습은 아이의 뇌에 과부하가 걸리게 하여 뇌를 망가뜨린다. 한글을 예로 들면 아이에게 한글을 가르치는 적기는 아이가 문자를 배울 정도로 뇌가 발달하여 준비된 시점이다. 이것을 알 수 있는 방법은 책을 읽어 줄 때 그림만 보던 눈이 어느 순간 글자로 향할 때다. 이

Chapter 3. 조기학습이 뇌를 망가뜨린다

때 통문자를 통해 한글을 가르치면 아이는 2~3개월 안에 한글을 깨치게 된다. 아이가 배우고 싶을 때 배우기 때문에 가르쳐 주는 부모가 고맙다. 뇌가 준비되어 있기 때문에 빠른 속도로 배우게 된다. 그래서 스스로 잘한다고, 똑똑하다고 생각한다. 자아 존중감이 높아진다. 긍정적 자아상을 갖게 된다.

같은 시간에 같은 노력을 들인다면 예습보다 복습이 훨씬 효과적이다. 그런데 예습보다 훨씬 앞서는, 즉 한 학기, 1년, 2년을 미리 배우는 선행학습은 매우 비효율적일 뿐만 아니라 뇌에도 맞지 않다. 선행학습은 뇌의 발달을 무시하는 것이다. 두 살에 책을 줄줄 읽고, 세 살에 영어로 말하고, 유치원 다니면서 구구단을 외우고, 초등학교 6학년 때 중학교 공부를 하는 것은 자녀의 뇌를 매우 피로하게 만드는 일이다. 공부 자체를 싫어하게 만드는 일이다.

이런 모든 선행학습에는 자녀를 통해 대리만족하려는, 자녀를 통해 자신을 자랑하고 싶어 하는 부모의 심리가 자리하고 있다. 부모가 이 한 가지만 포기해도 한국의 자녀 교육은 많은 부분이 해결된다. 자녀를 국제중에 보내고, 과학고에 보내고, 서울대에 보내고, 의사나 변호사와 결혼시키려고 하는 모든 부모의 심리 저변에는 자녀를 핑계 삼아 자기 자신을 자랑하고 싶은 심리가 숨어 있다.

성적과 실력은 다르다. 성적은 숫자지만, 실력은 숫자로 표기되지 않는다. 한국의 부모들은 어떻게 하면 자녀의 성적을 높이느냐에 모든 관심을 기울인다. 그러나 정작 중요한 것은 자녀의 실력이다. 영어

자녀교육 혁명 하브루타

성적이 100점이어도 외국인과 대화하지 못할 수도 있다. 도덕이 100점이어도 교통 질서는 전혀 지키지 않고 거짓말을 밥 먹듯이 할 수 있다. 그러나 사회에서는 영어 성적, 도덕 성적이 필요한 것이 아니다. 영어 실력이 필요하고 기본 생활 습관이 바른 사람이 필요하다. 남과 어울려 조화를 이루는 능력이 필요하다.

남에 의해 하는 학습은 공부든, 운동이든, 특기든 오래갈 수 없다. 자기가 좋아서 해야 오래간다. 사춘기 이전까지는 부모가 시켜서 할 수 있다. 그러나 부모의 간섭을 많이 받은 아이일수록 사춘기로 접어든 순간 부모로부터 벗어나려고 애를 쓴다. 벗어나는 방법이 폭력일 수도, 담배를 피우는 것일 수도, 폭주족일 수도, 성(性)적 행동일 수도 있다.

모든 일에는 자기 동기가 필요하다. 자기 동기의 진정한 효과는 하기 싫은 일을 해야 할 때 나타난다. 피할 수 없는 것을 즐길 수 있는 능력, 그것이 자기 동기의 최고봉이다. 부모는 자녀가 중요한 일과 사소한 일을 구분하고, 해야 하는 일과 하고 싶은 일을 구분해서 중요한 일과 해야 하는 일을 찾아서 할 수 있도록 도와주어야 한다.

chapter 4

조기 성경 교육이 평생을 좌우한다

Haruta

| 3년이 37년을 이긴다 |

모세를 만든 젖 뗄 때까지의 교육

모세와 미리암, 아론을 보면 그 부모의 자녀 교육이 훌륭했음을 알수 있다. 모세는 이스라엘 민족을 이끌고 이집트를 탈출해 가나안으로 인도하였고, 아론 역시 훌륭하게 모세를 도우며 이스라엘의 제사장 가문이 되었으며, 어머니를 도와 모세가 공주에게 구원되도록 한 미리암은 출애굽 후에도 모세를 돕는 역할을 했다.

모세의 부모는 아므람과 요게벳으로 모두 레위 족속이다. 그들은 이방 사람과 결혼하지 않고 같은 족속, 같은 지파끼리 결혼했다.

믿음으로 모세가 났을 때 그의 부모는 석 달 동안 숨기고 키웠다. 모세의 부모가 모세를 석 달 동안 숨긴 것을 가볍게 생각해서는 안 된다. 그것은 파라오의 명령, 즉 태어난 아기를 죽이라는 국법을 어긴 것이었고, 만일 숨긴 것이 발각되면 모세뿐만 아니라 그 부모와 아론, 미리암까지 죽을지 모르는 목숨을 건 위험한 모험이었다.

모세는 하나님이 보시기에 아름다운 아이(행 7:20)였고, 그 부모가 보기에도 하나님의 은혜를 받은 아름다운 아이였다. 이것은 모세의 부모가 모세를 통한 하나님의 특별한 계획을 직감했다는 의미다. 그래서 그들은 석 달 동안 아이를 살릴 방법을 이리저리 고민하고 궁리한 끝에 나일 강에 이집트 공주가 자주 목욕하러 나오는 것을 알고 그때에 맞추어 모세를 강에 띄워 보낸 것이다. 즉 더 이상 모세를 집 안에 두기 어려워지자, 모세의 가족은 주도면밀하게 모세가 이집트 공주 손에 구원받도록 기도하면서 준비했던 것이다.

더구나 미리암을 통해 어머니 요게벳은 모세의 유모가 될 수 있었다. 모세가 요게벳의 품에서 유아 시절을 보낸 것은 하나님의 계획을 성취시키는 데 크게 공헌했다. 모세는 장성한 뒤에도 요게벳과 꾸준히 연락하며 지냈을 가능성이 높다.

모세는 어린 나이에 그의 어머니 요게벳의 품에서 젖을 뗄 때까지 교육을 받았다. 이 시절에 배운 교육은 바로의 궁정에서 배운 이집트 문화와 학문을 이기고도 남았다. 나중에 모세가 유대인을 핍박하는 이집트 사람을 죽인 것을 보면 요게벳의 영향이 얼마나 컸는지를 짐작할 수 있다. 디모데가 할머니 로이스와 어머니 유니게를 통해 거짓 없는 신앙 교육을 받은 덕분에 바울의 후계자로 세워질 수 있었던 것처럼 모세는 요게벳으로부터 이스라엘의 역사와 하나님에 대해 철저하게 배웠던 것이다.

모세의 이야기를 통해 자녀 교육의 시사점을 몇 가지 살펴보자.

첫째, 애착의 중요성이다. 요게벳은 국법을 어기면서까지 모세를 석 달 동안 숨기고 키운다. 석 달 동안 길렀다는 것은 초기에 아기에게 필요한 모유를 충분히 먹였다는 것이다. 더구나 모세가 나일 강에서 이집트 공주의 손에 들어가자마자 바로 모세의 유모가 됨으로써 아기가 겪을 불안과 두려움을 최소화하였다. 요게벳은 모유를 직접 먹이는 동시에 충분한 사랑과 관심을 쏟음으로써 모세와 안정된 애착 관계를 형성했다.

세계보건기구(WHO)와 국제연합아동기금(UNICEF)에서는 적어도 2년에서 2년 6개월가량 아기에게 모유를 먹일 것을 권장하고 있다. 성인과 같이 완전한 면역 체계가 완성되는 시기는 보통 3세 무렵이다. 따라서 아기가 2~3세 될 때까지 면역 물질을 제공해 주는 모유를 먹이면 질병과 알레르기로부터 보호받을 수 있다. 즉 3세까지 모유만 먹여도 아이의 영양에 큰 장애가 없다는 뜻이다. 요즘은 여러 가지 이유로 모유 먹이는 기간이 짧아졌지만, 옛날에는 대부분 세 살이 넘도록 젖을 먹였다. 모세 역시 최소 3세까지는 요게벳의 손에 자랐다. 어머니의 지극한 사랑과 관심을 받으며 어린 시절을 보낸 모세는 이후 궁전에서 자랐지만 엄마와 안정된 애착 관계를 형성한 덕분에 올바른 인성을 가꿀 수 있었다.

둘째, 조기 신앙 교육의 중요성이다. 요게벳은 모세에게 하나님에 대해, 이스라엘 역사에 대해 철저하게 교육시켰다. 유모로서 모세를 양육할 수 있는 시간은 제한적이었을 테니 아마도 모세가 영유아기 때 이 같은 교육을 했을 것이다. 그리고 요게벳의 조기 신앙 교육은 모세가 평생을 살아가는 기반으로 작용했을 것이다.

셋째, 분명한 정체성 교육이다. 모세는 40년 가까이 이집트의 궁전에서 왕자로 자랐다. 당시 이집트는 세계 최고의 문명 국가였으므로 최고의 교육을 받았다고 말할 수 있다. 그러나 모세는 40년이 지난 후에도 이스라엘 민족이라는 정체성을 버리지 않았다. 그랬기에 자기 동족인 히브리인이 이집트 관리로부터 핍박을 받자 참지 못하고 그 관리를 죽인 것이다. 이 같은 정체성 확립 역시 요게벳의 신앙 교육에서 기인했을 것이다.

자녀교육 혁명 하브루타

모세는 요게벳의 유대인 교육으로 인해 이집트의 왕자로서가 아닌 하나님의 백성으로서 고난 받는 길을 선택하게 된다. 사실 모세는 요게벳으로부터 교육받은 기간보다 이집트 왕자로서 당시 최고의 이집트 교육을 받은 기간이 훨씬 길므로 논리적으로 보면 이집트 왕자로서 정체성을 갖는 것이 당연하다. 하지만 모세는 결정적인 순간에 히브리인으로서의 정체성을 드러냈고 그로 인해 도망자 신세가 된다. 이는 다시 말하면 젖 뗄 때까지인 3년 동안의 어머니 요게벳에 의한 조기 신앙 교육이 37년의 기나긴 이집트 교육을 이긴 것이다. 그만큼 아기에게 초기 3년은 매우 중요하며, 이 시기에 형성된 애착과 신앙 교육은 막강한 힘을 발휘한다.

| 조기 말씀 교육이 만든 사무엘 |

사무엘 역시 젖 뗄 때까지 어머니 한나의 손에서 자라다가 젖 뗀 뒤에는 성막에 보내져 엘리 밑에서 자라게 된다. 모세가 그랬듯이 사무엘 역시 젖 뗄 때까지의 교육이 얼마나 중요한지를 보여 준다.

사무엘은 이스라엘의 사사 시대와 왕정 시대를 연결한 중요한 인물이다. 이스라엘의 마지막 사사요 제사장이었던 사무엘은 어렸을 때부터 하나님의 말씀을 듣고 그것을 엘리에게 전했다. 사울을 왕으로 세웠으며, 하나님의 인도하심에 따라 다윗에게 기름을 부어 왕으로 선택하였다. 과연 사무엘은 어떤 교육을 받았을까?

대제사장 엘리가 사사로서 이스라엘을 다스리던 시기에, 에브라임 사람 엘가나에게 두 아내가 있었다. 한 사람은 한나였고 다른 한 사람은 브닌나였다. 한나에게는 자식이 없었지만, 엘가나는 여러 자식을 둔 브닌나보다 한나를 더 사랑했다. 브닌나는 한나에게 자식이 없는 것을 빌미로 한나를 괴롭혔고, 남편 엘가나는 "내가 그대에게 열 아들보다 낫지 아니하냐"(삼상 1:8)며 괴로워하는 한나를 위로했다.

엘가나는 새해가 되자 해마다 하던 대로 가족과 함께 실로에 가서 하나님께 제사를 드렸다. 당시 실로의 성막에는 엘리가 대제사장으로 있었지만 제사를 집례하기에는 너무 늙었으므로 그의 두 아들 홉니와 비느하스가 제사를 집례했다. 그곳에서 한나는 "만일 주의 여종의 고통을 돌보시고 나를 기억하사 주의 여종을 잊지 아니하시고 주의 여종에게 아들을 주시면 내가 그의 평생에 그를 여호와께 드리고 삭도를 그의 머리에 대지 아니하겠나이다"(삼상 1:11)라고 서원했다. 처음에 엘리는 기도하는 한나를 보고 술에 취한 줄 알고 책망하였지만 곧 그녀가 기도한 것임을 알고 축복해 주었다. 한나는 이 축복을 받고 다시는 근심하지 않았고, 아들을 낳았으니 사무엘이다.

유대인들은 자식이 없는 것을 하나의 저주로 생각한다. 하지만 한나는 누구를 원망하지 않고 하나님께 하소연하였다. 한나는 브닌나와 싸우지 않고 그 분통한 심정을 하나님께 기도로 쏟아놓았다. 통곡의 기도로 하나님께 호소했다.

한나는 철저하게 기도의 사람이었다. 사무엘의 어머니 한나는 사무엘을 기도로 낳았고, 기도를 통하여 가정교육을 했다. 오로지 하나님께로 향한 한나에게서 하나님이 믿을 만한 사무엘이 나온 것은 무리가 아니다. 사무엘은 기도하는 어머니의 삶을 물려받은 것이다. 한나의 기도는 철저했고, 그녀의 헌신도 마찬가지였다. 한나는 은밀하게 역사하시는 하나님께 기도로 자신의 형편을 아뢰었고 응답받을 때까지 끊임없이 아뢰었다.

한나가 하나님을 의지해 고난의 큰 싸움을 해 나갔을 때 하나님은 그녀를 기억하셨다. 한나는 하나님으로부터 아들을 선물로 받은 후에 하나님께 찬양을 드렸다. 기도와 믿음과 헌신은 한나 삶의 특징이었다. 한나는 하나님께 모든 것을 드린 사람은 그 이상을 돌려받는다고 믿었기에 기도로 얻은 아들을 기도로 키웠고, 그 자녀가 하나님의 영광을 나타내도록 했다. 오늘날의 부모들도 인간 중심에서 하나님 중심의 자녀 교육으로 전환할 때, 자녀들이 바르게 자라날 것이다. 기도로 키운 자녀는 절대로 망하지 않는다.

한나는 자신의 서원을 즉각 실천에 옮겼지만, 그 시기를 젖 뗀 후로 잡았다. 이것은 다시 말하면 한나가 사무엘이 젖을 뗄 때까지 정성껏 키웠다는 뜻이다. 예전에는 늦게까지 젖을 먹었으므로 적어도 3년은 한나가 키웠다는 것이고, 이때는 기본적인 애착 형성이 이루어지는 중요한 시기다.

사무엘을 성막에 보낸 후에도 한나는 계속해서 실로에 제사를 지내러 갔다. 그때마다 옷을 지어 사무엘에게 입혔다. 이처럼 사무엘은 종종 부모를 만났기 때문에 분리불안이나 큰 충격 없이 성막에서 교육을 받으며 성장할 수 있었다. 3년 후면 하나님께 귀한 아들 사무엘을 드려야 했기에 한나는 누구보다 마음과 정성을 다해 사무엘을 보살폈을 것이다.

이처럼 모세와 마찬가지로 사무엘 역시 젖 뗄 때까지의 교육이 사무엘을 만든 기본 토대였음을 알 수 있다. 엘리는 그의 자녀를 보면 알 수 있듯이 좋은 부모 노릇을 하지 못했다. 기도하는 한나를 보고 술 취했다고 말할 정도로 영적으로도 바닥을 쳤다. 그런 그의 슬하에서 어린 사무엘은 굳건히 잘 자랐다. 물론 그 배경에는 하나님의 섭리가 가장 크게 작용했지만, 하나님도 사람을 통해 일하신다. 엘리의 부실한 교육에도 사무엘이 하나님의 역사에 쓰임받는 위대한 인물이 된 것은 한나의 조기 말씀 교육 덕분이다.

자녀교육 혁명 하브루타

| 무엇이 다니엘을 만들었는가 |

다니엘서를 읽다 보면 궁금증이 생긴다. 어떻게 다니엘과 그의 세 친구는 왕이 내린 음식들을 거부할 수 있었을까? 다니엘과 세 친구인 하나냐(사드락), 미사엘(메삭), 아사랴(아벳느고)는 어떻게 풀무 불에 던져 죽이겠다는데도 신상에 절하지 않을 수 있었을까? 도대체 어렸을 때 어떤 교육을 받고 자랐기에 어린 나이에도 하나님 앞에 정직하고, 철저하게 기도를 드리며, 우상에게 절하지 않고, 왕의 진미를 먹지 않을 수 있었을까?

그 해답을 알려면 성경 속에서 연도를 추적해야 한다. 요시야 왕은 유다 왕국이 기울어 갈 때 마지막으로 개혁을 시도한 왕이다. 8세에 왕이 되어 31년을 치리한 요시야 왕의 제위 기간은 기원전 640년부터 609년까지다. 요시야의 뒤를 이은 여호아하스 왕은 3개월 만에 이집트에 포로로 잡혀 가고, 그 뒤를 이은 여호야김 왕 3년에 바벨론 왕 느브갓네살 왕이 예루살렘을 포위하여 왕족들과 귀족들을 잡아갔다. 이때 잡혀 간 사람 중에 다니엘과 하나냐, 미사엘, 아사랴가 있었다. 그러므로 이들이 잡혀 간 때는 기원전 605~606년경이었으며, 이들의 어린 시절은 요시야가 왕이 되어 성경 말씀대로 개혁을 단행하던 때였다.

아직도 어렸을 때 곧 왕위에 있은 지 팔 년에 그의 조상 다윗의 하나님을 비

요시야 왕은 8세에 왕이 되어 16세에 비로소 하나님을 찾게 된다. 이후 이방 신상들을 파괴하고 바알 제단을 헐며 유다와 예루살렘을 정결하게 한다. 그리고 요시야 왕 18년에 성전을 수리하던 중 율법 책을 발견하고 철저하게 회개한 뒤 백성들에게 그 말씀대로 순종하여 살 것을 명령한다. 그래서 요시야가 왕으로 있는 동안에는 백성들이 여호와께 복종하고 하나님을 떠나지 않았다.

요시야 왕은 여호수아 사후로 지키지 않던 유월절을 처음으로 지킨 왕이다. 다윗 왕조차 유월절을 지키지 않았는데 요시야 왕은 율법에 명령한 대로 순종하여 유월절을 지킨 것이다. 그래서 성경은 모세의 모든 율법에 따라 백성을 여호와께로 돌이킨 왕은 요시야가 처음이자 마지막이었다고 기록하고 있다.

> 요시야와 같이 마음을 다하며 뜻을 다하며 힘을 다하여 모세의 모든 율법을 따라 여호와께로 돌이킨 왕은 요시야 전에도 없었고 후에도 그와 같은 자가 없었더라 왕하 23:25

다니엘과 친구들은 요시야 왕이 치리하던 때에 태어나 성경 중심의 교육을 철저하게 받은 세대였던 것이다. 그들은 왕족 또는 귀족의 자제였기에 더욱 철저하게 하나님 중심의 교육을 받았을 것이다.

이들이 바벨론에 끌려간 뒤 바벨론 왕의 쓰임을 받기 위해 훈련을 받았는데 환관은 이들에게 바벨론식 이름을 지어 줬다. 다니엘은 '하나님은 재판관이시다'는 의미를 버리고 '바벨론의 신인 벨이 그의 생명을 보호한다'는 의미의 벨드사살로 이름이 바뀌었다. 나머지 친구들의 이름인 사드락, 메삭, 아벳느고 역시 모두 이방 신의 이름이 들어간 이름이다. 철저하게 하나님이 아닌 이방 신들의 하수인으로 키우고자 한 것이다.

이들이 왕의 진미를 거부한 이유는 율법에 어긋나는 재료들이 음식에 포함되어 있었기 때문이다. 즉 율법대로 살고자 하는 강한 동기에서 바벨론 음식을 거부한 것이다. 이들은 채식만 먹고도 왕의 진미를 먹은 사람들보다 훨씬 더 아름답고 살이 윤택했다.

성미가 급한 느부갓네살 왕은 27m나 되는 금 신상을 세워 놓고 신상 제막식 날 악기 소리가 들릴 때 신상에게 절하지 않는 사람은 모두 이글거리는 풀무 불에 던지겠다고 했다. 이로 인해 다니엘의 세 친구가 고발되어 풀무 불에 던져졌다. 하지만 하나님은 그들의 머리털조차 타지 않도록 보호하셨다.

다니엘과 세 친구는 율법에 어긋나는 것은 철저하게 구별했지만 바벨론의 여러 학문들을 받아들였다. 그랬기에 그들은 이방 왕에게조차 중용되는 인재로 성장할 수 있었다.

다니엘이 섬긴 왕은 바벨론의 느부갓네살 왕과 벨사살 왕이었고, 바벨론이 멸망하고 페르시아가 집권한 뒤에도, 다리오 왕과 고레스

왕을 섬겼다. 다니엘은 강산이 바뀌고 세상이 뒤집어졌어도 여전히 권력의 핵심에 있었다. 느브갓네살 왕의 풀무 불에서도 다리오 왕의 사자굴에서도 살려 주신 하나님의 은혜였다.

부모들은 아이들을 교회나 학교에 보내 놓고는 '선생님이 알아서 다 해주시겠지' 하는데 절대 그렇지 않다. 믿음이 좋다고 좋은 부모가 되는 것도 아니다. 자녀를 하나님의 방법으로 양육하려면 부모가 먼저 배우고 노력하고 실천하며 목적을 가져야 한다.[20] 자녀는 조금씩 조금씩 빚어져 간다. 그리고 그 핵심에는 성경 교육이 있다.

| 디모데를 만든 유니게 |

이는 네 속에 거짓이 없는 믿음이 있음을 생각함이라 이 믿음은 먼저 네 외조모 로이스와 네 어머니 유니게 속에 있더니 네 속에도 있는 줄을 확신하노라 딤후 1:5

그러나 너는 배우고 확신한 일에 거하라 너는 네가 누구에게서 배운 것을 알며 또 어려서부터 성경을 알았나니 성경은 능히 너로 하여금 그리스도 예수 안에 있는 믿음으로 말미암아 구원에 이르는 지혜가 있게 하느니라 딤후 3:14-15

디모데는 헬라어로 '티모테오스'라고 한다. '하나님을 공경한다, 사랑한다'는 뜻을 가지고 있다. 디모데는 소아시아의 루스드라에서 출생했는데 아버지는 헬라인으로 디모데가 어렸을 때 아마 돌아가신 것으로 여겨진다. 어머니는 유대인으로 유니게요, 외할머니는 로이스다. 독실한 신앙인이던 이 두 여인의 교육을 받고 그들을 본받아 자란 디모데는 사도 바울이 크게 칭찬할 만큼 진실하고 온전한 믿음의 소유자였다.

헬라인 아버지와 유대인 어머니 사이에서 태어난 혼혈인 디모데는 어릴 때부터 경건한 분위기에서 성장했다. 아버지가 헬라인이었으므로 헬라 문화의 영향을 받아 다신(多神) 사상에 빠져들 수도 있었으나 디모데는 그 이름과 같이 오직 하나님만을 믿고 섬겼다. 신실한 외할머니 로이스와 어머니 유니게로부터 성경을 배우며 하나님 중심으로 신앙생활을 한 디모데는 그의 고향 루스드라에서 모든 사람의 칭찬을 한 몸에 받는 청년이었다. 그러던 그에게 일생일대의 변곡점이 될 순간이 찾아왔으니 바로 사도 바울과의 만남이다.

1차 전도 여행 중 루스드라를 방문한 바울을 디모데는 매우 긴박한 순간에 만나게 된다. 바울이 기적을 행하고 복음을 전파하다가 모진 핍박을 받고 구사일생으로 목숨을 건진 순간에 디모데를 만난 것이다. 이 만남으로 디모데는 예수 그리스도를 영접했고, 영적 아버지 바울의 극진한 사랑 가운데 그의 제자로서 훈련을 받게 되었다.

디모데는 '어려서부터' 꾸준히 계속된 신앙 교육으로 완성된 사람이었다. 어려서부터 어머니와 외할머니로부터 성경을 배웠고 청년이 된 뒤에는 바울의 제자 훈련으로 믿음이 성숙해졌다. 온유하고 충성 스런 성품과 훌륭한 인품을 소유한 디모데는 바울의 '사랑하고 진실 한 영적 아들'이 되기에 부족함이 없었다. 헬라 문화 속에서 나고 자 랐지만 하나님이 분부하신 보혈의 능력을 충분히 깨달을 만큼 디모 데는 순결한 믿음을 간직하고 있었다. 바울은 2차 전도 여행을 할 때 이와 같이 '믿음 안에서 참 아들'이 된 디모데를 동행시켰다. 디모데 는 유대인들의 반발을 사지 않기 위해 할례도 받았다.

로이스와 유니게는 성경에 단 한 번밖에 이름이 등장하지 않는다. 그러나 두 사람은 위대한 사도 바울에게 강한 인상과 감동을 남겼다. 로이스와 유니게, 그리고 디모데에 이르는 삼대에 걸친 믿음의 유전 은 이들을 육적으로, 영적으로 일치시키고 있었다. 신앙으로 혈통이 이어지고 있었던 것이다.

'로이스'는 디모데의 외할머니로 사도 바울을 비롯한 여러 그리스 도인들에게 칭찬받는 믿음을 지닌 인물이었다. 그는 자신의 신앙에 충실했을 뿐 아니라 그 신앙을 잘 가르쳐 딸 유니게를 훌륭한 신앙인 으로 길러 냈다. 로이스의 딸 '유니게' 역시 그 신앙을 아들 디모데에 게 잘 전수했다. 두 여인의 훌륭한 신앙 교육 덕분에 디모데는 거짓 없 고 칭찬받는 인물로 성장할 수 있었다.

로이스와 유니게는 디모데가 어렸을 때부터 성경을 열심히 가르쳤 다. 옛날부터 이스라엘 백성은 자녀들이 말을 배우려고 시작할 때부 터 부지런히 하나님의 말씀을 가르쳤다. 그리하여 그 자녀로 하여금 흔들리지 않는 반석 같은 신앙을 갖도록 했다. 로이스와 유니게 역시 디모데가 어렸을 때부터 부지런히 성경을 가르쳐 반석 같은 신앙을 갖도록 했다. 사도 바울은 그의 영적인 아들인 디모데에게 그가 믿음의 가정에서 올바르게 자란 것을 상기시키며 그에게 축복의 말씀을 해주었다.

모세와 사무엘, 다니엘, 디모데 외에도 어린 시절 신앙 교육이 얼마나 중요한지를 증명해 줄 만한 신앙의 사람은 얼마든지 있다. 예수님이야말로 가장 대표적인 분이시다. 예수님은 열두 살에 예루살렘 성전에서 서기관과 율법사들과 3일 밤낮으로 토론해도 전혀 밀리지 않을 정도로 성경에 대해 많이 알고 계셨다. 이런 지식이 어떻게 생겼겠는가? 요셉과 마리아가 어려서부터 성경을 가르쳤기 때문이 아니겠는가?

바울도 마찬가지다. 바울도 어려서부터 바리새인 중에 바리새인으로 유대인 전통 교육을 철저하게 받았고, 가말리엘 문하에서 가르침을 받았다. 그가 성경에 대해 충분한 지식을 가지고 있었기에 예수님을 만나 회심했을 때 구약에서 수없이 예언한 메시아가 바로 예수님임을 알아보았던 것이다.

chapter 5

왜
하브루타인가?

Havruta

하브루타는 '짝을 지어 질문하고 대화, 토론, 논쟁하는 것'을 말한다. 이것은 유대인들이 토라와 탈무드를 공부할 때 서로 짝을 지어 토론하고 논쟁하는 것에서 시작되었다. 내가 보기에 유대인들이 아이비리그에 30%가량 들어가고, 노벨상을 30%가량 차지하는 핵심 비결은 바로 이 하브루타에 있다.

| 성경은 왜 강론하라고 하는가 |

한 서기관이 예수님께 와서 물었다.

예수님께서 대답하셨다.

예수님은 모든 계명 중에 가장 중요한 첫째 계명으로 '하나님을 사랑하라'를 꼽았다. 이것은 모든 공관복음에 기록된 말씀이다. 마가복음 12장 30절, 마태복음 22장 37절, 누가복음 10장 27절 말씀이 그것이다.

그런데 이 말씀은 구약성경을 그대로 인용한 것이다. 위의 마가복음 12장 29-30절 말씀은 신명기 6장 4-5절 말씀을 가져온 것이다. 바로 '쉐마'라고 일컬어지는 신명기 6장 4-9절 말씀이다.

이스라엘아 들으라 우리 하나님 여호와는 오직 유일한 여호와이시니 너는 마음을 다하고 뜻을 다하고 힘을 다하여 네 하나님 여호와를 사랑하라 오늘 내가 네게 명하는 이 말씀을 너는 마음에 새기고 네 자녀에게 부지런히 가르치며 집에 앉았을 때에든지 길을 갈 때에든지 누워 있을 때에든지 일어날 때에든지 이 말씀을 강론할 것이며 너는 또 그것을 네 손목에 매어 기호를 삼

자녀에게 말씀을 가르치는 책임은 부모에게 있다

신명기 6장 4-9절 말씀은 유대인들이 가장 중요하게 생각하는 성경 말씀이다. 그들은 일어나자마자 쉐마를 외우고, 기도할 때마다 쉐마를 암송하며, 자기 전에 반드시 쉐마를 외우고 잠이 든다. 문설주에 달린 메주자(mezuza) 안에도 이 쉐마 말씀이 들어 있고, 그들이 이마에 매고 손에 감는 테필린(Tephilin)에도 쉐마 말씀이 들어 있다.[21]

신명기 6장 4-9절의 쉐마를 네 가지[22]로 구분하여 살펴보도록 하자.

첫째, 하나님의 유일성이다. 여호와만이 유일한 하나님이라는 것이다(신 6:4). 여기서 말하는 유일한 하나님란 다른 신의 존재를 인정하면서도 자신의 신이 최고임을 주장하는 단일신론의 의미와 다르다. 또 다른 신들이 존재하건 존재하지 않건 상관없이 어떤 개인이나 집단이 오직 한 하나님만 예배하기로 결정한 일신숭배와도 차이가 있다. 유일하신 하나님이란 하나님만이 홀로 유일하신 분임을 의미한다.

둘째, 여호와 하나님에 대한 사랑이다(신 6:5). 하나님께서 이스라엘 백성들에게 원하시고 요구하시는 것은 온 마음과 성품과 힘을 다하여 여호와 하나님을 사랑하는 것이다.

셋째, 하나님의 말씀을 후손들에게 가르치라는 교훈이다(신 6:6-7).

유일하신 하나님을 섬기고 하나님만 사랑하는 것으로 그쳐선 안 되고, 부모가 자녀에게 이를 가르쳐 이스라엘의 하나님만이 유일한 하나님이심을 알게 하고 그분을 사랑하도록 하라는 것이다. 이것은 하나님을 사랑하고 하나님의 말씀에 순종하는 삶은 저절로 생겨나는 것이 아니라 교육으로 말미암음을 내포한다.

넷째, 여호와 하나님과 그의 말씀에 순종하라는 것이다(신 6:8-9). 말씀을 손목에 매어 기호로 삼고 미간에 붙여 표로 삼는 목적은 이스라엘 백성이 말씀에 순종하는 백성이 되게 하려는 것이다. 이 습관은 문자 그대로 하나님의 명령을 완전하게 이행하려는 부단한 노력이 없이는 불가능하다. 이런 방법을 통해 하나님 백성의 의무를 항상 기억하게 하고 하나님의 말씀에 순종하는 백성이 되게 하려는 것이다.

예수님은 첫 계명으로 하나님을 사랑하라고 하셨다. 예수님은 첫 계명으로 하나님은 사랑이시고, 우리를 사랑하는 분이시며, 우리는 사랑받을 만한 존재라고 말씀하시지 않았다. 그런데 현대 교회는 하나님은 사랑이시며, 예수님도 사랑이시고, 하나님은 우리를 사랑하사 독생자를 보내셨다고 가르친다. 맞는 말이지만 그것이 전부가 아님에도, 하나님을 사랑하라는 메시지는 찾아보기 어렵다. 우리는 사랑받기 위해 태어났다고 노래하고, 하나님은 당신을 사랑한다고 외친다. 모두 우리 중심이다. 하지만 쉐마도, 예수님도 하나님을 사랑하라고 명령하고 있다.

우리가 하나님을 사랑하는 방법이 신명기 6장 6절부터 기록되어 있

자녀교육 혁명 하브루타

다. 하나님 사랑은 곧 그 말씀을 마음에 새기는 것에서 시작된다. 하나님 말씀을 돌에 조각하여 새기듯이 마음에 조각하여 새기라는 것이다. 그리고 그렇게 새긴 말씀을 자녀에게 부지런히 가르치라고 명령하신다. 유일하신 여호와 하나님을 우리의 모든 것을 다해 사랑하고, 말씀을 마음에 새겨서 부지런히 자녀에게 가르치고 강론하는 것이 하나님을 사랑하는 방법인 것이다.

성경은 분명히 "네 자녀에게 부지런히 가르치며"(신 6:7)라고 기록하고 있다. 즉 자녀에게 성경을 가르치는 책임은 교회나 목회자에게 있는 것이 아니라 부모에게 있다는 것이다. 유대인들은 부모가 자녀에게 성경을 가르치는 일을 하나님의 명령으로 믿는다. 그들은 하나님의 명령을 순종하는 마음으로 자녀를 교육한다.

성경은 "집에 앉았을 때에든지 길을 갈 때에든지 누워 있을 때에든지 일어날 때에든지"(신 6:7) 말씀을 가르치라고 명령한다. 더 적극적인 의미는 자녀와 함께 있을 기회를 만들어 가르치라는 것이다. 유대인들은 이 말씀을 따라 아침과 저녁으로 두 번씩 쉐마를 암송하는데, 이는 미쉬나에서 '누웠을 때'는 '잠자리에 들 때'로, '일어날 때'는 '아침에 일어나서'로 해석하기 때문이다. 쉐마를 자기 전에 외우게 하는 이유는 만약 아이가 자다가 갑자기 죽을 경우 이 쉐마가 아이의 마지막 유언이 되게 하기 위함이다.

유대인들은 만 3세부터 먼저 히브리어 알파벳을 가르치고, 그것이 숙달되면 곧이어 쉐마를 임종까지 매일 일어나고 누울 때 두 번 암송

하게 한다. 또 하루 세 차례 기도문을 읽게 하고 그 다음에 구약성경을 읽게 한다.[23]

"부지런히 가르치며"로 번역된 히브리어 본문은 '부지런히'라는 부사가 따로 없다. 다만 '가르치다'를 의미하는 '샤난'이 강조 형태를 취하기 때문에 그렇게 번역된 것이다. '가르치다'로 번역된 히브리어 동사 '샤난'의 어원적 의미는 두 가지다. 하나는 '날카롭게 하다'이고, 다른 하나는 '반복하다'이다. 고대 이스라엘에서 교육은 주로 구전에 의해 이루어졌기 때문에 반복 학습이 중요했다. 이것은 오늘까지 지켜오는 이스라엘의 전통 교육 방법이기도 하다.

이런 전통적인 교육 방법을 철저히 지키는 정통파 유대인들은 자신들의 학교를 '예시바'라고 부른다. '예시바'는 '앉다'를 의미하는 히브리어 동사 '야사브'에서 파생된 명사다. 곧 '예시바'는 두 사람이 마주 보고 앉아서 말로 서로를 가르치는 전통적인 교육기관을 말한다.

'반복하는 것'이 교육의 방법론이라면, '날카롭게 하는 것'은 교육의 내용을 지적한 것이다. 중요한 것일수록 반복적으로 가르칠 필요가 있다. 그러나 반복만 강조하면 교육 자체를 망칠 수 있다. 반복하되 무디지 않도록 날카롭게 해야 한다. 말씀을 날카롭게 하는 방법 중의 하나는 말씀을 상황에 맞게 잘 적용시키는 것이다. 진리인 하나님의 말씀은 모든 상황에 적용시킬 수 있다. 원리는 상황에 따라 적절하게 적용될 때 실제적 가치가 드러나게 된다. 말씀을 "좌우에 날선 어떤 검보다 예리하다"(히 4:12)고 한 것도 그런 점을 강조한 것이라 하겠다.

‘이 말씀을 강론하라’에서 강론하라의 원어는 ‘디베르’다. 이것은 ‘그
것들에 관해 말하라, 이야기하라’는 뜻이다. 이것은 어원적으로 일상적
인 삶 속에서 나누는 대화를 의미한다. 생활 속에서 자연스럽게 이루
어지는 일종의 무의도적 신앙 교육을 말하는 것이다. 그러므로 교육
의 장소는 “집에 앉았을 때에든지 길을 갈 때에든지”이며, 교육하는
시간은 “누워 있을 때에든지 일어날 때에든지”이다. 다시 말해, 신앙
교육은 시공을 초월하여 삶의 전 영역에서 이루어져야 하며, 더 나아
가 신앙을 가르치는 교육이 삶의 가장 중심부에 위치해야 한다.

“이 말씀을 강론할 것이며”에서 ‘강론’을 그대로 풀면 ‘가르치고 토
론하라’는 것이다. 영어로는 ‘talk about’이다. 말 그대로 이야기를 나
누라는 것이다.

유대인들은 수많은 성경 말씀 중에 이 쉐마를 가장 중요하게 생각
하고, 오직 한 분인 하나님을 사랑하는 것을 지상 목적으로 생각한다.
그 하나님을 사랑하는 최고의 방법이 자녀에게 성경을 가르치는 것이
다. 그 가르치는 방법이 강론이고, 그것이 하브루타다. 하브루타가 짝
을 지어 질문하고 대화, 토론, 논쟁하는 것이므로, 질문이나 대화, 토
론, 논쟁은 모두 이야기를 나누는 것이다. 즉 쉐마에서 강론하라는 의
미는 결국 하브루타를 하라는 명령인 것이다. 실제로 유대인들은 이
쉐마를 실천하기 위해 어디서든 열심히 하브루타를 한다. 가정에서
든, 학교에서든, 회당에서든, 길거리에서든 열심히 아버지와 자녀가
짝을 이루거나, 어머니와 자녀가 짝을 이루거나, 친구끼리 짝을 이뤄

성경 말씀에 대해 이야기를 나눈다.

신약에서 언급되는 '성경'은 무엇을 말하는가? 디모데후서 3장 15-17절에서 "성경은 구원에 이르게 하는 지혜가 있으며, 성경은 하나님의 감동으로 기록되었고 교육하기에 유익하며 성경은 하나님 사람으로 온전하게 한다"고 말하고 있다. 그리고 히브리서 4장 12절에서는 "하나님의 말씀은 살아 있으며 검보다 예리하다"고 말한다. 여기서 언급하는 성경이나 하나님의 말씀은 무엇을 일컫는가? 구약을 말하는가, 아니면 신약을 말하는가, 그것도 아니면 성경 전체를 말하는가?

정답은 구약이다. 디모데전후서와 히브리서를 기록한 사람들이 살던 당시 신약성경은 존재하지 않았기 때문이다. 그러므로 신약에서 언급하는 성경이나 하나님의 말씀은 모두 구약성경을 가리킨다. 이런 까닭에 우리는 구약에 근거한 유대인의 교육에서 많은 시사점을 얻어야 한다.

'부지런히 가르치고 말씀을 강론하라'는 쉐마의 말씀은 한마디로 부지런히 하브루타하라는 말이다. 가르치는 것이든 강론하는 것이든 결국 말로 하는 것이고, 실제로 '강론하라'의 원어의 의미는 '이야기를 나누라'이며, 영어로는 'talk about'이기 때문이다.

| 손과 입이 뇌를 발달시킨다 |

한국인의 지능지수는 평균 106으로 나라로 보면 세계 최고다. 반면 이스라엘의 지능지수는 평균 94로 45위에 그치고 있다. 우리나라 학생들은 세계에서 가장 긴 시간 공부한다. 핀란드 학생보다 매일 2배 이상 더 공부한다. 그러면서도 국제학업성취도비교평가(PISA)에서는 핀란드에 뒤질 때가 많다. 유대인 학생들과 비교해도 우리 학생들은 훨씬 더 오래 책상에 앉아 공부한다. 교사들의 수준도 세계 최고다. 유대인들의 교육열이 높다고 하지만 '기러기 아빠'가 생길 만큼 극성스런 우리의 교육열에 비하면 아무것도 아니다.

한국인은 지능도 세계 최고이고, 공부하는 시간도 세계 최고이고, 교육열도 가히 세계 최고라 할 수 있는데, 그 결과는 유대인과 비교해서 영 신통하지 않다. 우리는 노벨상이 평화상 1명에 불과하지만, 유대인은 현재 스스로 유대인이라 밝힌 경우만 해도 185명으로 노벨상의 22%에 이른다. 유대인이라고 밝히기를 꺼리는 사람이 많기 때문에 그 숫자까지 합하면 30%에 이를 것으로 본다. 미국 아이비리그 대학에 입학하는 한국계 학생이 1%가 될까 말까 하는 데 반해, 유대인은 30%를 차지하고 있다.

이것이 인구가 남북한 합쳐 8,000여만 명의 한국인과 1,500여만 명의 유대인을 비교한 결과다. 그들은 어떤 한두 분야가 아니라 각계각층에서 괄목할 만한 두각을 나타내고 있다. 20세기에 가장 큰 영향을 미친 아인슈타인이나 프로이트, 카를 마르크스를 비롯하여, 아브라함에서부터 다윗, 솔로몬, 예수, 바울, 스피노자, 샤갈, 카네기, 키신저, 스필버그, 찰리 채플린, 로스차일드, 골드만삭스, 조지 소로스, 그린스펀, 버냉키 등에 이르기까지 우리에게 너무나 익숙한 사람들 중에는 유대인이 아주 많다.

왜 우리는 세계 최고가 될 수 있는 조건을 갖추고서도 세계적인 인물을 배출하지 못하는 걸까? 그리고 유대인은 왜 우리와 비교해서 결코 좋은 조건이 아님에도 세계적인 인물이 이렇게 많은 걸까? 왜 그들은 세계에서 가장 많은 노벨상 수상자를 낳고 아이비리그에 그렇게 많이 들어가며, 각계각층에서 두각을 나타내는가? 무엇이 그들을 그렇게 만드는가? 그 비밀은 하브루타에 있다.

왜 한국인은 머리가 좋은가?

세계에서 가장 IQ가 높은 나라는 어디일까? 2002년 핀란드 헬싱키 대학이 세계 185개 나라 국민들의 IQ를 검사한 결과, 홍콩이 1위로 평균 IQ 107을 기록했다. 우리나라가 평균 106으로 2위에, 일본과 북한이 105로 공동 3위, 5위는 대만으로 104다. 하지만 홍콩은 최근에 그 지배권이 영국에서 중국으로 넘어간 도시이므로 국가를 기준으로 본다면 우리나라가 세계 1위라고 할 수 있다. 홍콩은 또 중국에서 뛰어난 사람들이 모이는 곳이므로 IQ가 높을 수밖에 없다. 중국은 평균 100으로 13위를 차지했다. 리처드 린(Richard Rynn)은 그의 저서《지능의 인종적 차이》(Race Differences in Intelligence)에서 나라로서는 한국인이 지능이 가장 높다고 했다.

우리는 유대인이 머리가 좋다고 알고 있지만 실제로는 그렇지 않다. 이스라엘은 평균 IQ가 94로 세계 45위이며, 이는 동아시아의 주요 나라들은 물론 유럽과 미국 등에도 뒤지는 것이다. 이 같은 결과는 유대인들이 선천적으로 머리가 좋아서 노벨상을 많이 받고 세계적으로 두각을 나타낸다고 볼 수 없다는 결론에 도달하게 한다. 다시 말해 유대인들은 선천적으로 타고나는 것이 아니라 후천적으로 만들어지는 것이다.

『The Rule』의 저자 앤드류 셔터(Andrew J. Sutter)도 유대인의 두뇌와 노동 능력의 탁월함은 유전자적인 요인만으로는 설명할 수 없다고 했다. 유대인의 교육을 가만히 들여다보면 머리가 좋게 태어났다기보다 머리가 좋아지도록 키워진다는 것을 알 수 있다. 그들은 아이들이 머리를 쓰지 않고는 견딜 수 없게 모든 시스템을 가동시킨다. 아주 어릴 때부터 유대인답게 사는 것은 몸보다 머리를 써서 사는 것이라고 가르친다. 하지만 머리를 쓰게 한다고 여러 가지 책을 보고 많은 양의 수학 문제를 풀도록 하는 것이 아니다. 그 대신 아이가 어디에 관심과 흥미가 있는지, 어떤 특별한 창의성이 있는지, 어떤 잠재력을 품고 있는지를 주의 깊게 관찰해서 그쪽을 계발하기 위해 꾸준히 대화한다. 아이들이 가능한 한 많은 것을 직접 느끼게 하고 생각하게 만들어 열린 사고 구조를 가지게 한다. 가능한 한 모든 주제에 대해 대화하고 토론한다.

한국인이 지능이 높은 이유는 펜필드(Wilder Penfield)의 호문쿨루스(Homunculus)에서 찾을 수 있다. 유대인이 IQ가 낮음에도 나중에 두각을 나타내는 이유 역시 이를 통해 알 수 있다.

펜필드의 호문쿨루스

지능지수가 높은 나라들을 보면 홍콩, 한국, 일본, 북한, 대만 등 1위에서 5위까지가 모두 동북아시아에 몰려 있음을 알 수 있다. 왜 동북아시아 나라들이 머리가 좋을까? 그 해답은 호문쿨루스(Homunculus)에 있다.

호문쿨루스는 라틴어로 '작은 사람'을 뜻하며, 중세 시대에는 '요정'을 뜻하는 단어였다. 1940~1950년대 캐나다의 뛰어난 신경외과 의사였던 펜필드는 살아 있는 사람의 뇌를 연구하여 호문쿨루스의 과학적 이론이 되는 토대를 발견했다. 바로 인간의 대뇌와 신체 각 부분 간의 연관성을 밝힌 지도를 알아낸 것이다. 대뇌피질이 위치별로 받아들이는 신체 감각이 다른데, 이를 연구하여 나타낸 지도가 '호문쿨루스'다.

대뇌의 피질에는 고통을 느끼는 통각 수용기가 없다. 그래서 펜필드는 국소 마취를 통해 머리를 열어 뇌를 관찰할 수 있었다. 대뇌피질에는 많은 신경세포가 분포하며, 기능적으로 주로 감각을 인지하는 감각 영역과 운동 영역, 이 두 영역을 연결해 주는 연합 영역이 있다. 호문쿨루스는 이들 감각 영역과 운동 영역에서 신체 각 부분의

자녀교육 혁명 하브루타

기능을 담당하는 범위가 어느 정도의 비율을 차지하는지를 나타낸
것이다.

〈그림 1〉 뇌와 신체 각 부분의 관련성

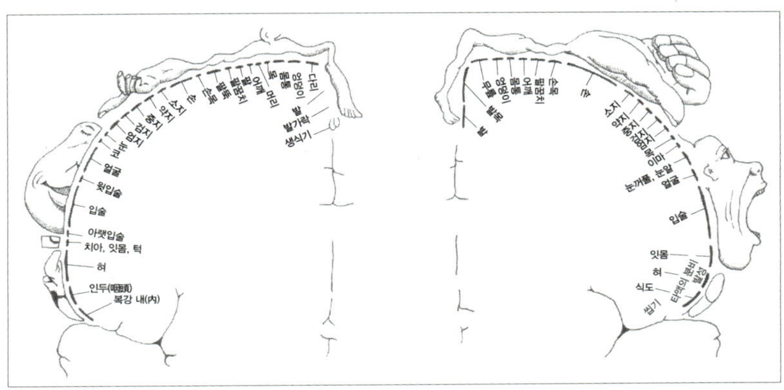

〈그림 2〉 펜필드의 호문쿨루스

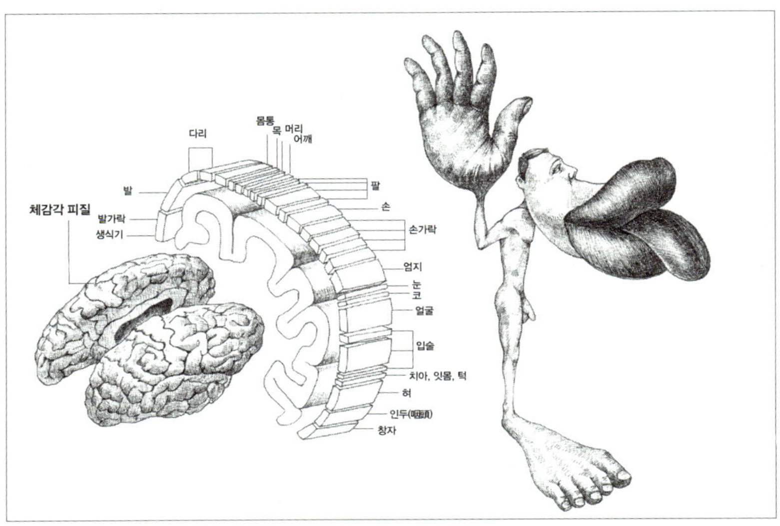

연구 결과, 운동 피질은 손가락과 입, 입술, 혀, 눈을 담당하는 부분의 피질이 넓고, 감각 피질은 손과 혀 등을 담당하는 피질이 넓은 것을 확인했다. 이 대뇌피질의 비율을 참고로 하여 인체의 모습을 입체적으로 구성했는데, 이를 '펜필드의 호문쿨루스_(그림 2)'라고 부른다. 각 신체부분을 담당하는 뇌 부위의 크기에 따라 그려 낸 모형이기 때문에 원래 인간의 모습과는 꽹장히 다르다. 호문쿨루스를 보면 손과 입, 발 부분이 가장 크다는 것을 알 수 있다. 이는 손에는 운동신경 정보와 감각신경 정보를 전달하는 신경세포가 다른 기관에 비해 많이 분포되어 있음을 알 수 있다. 즉 손을 많이 사용하면 뇌가 자극되고 계발된다는 의미다.

뇌연구 최고 권위자인 서울대학 의대 서유헌 교수는 뇌에서 가장 넓은 면적을 차지하는 것이 손을 관할하는 부위라고 말한다. 손은 뇌에서 30% 정도를 차지한다. 따라서 아이의 손 사용은 손의 기능과 기술을 발달시키고 그것은 곧 뇌를 발달시키게 된다. 손은 14개의 손가락뼈와 5개의 손바닥뼈 그리고 8개의 손목뼈 등 27개의 뼈로 이루어져 있다. 양쪽 손의 뼈를 합하면 54개로 인체 전체의 뼈 206개 중 4분의 1을 차지하는 양이다.

손 운동을 통해 신경세포에 자극을 주면 신경세포들 사이에서 새로운 시냅스 회로가 생기고 회로가 점차 두꺼워져 뇌 기능을 향상시키거나 남아 있는 기능을 유지할 수 있다. 한 가지 주의할 점은 반복적이고 의미 없는 손 움직임은 큰 도움이 되지 않는다는 것이다. 즉 악기를

자녀교육 혁명 하브루타

배우는 등 익숙하지 않은 손놀림으로 새로운 것을 배울 때 뇌가 많이 자극되므로 매일 익숙한 손놀림만 하지 말고 손을 많이 사용하는 새로운 일에 도전하라는 것이다.

미국 캘리포니아 대학의 신경생리학자 프랭크 윌슨 교수는 손의 사용이 어떻게 인간의 뇌, 언어, 나아가 문화를 만들었는지를 연구했다. 그는 손의 기능 발달이 뇌의 발달을 이끌었고 이 과정에서 언어를 처리하는 부분이 뇌에서 생겨났을 것이라고 주장했다. 인간의 정교한 손놀림이 인류가 다른 동물에 비해 탁월한 두뇌 발달을 가져온 원동력이라는 것이다. 그에 의하면 인간의 지식은 사고에 의해서가 아니라 손을 통한 외부 세계의 지각과 감성을 통해 만들어졌다고 한다. 손으로 집어 들고, 찌르고, 쥐어짜고, 만져 보고, 구별하여 분류하고, 밀치면서 터득한 손의 감각이 뇌에 정교한 신경망을 만들어 간다는 것이다.

손을 많이 사용하는 것은 어린이뿐 아니라 어른에게도 뇌를 발달시키는 아주 좋은 방법이다. 성인은 손으로 그림을 그리면서 자신이 알고 있는 다른 모습들과 연관시켜 기억을 한다. 성인은 아이들보다 자신이 경험한 내용을 능수능란하게 구사할 줄 알기 때문에 손을 사용했을 때 성인이 아이들보다 뇌가 더욱 활발하게 움직이게 된다. 그래서 영어 단어를 외울 때 그냥 눈으로 외우는 것보다는 손으로 직접 쓰면서 외우는 것이 효과적이다. 더불어 소리를 내어 읽으면서 외우면 더 잘 외워진다. 실제로 대뇌의 운동중추에서 입이 차지하는 면적은 손 다음으로 크기 때문이다.

젓가락 사용이 지능을 높인다

동북아시아가 왜 공통적으로 IQ가 높은가? 그 이유는 손의 사용과 깊은 관련이 있다. 동북아시아는 모두 젓가락을 쓰는 공통된 문화를 가지고 있다. 젓가락을 사용하면 손가락 관절 하나하나를 모두 포함해 30여 개의 관절과 60여 개의 근육을 움직일 수 있다. 이러한 움직임들은 신경을 타고 대뇌를 자극하여 뇌세포를 발달시킨다. 아이들이 어려서부터 매일 세 번씩 식사하면서 젓가락을 사용하기 때문에 뇌가 지속적으로 자극을 받게 된다. 그래서 우리나라를 비롯해 일본, 북한, 대만, 홍콩 등의 지능지수가 높은 것이다.

그럼 왜 우리나라가 이 중에서도 최고일까? 그것은 젓가락의 재료가 다르기 때문이다. 다른 나라는 모두 나무이지만, 우리나라는 쇠젓가락을 사용한다. 쇠젓가락은 나무보다 훨씬 다루기가 어렵고 그만큼 손의 근육과 관절을 많이 사용하게 된다. 손과 입이 우리 뇌에 가장 많은 영향을 미치는데, 우리나라는 어려서부터 젓가락질을 해서 지능이 높은 것이다.

뇌는 손을 움직이는 데 신경세포의 30%를 쓴다. 돌고래는 사람처럼 손과 손가락이 없기 때문에 뇌가 뛰어나도 인간처럼 발달하지 못한다. 손을 움직이면 뇌가 발달한다. 뇌는 일단 완성되었다고 해서 그대로 불변하는 것이 아니라 들어오는 정보에 따라 역동적으로 변화하는 기관이기 때문이다.

한 연구 결과에 따르면 손가락 하나만 움직여도 뇌의 혈류량이 30%

나 증가한다. 인체 각 부위의 기능을 관장하는 뇌를 지도처럼 쫙 펼쳐 놓아도 대뇌에 있는 운동중추 면적의 30%가 손의 움직임과 관련되어 있다.

1개의 신경세포가 다른 1만 개의 신경세포와 연결되어 있기 때문에 손 운동과 관련한 신경세포는 지적 활동과 정서 활동 등 다른 종류의 뇌 활동에도 크게 영향을 미친다. 어린아이에게 곤지곤지나 잼잼과 같은 손놀이를 시키고 조금 커서는 종이 찢기나 연필 잡고 낙서하기, 색칠 공부, 분유통 뚜껑 열기, 종이 접기 등 일상생활에서 자연스럽게 손을 많이 움직이게 하면 뇌가 발달하게 된다. 따라서 뇌를 발달시키 는 가장 손쉬운 방법은 손을 많이 움직이게 하는 것이다.

아이가 편안하기만 하면 뇌 발달에 결코 좋은 영향을 미칠 수 없다. 직접 걷게 하는 것이 보행기나 유모차보다 훨씬 뇌 발달에 좋다. 보행 기를 사용한 아이와 사용하지 않은 아이를 비교 연구한 결과, 보행기 를 사용한 아이보다 사용하지 않은 아이가 훨씬 기어가기, 혼자 서기, 혼자 걷기 등에서 빠른 발달을 보였다.[24]

EBS에서 〈교육이 미래다-두뇌 전쟁의 비밀, 손〉이라는 다큐멘터리 를 방영한 적이 있다. 이 프로그램에서 집중력과 관련하여 흥미로운 실험을 했는데, 4명의 초등학교 저학년 아이들에게 나무젓가락과 쇠 젓가락, 포크를 사용하여 한쪽에 놓여 있는 강낭콩을 다른 접시로 옮 기게 하고 이때 일어난 뇌파의 변화를 측정한 것이다. 실험 결과 정서 와 기억력을 담당하는 우측 측두엽의 변화가 관찰되었는데, 포크를 사용했을 때에 비해 쇠젓가락을 사용하였을 때 뇌가 30% 이상 더 활성화되었으며, 나무젓가락을 사용한 경우는 포크를 사용한 것에 비해 20% 이상 더 활성화된 것을 알 수 있었다. 또 다른 실험에 의하면 콩을 젓가락으로 집어서 옮기는 활동을 30분가량 하고 나서 시험을 보면 성적이 많이 향상된다고 한다. 젓가락질은 그만큼 뇌를 자극하고 집중력을 높여 주는 것이다.

EBS에 따르면 젓가락질 솜씨로 생명공학에서 22억짜리 연구를 10억에 마칠 수 있었다고 한다. 외국은 정밀한 작업을 기계에 의존하지만 우리나라의 경우 손으로 하기 때문이다. 우리는 무언가를 설명할 때 무의식적으로 손을 활발하게 움직인다. 그런데 말을 잘하던 아이들도 손을 못 움직이게 하면 말의 속도가 느려지거나, 더듬거리고, 심한 경우 아무 말도 못하기도 한다. 손의 움직임이 뇌를 자극하면서 기억력을 돕기 때문이다. 손을 움직이면서 말을 하면 좌뇌와 우뇌를 모두 활용할 수 있다.

피아노 치는 아이들과 안 치는 아이들이 그림 퍼즐 맞추기를 하면, 피아노 치는 그룹이 50% 더 빨리 맞춘다. 피아노는 열 손가락을 사용하여 뇌를 자극하기 때문이다. 경기도의 어느 초등학교는 뜨개질, 십자수, 종이 접기, 글씨 쓰기 등을 가르치는데 이것 역시 아이들의 뇌 발달을 촉진하려는 의도다. 바느질도 집중력을 높인다. 별것 아닌 것 같지만 이 같은 활동들이 아이들의 집중력과 기억력을 높이고, 성격을 꼼꼼하고 차분하게 만들 수 있다.

자녀교육 혁명 하브루타

젓가락질을 하려면 손가락의 관절과 근육을 움직여야 한다. 하지만 아이들은 일정 연령이 되기까지 무언가를 쥘 때도 손바닥과 손가락 전체를 사용하고 완전한 젓가락질을 하지 못한다. 아직 손과 뇌를 연결하는 뇌신경세포가 긴밀하게 연결되지 않았기 때문이다.

보통 작은 근육이 발달되고 의사소통을 할 수 있는 18개월 이후부터 젓가락질을 배울 수 있다. 대체로 24개월을 전후로 젓가락질을 교육시키는 것이 좋으며, 유아기에 젓가락질을 완전히 연습시켜 습관화하면 뇌 발달에 유익하다.

젓가락질은 단순한 듯하지만, 그 동작 하나 하나에 뇌가 깨어난다. 이런 중요성을 일찌감치 알아차린 이웃 나라 일본에서는 수십 년 전부터 국가 차원에서 젓가락의 날을 제정하여 젓가락 사용을 교육하고 중요성을 알리고 있다.

어린 아기들은 잼잼, 곤지곤지 등의 손놀이를 즐긴다. 또 물건을 붙잡고 그 물건을 입으로 가져가고, 딸랑이를 잡고 흔들면서 소리를 즐긴다. 엄마의 젖을 만지고 머리카락을 만지면서 촉각을 발달시킨다. 나아가 음식을 먹기 위해 수저를 잡고, 옷을 입고 벗고 신발을 신으면서 손의 기능과 기술을 익혀 나간다.

반도체와 정보통신 분야는 정밀한 손작업이 필요한 것으로 유명한데 이 분야 역시 우리나라가 전 세계에서 두각을 나타내고 있는 분야이며, 세계 1위의 조선 산업 또한 한 치의 오차도 없는 용접 기술을 자랑한다.

아이의 뇌를 발달시키려면 일상생활 중에 손을 많이 사용하도록 해야 한다. '손은 제2의 뇌'라고 하는데 특히 손을 많이 사용하는 놀이를 하도록 돕는 것이 좋다.

발 역시 매우 중요하다. 발을 사용하면 자극이 등줄기를 통해 뇌에 전달되어 뇌가 활발하게 움직이도록 도와준다. 걷지 않고 발을 편하게만 놔두면 뇌의 말단신경을 자극하지 않아 뇌 기능이 계속 쇠퇴하고 노화된다. 걸을 때는 뒤꿈치 대신 발끝에 체중을 실어서 걸어야 효과가 있다. 집 안에서는 되도록 맨발로 생활하는 것이 좋다. 슬리퍼나 양말을 신고 있을 때보다 발바닥에 훨씬 더 많은 자극을 주기 때문이다.

일본의 최남단 가고시마 현의 토리야마 보육원은 천재 교육법으로 유명하다. 이곳의 아이들은 졸업할 때까지 2,000여 권의 책을 읽고, 주판을 사용하여 분수 문제를 푼다. 악보 없이 음악을 듣고 3일 안에 똑같이 연주할 수 있는 절대 음감을 익히는가 하면, 자기 키보다 훨씬 높은 뜀틀을 가뿐하게 뛰어넘는다. 또래 아이들에게서는 찾아볼 수 없는 놀라운 집중력을 보이는 이 아이들에게 과연 무슨 일이 있었던 걸까? 그것은 다름 아닌 맨발이다.

이들은 실내에서는 물론 운동장에서도 맨발로 생활하는데, 보육원에 오자마자 20분 정도 맨발로 달리기를 하고 공부하다가 산만해지면 또 마음껏 운동장을 맨발로 달린다. 지면이 발을 자극해 더 예민해져서인지 아이들의 달리기 속도는 나이가 2배나 많은 초등학교 2학년 수준이다. 맨발 생활을 시작한 10여 년 전부터 이곳에서는 흔한 감기는 물론 천식, 아토피를 앓는 아이도 없었다고 한다.

| 하브루타란 무엇인가 |

호문쿨루스의 관점에서 보면 어려서부터 젓가락을 사용하는 한국인은 손을 많이 사용하기 때문에 지능지수가 높다고 할 수 있다. 그러나 한국의 아이들은 학교에 들어가면서 입을 다물어야 한다. 학교에서 선생님께 가장 많이 듣는 말은 "조용히 하라"는 말이다. 손을 어려서부터 많이 사용하여 지능지수가 높지만, 자유롭게 말하고 토론하는 문화가 아니기 때문에 고등학교를 기점으로 유대인에게 현격하게 뒤처지게 된다. 우리 아이들은 중·고등학교 때 세계 올림피아드에 나가서 1, 2등을 차지하고 국제성취도평가에서도 좋은 성적을 거두지만, 이후부터 두각을 나타내지 못한다.

반면에 유대인은 손을 많이 사용하지 않아 지능지수가 우리보다 낮지만 가정에서든 학교에서든 질문하고 대화하고 토론하는 것이 일상화되어 입을 많이 사용한다. 그리고 고등학생 때까지 거의 두각을 나타내지 않던 유대인들이 어느 순간 아이비리그 대학에 들어가고 노벨상을 수상한다. 그 비밀은 역시 입을 많이 사용하는 것이다. 바로 하브루타다.

한국과 이스라엘은 여러 가지 측면에서 많이 닮았다. 나라와 민족이 수많은 고난과 박해와 침략을 받은 것이 그렇고, 지정학적으로 열강의 틈바구니 속에 있는 것도 그렇다. 작은 땅과 소수의 인구가 그렇고 세계 각국에 퍼져 있는 디아스포라가 그렇다. 자녀 교육에 열심인 것도 그렇고 단기간에 기적적인 경제 성장을 보인 것도 그렇다. 두 나라 모두 국방비와 교육비에 가장 많은 돈을 쏟아부으며, 더구나 독립을 선포하고 정부를 세운 것이 1948년으로 동일하다.

유대인과 한국인은 비슷한 점이 많으면서도 크게 다르다. 나라로 보면 한국은 지능이 세계에서 가장 높은 나라다. 학생들이 공부하는 시간으로도 단연 세계 최고다. 자녀들의 교육에 극성스러운 유대인 어머니를 빗댄 'Jewish Mom'이 숙어가 되었다지만 '기러기 아빠'라는 신조어를 만들어 낸 우리의 교육열에 비하면 아무것도 아니다.

왜 우리는 최고의 지능과 최고의 열심과 노력, 그리고 최고의 교육열을 가지고서도 유대인을 따라잡지 못하는가? 하버드 대학 재학생 중에서 유대인은 30% 정도를 차지하지만, 한국과 중국, 일본계 학생을 모두 모아도 5% 미만이다. 하버드 대학에 재학 중인 한국계 학생은 250~300명 수준으로 1%에도 미치지 못한다. 또 그렇게 어렵게 들어간 아이비리그 대학에서 한국계 학생은 중도 탈락률이 44%에 이르지만 유대인은 12%에 불과하다.

〈포춘〉이 선정한 500대 기업의 중간 간부 중 유대인은 41.5%를 차지하지만, 한국인은 고작 0.3%에 불과하다. 유대인들은 1,500만 명도

자녀교육 혁명 하브루타

안 되는 숫자를 가지고 노벨상의 30%를 가져가는데, 우리는 8,000만의 인구를 가지고 단 한 명의 노벨상을 배출했을 뿐이다. 안타깝게도 이것이 세계 최고의 지능과 세계 최고의 열심과 세계 최고의 교육열을 가지고 이루어 낸 결과다.

가정을 중심으로 대화와 토론을 많이 하는 유대인 교육이 비효율적이고, 한국처럼 학교와 학원에서 밤늦게까지 공부하는 것이 효율적이라면 인구 비례로 보아도 유대인보다 한국인이 좋은 대학에 더 많이 가야 하고, 사회적으로도 더 많이 성공해야 한다. 그런데 현실은 전혀 그렇지 못하다. 과연 어디서부터 잘못된 것일까?

하브루타는 서로 짝을 지어 토론하기 때문에 친구로부터 많은 것을 배우게 된다.[25] 탈무드와 토라를 공부하는 곳인 벧 미드라쉬나 예시바에서는 아무도 혼자 연구하지 않는다. 여호수아 벤 페라야는 "너 스스로 교사가 돼라. 그리고 함께 연구할 친구를 얻으라"고 했다. 스스로 교사가 되어 친구를 가르치고 자신을 가르칠 수 있는 친구를 찾으라는 말이다.[26] 탈무드는 "스승으로부터 배우는 것보다 친구에게, 그리고 학생에게 배우는 것이 더 많다"고 했다.[27]

탈무드 현자들은 토라의 말씀을 다음 세대에 전하기 위해서는 학생이 교사가 되는 시스템을 마련해야 한다고 생각했다. 다음 세대를 가르치기 위해서 토라 학자들은 정보와 지식과 신앙을 먼저 내면화하여 학생들에게 메시지를 전달해야 했다. 그래서 가르친 내용에 대한 이해력을 테스트하려면 궁극적인 리트머스 시험지가 필요했다. 리트머스 시험지는 배운 바를 다른 사람에게 정확하게 말로 표현하는 능력을 말한다. 그렇다고 모든 학생을 전문적으로 가르칠 수 있게 한다는 의미는 아니다. 다만 모든 학생이 다른 사람들과 지혜를 공유할 기회를 가져야 한다는 의미다.[28] 학생이 학생을 가르치게 하는 것, 그것이 하브루타다.

하브루타는 'friendship group'을 의미하는 아람어에서 유래했고, 히브리어의 친구를 의미하는 '하베르'와 그 어원이 같다. 이것은 아주 오래된 공부 방법으로 친구와 함께 본문에 대해 인격적인 대화를 통해 깊이 있게 공부하는 것이다. 이것은 서로의 통찰력을 공유하는 것으로 그 통찰력을 학급 전체 아이들에게, 선생님에게, 그 본문을 공부하는 후세대와 공유하는 것이다.[29]

하브루타는 지금의 유대인을 만드는 데 가장 크게 기여한 공부 방법이다.[30] 유대인들은 수세기 동안 파트너와 함께 토라와 탈무드를 연구했다. 하브루타로 알려진 이런 훈련은 유대인 학자들의 고전적인 생활양식이다. 두 사람은 함께 앉아서 본문을 큰소리로 읽고 그것을 토론하고 분석한다. 또 다른 본문과의 관계를 살피고, 관련된 정보를 찾아보고 그들의 삶과 관련지어 생각해 본다. 서로 동의가 되지 않을 때는 자기 의견을 차근차근 피력한다.

탈무드는 63개의 하브루타 섹션이 있다. 그들은 왜 이런 논쟁들을 기록했을까? 아마 그것은 진실의 다양한 측면을 후대에 보여 주려는 것이고, 가장 좋은 논쟁의 예를 발견하라는 의도일 것이다. 하브루타

자녀교육 혁명 하브루타

를 통한 공부는 서로 간에 차이를 드러나게 해서 각자의 지평을 넓히게 만든다.

우리는 매일 일상에서 하브루타를 활용할 수 있는 무수한 기회를 접한다. 친구와 공부할 수 있는 본문은 얼마든지 있다. 신문에도 있고, 수선공과의 대화 속에도 있고, 부모와 자녀 간의 갈등 중에도 있다. 하브루타는 현상을 보는 한 가지의 옳은 방법보다 수많은 관점이 존재한다는 것을 알게 해준다.[31]

그래서 하브루타는 학생들의 사회적 유산이자 네트워크이며 미래의 위상과 연결된다. 많은 예시바 학생은 그들의 하브루타 파트너와 토론을 하여 의미와 해석을 보다 명확하게 한다.[32] 하브루타는 토라와 탈무드의 본문 연구를 구조화하는 데 가장 효과적인 방법을 제공하며 이것은 가정에서도 동일한 힘을 발휘하게 한다.[33] 하브루타는 유대인 교육 문화 그 자체인 것이다.

하브루타와 관련하여 탈무드에서 가장 자주 언급되는 말이 제이콥 뉴스너(Jacob Neusner)의 그는 "나에게 하브루타를 달라, 아니면 죽음을 달라"(Give me havruta or give me death)이다. 이 말은 논쟁을 통해 탈무드 공부를 할 수 있는 파트너를 달라는 의미다. 많은 유대인 학자들은 하브루타 공부의 중요성을 설명할 때 이 말을 인용한다.

하브루타는 '짝을 지어 질문하고 대화하고 토론하고 논쟁하는 것'이다. 이것을 단순화하면 함께 이야기를 나누는 것이다. 아버지와 자녀가 이야기를 나누고, 친구끼리 이야기를 나누고, 동료와 이야기를 나누는 것이다. 그 이야기가 약간 전문화되면 질문과 대답이 되고, 대화가 된다. 거기서 더 깊어지면 토론이 되고, 더 깊어지면 논쟁이 된다.

유대인들이 아이를 임신했을 때 태아에게 책을 읽어 주고 이야기를 들려 주는 것도 하브루타이고, 가정에서 식사 중에 아버지와 자녀가 질문하고 답변하는 것도 하브루타다. 자녀가 잠들기 전에 어머니가 동화를 들려주면서 대화를 나누는 것도 하브루타이고, 스스로 묻고 답하면서 중얼거리는 것도 하브루타다. 학교에서 교사가 학생들에게 질문하면서 수업하는 것도 하브루타이고, 학생들끼리 짝을 지어 서로 가르치면서 토론하는 것도 하브루타다. 예시바에서 토라와 탈무드의 구절을 놓고 둘씩 짝을 지어 심각하게 논쟁하는 것도 하브루타이고, 회당에서 평생지기와 만나 탈무드 공부를 하면서 토론하는 것도 하브루타다.

이런 관점에서 보면 유대인들은 태어나기 전부터 하브루타를 통해 태교를 시작하여 잠자리 하브루타로 이어지고, 매주 안식일 식탁에서 하브루타를 하며, 학교에서 친구와 하브루타를 하고, 성인이 되어서는 회당에서 하브루타를 하다가 죽는다. 평생을 하브루타 속에서 사는 것이다.

그런데 유대인들은 유대인들의 특별한 점이 하브루타에 있다고 하면 쉽게 수긍하지 않을 것이다. 그들 스스로 그런 관점에서 생각해 본 적도 없고, 또 생각할 이유도 없었기 때문이다. 그리고 그들은 하브루타를 예

자녀교육 혁명 하브루타

시바나 학교에서 친구와 논쟁하면서 학습하는 탈무드 논쟁에 한정하여 이해한다. 그러나 그들에게 하브루타는 우리의 김치와 같은 것이다. 내 관점에서 보면 그들의 삶은 온통 하브루타로 둘러싸여 있다.

『The Rule』의 저자 앤드류 셔터는 유대인을 특별하게 하는 비밀은 없다고 말한다. 많은 사람이 유대인의 비밀이라고 생각하는 것은 사실 유대인에게는 하나의 문화일 뿐이다. 앤드류 셔터는 '혀끝에서 세계가 펼쳐진다'는 말을 어렸을 때 어머니한테 들었다고 한다. 처음에는 이 말의 의미를 몰라서 '모르면 질문하라'는 뜻으로 이해했다. 하지만 성장하면서 이 말에 깊은 의미가 있음을 알게 되었다.[34] 이것이 곧 하브루타와도 관련 있음을 알 수 있다.

유대인들은 안식일을 종교적 의식의 날로 여기기도 하지만, 가족이 함께 모여 조용히 휴식을 취하고 서로 대화하는 가족의 날로 여긴다. 이 날은 사업상의 만남이나 전화 통화는 물론 신문이나 TV도 보지 않고 조용히 명상을 하거나 책을 읽으며 하루를 보낸다.[35] 특히 가족 간에 활발한 대화가 오고간다.

유대인 교육의 중심에는 항상 가정이 있다. 가정이라는 울타리 안에서 벌어지는 가족 간의 교감이 핵심이다.[36] 가정은 유대인 교육에서 가장 중요한 곳이며 많은 가르침과 배움이 실행되는 곳이다. 그리고 유대인 가정에서 이루어지는 교육의 핵심에는 저녁식사가 있다. 대부분의 유대인들은 매일 저녁을 집에서 가족과 함께 먹는다. 이들에게 식탁은 단순히 음식을 나누는 자리가 아니다. 이들의 식탁은 가족 간의 교감이 이루어지고 자녀들에 대한 교육이 이뤄지는 공간이다. 유대인 들에게 식탁은 자녀들의 인격 형성에 매우 중요한 장소다.[37]

부모와 자녀의 관계는 서로 주고받는 대화에 의해 증진된다.[38] 유대 인들의 대화와 토론은 주로 가정의 저녁식사에서 이루어진다. 어떤 주제가 되었든 부모와 대화하면서 질문하고 주도적으로 자신의 의견 을 개진하는 유대인들이기에 그들은 누구를 만나든 대화에 거리낌이 없다. 어른과 아이의 대화 주제가 같다는 것은 한국의 정서로는 이해 하기 어렵지만 아주 어렸을 때부터 계속 대화를 해왔기에 유대인에게 는 당연한 것이다.[39]

하브루타의 위력

하브루타의 전형은 탈무드 논쟁이다. 아버지와 아들 또는 동료들끼 리 둘씩 짝을 지어 책상을 마주하고 한쪽에서 탈무드를 소리 내어 읽 으면 다른 쪽에서 그것을 따라 읽는다. 그런 다음 그들은 서로 열을 내 며 토론을 한다. 이런 방법으로 탈무드를 깊고 넓게 연구하는 것을 탈 무드 논쟁이라고 부른다.[40] 짝을 이루어 대화하고 토론하는 하브루타 가 어떻게 유대인을 특별하게 만든다는 것일까?

한마디로 말해 하브루타는 뇌를 격동시켜 최고의 뇌로 만들어 준 다. 왜 그런가? 질문과 토론, 논쟁만큼 뇌를 움직이게 하고 생각하게 하는 것이 없기 때문이다.

변호사와 검사의 법정 논쟁을 떠올려 보라. 그들의 논쟁은 가장 격

자녀교육 혁명 하브루타

렬한 머리싸움이다. 법정 논쟁에서 이기기 위해서는 철저하게 준비해야 하고, 상대방의 말을 정확하게 듣고 그 논리를 파악해야 하며, 자신이 왜 옳은지에 대해 치밀한 논리로 설득해야 한다. 상대방이 예기치 못한 질문을 하거나 증거를 델 때 그것에 대해 제대로 반박하지 못하거나 대응하지 못하면 판결에서 지고 만다. 토론과 논쟁은 뇌를 계발하는 가장 효율적인 방법이며, 고등 사고력을 기르는 최고의 방법이다. 이렇게 변호사와 검사가 논쟁하듯이 어렸을 때부터 짝을 지어 토론과 논쟁으로 공부한다면 뇌가 계발되지 않는 것이 오히려 이상한 일이다.

하브루타를 통해 뇌를 격동시키면 체계적이고 종합적인 사고력 증진이 가능하다. 상대방의 말을 논리적으로 반박하고 설득하기 위해서는 분석적 사고력만 가지고는 충분하지 않다. 상대의 논리를 압도할 수 있는 새롭고 강력한 논증의 개발이 필수적이다. 상대방 논리의 허점을 극복하고 더 나은 대안과 해결책을 아울러 제시할 수 있는 종합적 사고력이 필요한 것이다.

하브루타는 매일 다른 주제를 가장 심도 있게 다루므로 뇌가 가장 좋아하는 교육이다. 책상에만 앉아 있는 공부는 결코 오래가지 못한다. 그것은 뇌가 아주 싫어하는 공부 방법이다. 몸을 움직이고, 걸으면서 외우고, 리듬과 박자를 가지고 접근하면 뇌에 산소가 공급되고, 공부의 효율성도 높아진다.[41] 이스라엘 사람들이 평균 94의 IQ를 가지고 세계 최고의 IQ를 가진 한국인들보다 좋은 결과를 낳는 것은 이렇게 후천적으로 뇌를 격동시켜 뇌를 계발하기 때문이다.

뇌를 격동시킨다는 것을 다른 말로 표현하면 생각하게 만든다는 말이다. 질문은 사람으로 하여금 생각할 수밖에 없게 만든다. 토론과 논쟁을 하려면 상대방의 말을 들으면서 동시에 그것에 대해 반박할 말과 논리를 치열하게 생각해야 한다. 하브루타는 세상의 모든 대상과 사물에 대해 치열하게 생각하게 만든다. 토론과 논쟁이 되려면 질문을 잘해야 한다. 질문은 앎에 대한 갈증과 호기심에 의해 만들어진다. 주어진 본문을 연구하고 공부하면서 생겨나는 의문들이 바로 질문으로 이어지는 것이다. 이렇게 서로가 만든 질문이 만나면 날카로운 칼이 되어 서로의 뇌를 사정없이 흔들어 놓는다. 상대방이 전혀 생각하지 못한 것을 질문해야 뇌가 움직인다.

또 하브루타의 가장 큰 장점 중 하나는 다양한 견해, 다양한 관점, 다양한 시각을 갖게 한다는 것이다. 창의성이란 다르고 새롭게 생각하는 능력이다. 21세기 세계에서 가장 큰 화두 중 하나는 창의성이다. 그런데 하브루타는 이 창의성을 계발하는 아주 좋은 방법이다. 왜냐하면 하브루타는 본질적으로 다른 사람과는 다른 생각, 새로운 생각을 요구하기 때문이다. 토론과 논쟁은 어떤 객관적인 사실에 대해서도 질문을 하게 만든다. 당연하게 생각하는 것까지도 뒤집어 생각하게 만든다. 상대방의 의견과는 다른 나만의 견해를 가져야 토론이 가능하기 때문에 하브루타는 나만의 생각, 새로운 생각, 남과 다른 생각을 하게 만든다.

자녀교육 혁명 하브루타

그래서 하브루타를 하면 창의적인 문제 해결 능력이 길러진다. 창의적 문제 해결 능력이란, 자신에게 닥친 문제를 인식하여 이를 해결하기 위해 아이디어를 제시하고, 가설을 세우고 검증하는 등 새롭고 다양한 해결책을 모색하는 종합적 정신 능력을 말한다. 이런 창의적 문제 해결 능력에 대해서는 다양한 견해가 제시되지만 많은 사람이 공통적으로 인정하는 것은 비판적 사고와 확산적 사고, 과정적 사고를 중시한다는 점이다. 이 세 가지 능력은 이미 토론이 가지고 있는 핵심적인 정신 능력이다. 뇌를 격동시키는 하브루타는 창의적 문제 해결 능력을 신장시킨다.

더불어 하브루타는 의사소통 능력, 경청하는 능력, 설득하는 능력을 기르는 데 가장 효과적인 방법이다. 현대에 들어 소통과 관계의 중요성이 더욱 강조되고 있다. 아무리 실력을 갖추었어도 그것을 인간관계에서 발휘하지 못하면 아무것도 아니다. 아무리 좋은 아이디어와 생각을 가졌어도 다른 사람에게 설명할 수 없고 설득할 수 없다면 전혀 쓸모가 없다. 하브루타는 저절로 의사소통 능력을 생기게 만들고, 저절로 다른 사람의 말을 경청할 수밖에 없게 만들고, 저절로 다른 사람을 설득하는 능력을 기르게 만든다.

특히 하브루타는 친구 관계를 돈독하게 만들어 주고 인간 네트워크를 형성하게 만들며, 평생지기를 만들어 준다. 만일 우리에게 평생 동안 함께 이야기를 나눌 수 있는 친구가 단 한 명이라도 있다면 행복할 것이다. 그런데 하브루타는 그런 친구를 여러 명도 만들어 준다. 하브루타 짝은 학교에서 회당에서 예시바에서 여러 명이 생기기 때문에 아주 친한 친구가 여러 명 생기게 된다. 그리고 회당 하브루타까지 연결되면 죽을 때까지 매일 만나는 평생지기도 생기게 된다. 유대인 인간관계 네트워크의 핵심에 하브루타가 있는 것이다.

| 하브루타는 복수당하는 부모의 해결책이다 |

자녀와 애착을 형성하는 방법은 간단하다. 잘 돌봐주고 놀아 주면 된다. 자녀의 요구에 잘 반응해 주면 된다. 하지만 우리는 애착에 별 관심이 없다. 오직 한글이나 영어, 셈하기 등 인지적인 것에만 관심이 있다. 하지만 아이는 부모가 요구하는 인지적인 것을 받아들일 준비가 되어 있지 않다. 사랑이란 상대방의 마음을 알아주고, 그 마음에 맞게 해주는 것이다. 그런데 부모는 자녀를 사랑한다면서 자녀가 요구하는 애착에는 관심이 없고, 자녀가 관심도 없는 공부를 강요한다. 그래서 그런 부모의 사랑은 대부분 일방적인 사랑, 스토커 사랑이다.

부모가 아이에게 줄 수 있는 가장 소중한 선물은 바로 자녀에게 집중하는 충분한 시간과 긍정적인 관심이다. 정성 어린 관심을 받고 싶어 하는 아이의 강렬한 욕구를 만족시켜 주면 아이에게는 근본적인 안정감이 생긴다.[42] 아이가 관심을 받지 못하면 관심을 받고자 매달리게 되고 그러면 다른 발달을 잘하지 못하게 된다. 아이의 독립심은 부

자녀교육 혁명 하브루타

모와 자녀의 안정된 애착, 즉 내적 행복에서 비롯된다.[43]아이가 부모와 떨어지지 않으려 하고 분리불안을 갖는 이유는 안정된 애착이 형성되어 있지 않기 때문이다. 부모가 아낌없이 아이와 시간을 보내고 긍정적인 관심을 쏟는다면 아이와 부모 사이에 긍정적이고 사랑의 애착 관계가 형성된다. 더 나아가 아이가 자라면서 부모가 아이로 인해 근심하는 시간도 훨씬 줄어들게 된다.

아이는 부모의 사랑과 관심이 필요할 때 부모가 한결같이 애정 어린 태도로 반응해 주기를 바란다. 아이의 그런 바람을 아는 부모라면 아이에게 특별한 행복을 줄 수 있고, 그것이 또 부모의 행복으로 되돌아온다. 안정된 애착을 가진 아이라면 성인이 되어서도 자기 자신을 훌륭하게 보살피고, 또 다른 사람과의 관계를 원만히 이끌어갈 수 있으며 삶에서 성취감을 맛볼 수 있다.

그렇다고 자녀가 원하는 것을 모두 해주는 것이 애착이나 교육에 결코 좋은 것은 아니다. 아이가 3세 이전의 영아일 때는 자녀의 욕구에 반응해 줄 필요가 있다. 하지만 이후에는 해주어야 하는 것과 해주어서는 안 되는 것을 명확하게 구분해야 한다. 아이가 원하는 것과 아이에게 필요한 것은 다르기 때문이다.[44]정신 분석가들은 애착과 분리, 그리고 독립의 과정이 사람의 일생 동안 끊임없이 반복된다고 말한다. 우리가 우리 자신의 주인이 되려면 어쩔 수 없이 다른 사람을 떠나보내야 한다. 그런 분리는 충분하게 안정된 애착이 형성된 다음에 가능하다.

아이가 어릴 때 애착에 가장 좋은 것은 부모의 돌봄과 사랑이고, 아이의 요구에 반응해 주는 것이며, 아이와 대화하는 것이다. 아이가 말을 할 줄 알 때든, 모를 때든 대화는 가능하다. 뱃속에 있어도 부모는 아이에게 이야기를 들려줄 수 있다. 가정에서 부모와 자녀의 하브루타는 이런 애착에 가장 좋은 방법이다. 부모가 자녀와 그 어떤 문제든지 이야기를 통해 풀게 되면 자녀의 마음속에 스트레스가 쌓일 이유가 없다.

복수당하는 부모의 핵심은 아이가 어렸을 때 애착 본능을 충족시켜 주지 못해서든 뇌에 맞지 않는 무리한 인지 학습을 시켜서든 아이에게 스트레스를 주는 것이고, 그것이 뇌를 망가뜨려 아이의 마음, 즉 성격을 나쁘게 한다는 것이다.

그런데 수다는 스트레스 해소 방법으로 가장 강력한 수단이다. 이야기를 많이 하면 그만큼 스트레스가 줄어든다. 하브루타는 이야기를 많이 하게 한다. 잠이 들면서도 베드타임 스토리를 통해 부모의 사랑을 확인하게 된다. 이렇게 안정되게 형성된 애착은 아이 삶의 기반이 된다. 부모와 관계를 맺고, 소통을 하고 대화를 했듯이 세상 사람들과도 자연스럽게 관계를 맺고, 소통을 하고, 대화를 통해 문제를 풀어가게 되는 것이다. 그래서 복수당하는 부모의 가장 좋은 해결책은 하브루타다.

예를 들어 평소에 부모와 안정된 애착 관계를 맺었고 부모와 많은 대화를 나눈 청소년들은 부모에게 강한 존엄성과 자신감, 바른 길에

자녀교육 혁명 하브루타

대한 의지를 배우게 되고 올바른 사랑에 대해 깊이 고민하게 된다. 그러면 하룻밤 즐기는 사랑은 바른 관계가 아니라는 결론에 도달하게 된다. 이렇게 모든 관계에서 바른 판단과 결정을 하게 되는 것이다. 아이에게 자기 내면의 소리를 들으라고 가르치고 나서야 비로소 부모는 감시 역할을 그만둘 수 있게 된다. 정체성이 분명하고 가치관이 바로 서면 부모가 할 일이 별로 없기 때문이다.

하브루타만큼 애착에 효율적인 것도 없다. 그래서 유대인들의 범죄율은 세계에서 가장 낮다. 스트레스가 쌓이지 않으면 분노하지 않게 되고, 분노하지 않으면 죄를 저지를 이유가 없다. 이런 애착 관계를 기반으로 유대인들은 가족 관계가 어느 민족보다 끈끈하다. 그들은 매주 금요일 저녁에 안식일 식탁을 위해 모인다. 그날 저녁에 할아버지부터 손자까지, 그리고 친척이나 이웃들이 모여 짧게는 두 시간에서 길게는 일곱 시간까지도 대화를 나눈다. 우리는 온 가족이 모이려면 1년에 한두 번 명절 때나 가능하지만, 유대인들은 그런 가족 모임을 매주 갖는다. 그래서 유대인들의 기업이나 직장은 가족 중심으로 운영되는 경우가 많다. 우리 귀에 익숙한 골드만삭스, 리바이스, 로스차일드 등은 모두 유대인 가문의 이름이다.

한국의 아이들은 한결같이 "우리 엄마 아빠는 내 마음을 몰라준다"고 말한다. 아이의 마음을 아는 유일한 방법은 무엇인가? 바로 대화다. 대화 외에 아이의 마음을 알 수 있는 방법은 없다. 하브루타가 곧 대화이지 않은가?

정신 분석의 여러 사례에서 한 가지 공통점을 발견할 수 있다. 그것은 성인의 정신세계를 형성하는 것은 어릴 적 부모와의 관계라는 점이다. 그렇다면 부모는 어떻게 해야 아이들의 무의식에 손상을 입히지 않을 수 있을까?

부모와 자식 간의 관계, 엄마와 아빠 간의 관계가 아이의 내적 발달에 커다란 영향을 미친다는 증거를 보여 주는 사례는 너무나 많다. 따라서 아이의 내적 발달에 도움이 되는 여러 가지 기능을 수행하는 부모가 좋은 부모라 할 수 있다. 엄마는 따뜻한 모성애와 아이의 필요를 헤아려 공급할 수 있어야 한다.

부모가 자녀에게 제공해야 할 두 가지 중요한 것이 있다. 하나는 아이의 욕구를 충족시켜 주는 것이고, 다른 하나는 안전한 한계선을 설정해 주는 것이다. 무엇보다 중요한 것은 아이의 욕구를 충족시켜 주어야 한다. 그래야 아이가 만족을 얻고 행복한 삶을 영위할 수 있다. 안전한 한계선을 설정해 준다는 것은, 예를 들어 아이가 TV를 보고 놀기 위해 자기 싫어해도 자게 하는 것이다. 한계를 정해 주는 것은 욕구를 충족시켜 주는 것만큼이나 아이의 내적 성장에 중요하다. 아이는 욕구를 충족시켜 주는 부모의 사랑을 체험해야 하고, 다른 한편으로는 자녀를 사랑하기 때문에 한계를 지정하는 거부나 금지를 경험해야 한다. 이 두 가지가 건강한 성장의 전제 조건이다.

엄마가 욕구를 충족해 주고 아빠는 주로 금지를 맡는 것보다는 두 사람 모두 이 두 가지를 함께 가지는 것이 더 바람직하다. 성경 말씀대

자녀교육 혁명 하브루타

로 자녀를 교훈과 훈계로 양육해야 하는 것이다. 교훈이란 나아가야 할 방향을 제시하는 것이고, 훈계는 해서는 안 되는 한계를 제시해 주는 것이다.

하브루타는 부모와 자녀 간의 안정된 애착 형성에 최고의 방법이다. 부모와 자녀 간에 대화를 많이 하는 것만큼 애착 형성에 좋은 것은 없다. 어렸을 때 형성된 애착은 모든 문제를 부모와 의논하게 만들고, 자녀의 마음에 스트레스와 분노가 쌓이지 않게 만든다. 유대인들이 매일 저녁식사에서 하는 대화나 매주 안식일 식탁에서 갖는 긴 대화는 유대인에게 가장 행복한 순간이다.

행복의 시작과 끝은 가정이다. 아무리 밖에서 성공해도 가정이 불행하면, 결국 불행한 것이다.

하브루타는 뇌를 격동시켜 성공을 가져오고, 애착과 대화를 통해 가족의 행복을 보장하며, 평생 동안의 대화를 통해 신앙을 전수시킨다. 하브루타 하나로 기독교인들이 꿈꾸는 세 가지를 모두 잡을 수 있는 것이다.

성경 속의 하브루타

성경은 이야기로 되어 있다. 창세기는 족장들의 이야기로 되어 있고, 출애굽기와 민수기, 신명기는 이집트를 떠나 가나안으로 향하는 이스라엘 백성들의 이야기이며, 여호수아와 사사기는 가나안 정복과 정착의 이야기이다. 신약의 사복음서는 예수님의 이야기이고, 사도행전은 사도들의 선교 이야기이며, 서신서들은 당시 교회들이 겪은 문제들을 이야기로 전하고 있다. 우리의 신앙생활도 하나님과 함께 사는 삶인 이상 이야기로 표현될 수밖에 없다.

성경은 하나님은 사랑이라고 말로 전하기보다는 하나님이 얼마나 큰 사랑이신가를 사건으로, 이야기로 보여 준다. 성경은 어떤 사건을 알리는 데 관심이 없다. 그 사건을 통해 하나님의 마음을 전하고

자 한다.

하나님은 우리와 이야기를 나누고 싶어 하신다. 하나님과 교제한다는 것은 하나님과 이야기를 나누는 것이다. 기도는 하나님과 교제하는 방편이다. 그러므로 기도를 하나님께 뭔가 달라고 요구하는 것으로 이해하고 있다면, 자녀가 부모를 보기만 하면 뭐 사달라고, 돈 달라고 요구하는 것과 다르지 않다.

성경을 보면 하나님께서 우리와 이야기해 보자고, 한번 변론해 보자고 말을 거시는 부분이 여러 군데 나온다.

너는 나에게 기억이 나게 하라 우리가 함께 변론하자 너는 말하여 네가 의로움을 나타내라 사 43:26

여호와께서 말씀하시되 오라 우리가 서로 변론하자 너희의 죄가 주홍 같을지라도 눈과 같이 희어질 것이요 진홍같이 붉을지라도 양털같이 희게 되리라 사 1:18

너희 산들과 땅의 견고한 지대들아 너희는 여호와의 변론을 들으라 여호와께서 자기 백성과 변론하시며 이스라엘과 변론하실 것이라 미 6:2

우리가 얼마나 하나님의 마음을 몰라주었으면 하나님께서 "너와 내가 한번 따져 보자. 우리 서로 변론해 보자"고 말씀하시겠는가? 이렇게 하나님과 이야기하고, 변론하는 것 역시 하브루타다.

하나님은 말씀으로 세상을 창조하셨다. 요한복음은 하나님은 곧 말씀이라고 한다. 말씀이 곧 하나님이다. 하나님은 아담과 말씀을 나누셨고, 아브라함과 말씀하셨으며, 모세에게 말씀하셨고, 선지자들에게 말씀하셨다.

| 열두 살 예수님의 성전 하브루타 |

예수님도 이 땅에 오셔서 문자 하나 남기지 않으시고 말씀만 하셨다. 사람을 만나면 어디서든 말씀을 선포하셨고, 제자들에게 말씀을 해석해 주시거나 토론을 하셨으며, 바리새인이나 서기관들과는 논쟁을 하셨다. 한마디로 예수님은 하브루타의 대가셨다.

예수님이 열두 살이 되던 해에 유월절을 맞아 요셉의 가족이 고향 사람들과 함께 예루살렘을 향했다. 유월절 축제가 끝난 뒤 모두가 짐을 꾸려 고향을 향해 출발했고 요셉과 마리아는 하루가 지난 뒤에야 예수님이 보이지 않는다는 사실을 알았다. 요셉과 마리아는 왔던 길을 돌이켜 예루살렘으로 예수님을 찾으러 갔다.

여기서 어떻게 요셉과 마리아는 예수님이 보이지 않는다는 사실을 모를 수 있느냐는 의문이 생길 수 있다. 그러나 당시 요셉은 친지와 고향 사람들과 함께 무리를 지어 길을 떠났다. 열두 살의 소년인 예수님은 당연히 부모보다는 또래 친구들과 어울려 길을 떠났을 것이다. 이런 까닭에 요셉과 마리아는 예수님이 또래들과 있는 줄로 알고 하루가 지나도록 찾지 않은 것이다.

요셉과 마리아는 길을 되짚어 예수님을 찾으러 가면서 헤롯 왕의 칼을 피해 이집트로 피신하던 때를 떠올렸을지도 모른다. 그들은 헤롯 왕이 당시에 태어난 어린 아기를 모두 죽인 것처럼 예수님이 납치를 당했거나 살해당하지 않았을까 생각했을지도 모른다. 그렇게 요셉과 마리아는 뼈가 마르는 심정으로 예루살렘을 향했을 것이다.

예수님이 예루살렘에 갔다가 부모와 떨어지게 된 사건은 소년인 예수님과 그의 부모가 분리되는 최초의 사건이다. 이전까지 예수님은 부모를 따라다니는 어린이에 지나지 않았다. 그러나 유월절 기간을 마치고 귀가 길에 오를 즈음에 예수님은 부모의 계획과 달리 예루살렘에 남을 것을 결정한다. 이전까지 예수님의 모든 행동은 부모의 뜻 안에 이루어진 것이었다면, 이 사건 이후부터 예수님은 자발적 의사가 십분 반영된 독립적 행동을 하기 시작한다. 이것은 그 다음에 이어질 예수님의 행동이 한 인간의 아들로서의 범위를 넘어서는 것임을 암시한다. 이제 소년 예수는 새로운 시절을 준비하시는 하나님의 아들로서 행보를 밟고 있는 것이다.

먼저 예수님에 관한 지칭에서부터 차이가 난다. 이전에는 예수님을 '아기'(brephos, 눅 2:12, 16), '어린아이'(paidion, 눅 2:17, 27)로 지칭했으나 이때는 '소년'(pais, 눅 2:43) 예수라고 부른다. 'pais'는 'paidion'보다 신체적으로나 정신적으로 성장한 상태를 말한다. 예수님이 그간 신체적, 정신적으로 성장했음을 의미하는 것이다.

요셉과 마리아는 하루 동안 걸어 예루살렘에 도착한 뒤 이틀 동안 예수님을 찾아다녔다. 그리고 3일째 드디어 성전에서 예수님을 찾았다. 그런데 여기서 한 가지 의문이 생긴다. 왜 예수님은 열두 살 되는 해 유월절에 예루살렘에 갔으며, 부모와 함께 돌아가지 않고 성전에 남았는가?

열두 살은 유대인들이 성인식을 치르는 나이이다. 유대인들은 지금도 성인식을 12~13세에 치른다. 그것도 결혼식만큼이나 아주 거창하게 치른다. 예수님도 열두 살에 예루살렘에서 성인식을 치렀을 가능성이 매우 높다. 그 이유는 예수님이 예루살렘 성전에서 서기관들과 말씀에 대해 토론했다는 말씀에서 추론해 볼 수 있다. 왜냐하면 유대인들은 성인이 되어야만 말씀에 대해 서기관이나 율법사들과 토론 또는 논쟁을 할 수 있기 때문이다.

지금도 성인식은 토라를 읽는 날인 월요일, 목요일, 초하루, 안식일, 명절 등에 갖는데, 유대인들은 대개 안식일이나 명절에 갖기를 좋아한다. 그런데 성인식을 안식일에 치를 경우 한 가지 문제가 생긴다. 성인식을 축하하기 위해 먼 거리에서 온 친척들이 안식일을 범하게 되는 것이다. 따라서 율법을 철저하게 지키는 유대인들은 친척들을 배려하여 평일에 성인식을 갖는다. 성인식의 장소는 회당이나 성전에서 주로 하는데 예수님도 예루살렘 성전에서 가족, 친척들과 함께 치렀을 것이다.

성인식 행사의 핵심은 주인공이 앞으로 나와 토라를 향해 축복문을 낭독한 다음 외웠던 말씀을 청중들 앞에서 외우고, 그 말씀에 대해 설명하는 것이다. 많은 유대인은 성인식 일주일 전에 찌찌트(술)가 달리지 않은 탈릿(Talit)을 아들에게 선물하여 미리 그 사용법을 가르친 후, 성인식 날 사용하도록 한다. 탈릿은 기도할 때 머리에서 어깨로 둘러 온몸을 감싸는 기도복이다. 성인식을 치른 유대인은 비로소 하나님과 기도를 통해 독립적으로 이야기할 수 있는 특권을 부여받게 된다.

오늘날 성인식에는 가족은 물론, 친척, 유대인 커뮤니티의 많은 사람이 와서 성인이 된 것을 축하해 주고, 축하금을 전달한다. 보통 축하금은 5만 달러(약 6,000만 원) 이상이 모이는데, 이 돈은 온전히 성인식을 치른 당사자의 몫이 된다. 부모는 이 돈을 자녀와 의논하여 펀드에 넣거나 저축, 또는 적당한 곳에 장기투자를 하게 된다. 그러면 자녀가 사회에 나오는 20대 중반경이 되면 돈이 배 이상 불어나게 되고, 이것은 사회에 첫발을 내디딘 자녀에게 종잣돈이 된다. 각종 학자금 대출 등으로 인해 빚쟁이로 사회생활을 시작하는 우리의 젊은이들과는 너무나 다른 출발이다.

유대인들은 성인식을 치러야만 말씀의 자녀로서 책임이 있기 때문에 율법사들이나 서기관들과 말씀을 가지고 토론할 수 있다. 그래서 예수님은 성인식을 치르자마자 성전으로 달려가 평소 집에서 두루마리를 읽으면서 궁금했던 것, 아버지와 성경을 공부하면서 풀리지 않던 것들에 대해 율법사나 서기관들에게 물었을 것이다.

자녀교육 혁명 하브루타

이처럼 성전에서 이뤄지는 말씀 토론이 바로 하브루타다. 토론과 논쟁이 얼마나 격렬했으면 사흘이 넘도록 계속되었을까?

사흘 동안이나 애가 타는 시간을 보낸 뒤 요셉과 마리아는 성전에서 예수님을 발견했다. 여기서 주목할 것은 예수님이 발견된 위치다.

우선 예수님은 다름 아닌 '성전 안에서' 발견되었다. 여기서 예수님이 예루살렘에 남기로 한 목적이 설명된다. 또한 예수님은 '선생들 한가운데'에서 발견된다. 열두 살밖에 안 된 소년 예수는 당대 최고의 엘리트 지식인인 율법 선생들의 한가운데 앉아 있었던 것이다. '선생들 중에 앉으사'에서 '중에' 해당하는 단어는 '중앙에', '한가운데'라는 의미로 사용된다.

성전 안에서 발견된 예수님의 위치는 성전 교사들 사이에서 주도권을 확보한 '한가운데'다. 예수님이 성경 전문가인 어른들 한가운데에서 토론과 논쟁을 이끌었다는 말이다. 이렇듯 소년 예수는 나이가 어림에도 성전 교사들의 한가운데에서 사람들의 경탄을 자아내는 지혜로운 질문과 답변으로 주목받고 있었던 것이다.

열두 살의 소년 예수는 3일 동안이나 율법학자들과 성전에서 토론하고 질문하고 대답하면서 보냈다. 어린 예수의 질문과 대답에 많은 사람이 기이하게 여겼다. 예수님의 고향 나사렛에도 회당이 있고 랍비가 있고, 또 신실한 요셉과 마리아의 슬하에서 자랐으니 성경과 하나님에 대해 교육받았을 것이다. 그러나 열두 살 소년 예수의 호기심과 지적 욕구를 충족시키기에는 역부족이었을 것이다. 성전에는 당시 최고의 율법학자나 서기관, 제사장 등이 머물렀기 때문에 가장 수준 높은 토론과 대화가 가능했다. 이 성전에서 보낸 3일 동안의 경험은 예수님이 스스로 하나님의 진리를 깨달아 가는 바탕이 되었을 것이다.

성전에서의 이 같은 위치는 누가복음 후반에 나타나는 예수님의 사역을 미리 시사해 준다. 누가복음은 예루살렘에 입성한 예수님이 매일 성전에서 가르침으로 시작하고 가르침으로 끝맺는 모습을 그리고 있다. 그러나 성전을 기반으로 권력을 쥔 종교 지도자들은 용감하고 거침없는 예수님의 행동에 분노하면서도 예수님을 함부로 체포하지 못한다. 이것은 당대 권위자들조차 함부로 할 수 없을 만큼 예수님이 성전에서 우위를 점했음을 시사한다.

그런데 예수님의 권위는 다음에 이어지는 어머니 마리아와 나눈 대화에서 더 분명해진다. 어렵사리 찾은 아들 예수가 성전에서 전혀 예상하지 못한 모습으로 있는 것을 보고 어머니 마리아는 원망 어린 말로 아들을 나무란다.

얘야, 이게 무슨 일이냐? 네 아버지와 내가 너를 찾느라고 얼마나 애를 태웠는지 모른다 눅 2:48, 표준새번역

자녀교육 혁명 하브루타

성전에 있는 예수님을 발견하고 사색이 된 부모가 어떻게 예수님에게 훈계했는지 살펴보자. 마리아는 예수님에게 왜 이런 행동을 했는지 이유를 묻고 있다. 그리고 "네 아버지와 내가 너를 찾느라고 얼마나 애를 태웠는지 모른다"며 메시지를 전달한다. 어머니 마리아는 왜 허락도 없이 부모를 따라오지 않았느냐, 성전에서 이렇게 하고 있으면 어떻게 하느냐고 따져 묻지 않는다. 대신에 부모로서 걱정하고 근심한 감정을 예수님께 전달한다. 다시 말해 마리아는 부모의 심정은 고려하지 않고 제멋대로 행동한 예수님에게 화가 났지만 먼저 이유를 물었고 부모로서 느끼는 감정을 전달한 것이다.

예수님은 태연하게 "내가 내 아버지 집에 있어야 될 줄을 알지 못하셨나이까?"라고 부모에게 되묻는다. 이 말은 곧 예수님이 하나님의 이끌림으로 그같이 행동했음을 알려 준다. 이는 다시 말해 예수님이 부모에게 불순종하거나 무시하려는 의도로 그렇게 행동하지 않았음을 말해 준다.

놀라운 것은 예수님은 성전을 가리켜 '내 아버지의 집'(tois tou patros mou)이라고 정의하고 있다는 점이다. 보통 내 아버지의 집이라고 번역되는 이 구절은 원전대로 하면, '내 아버지의 것을', '내 아버지의 일들'에 가깝다. 그러나 본문의 배경이 성전이므로 아버지의 집이라고 번역하는 것이 자연스럽다.

이 말을 통해 예수님은 자신의 아버지가 하나님이신 것을 명확히 알고 있었음을 알 수 있다. 이것은 예수님에게 당대 석학들도 놀랄 만한 지혜가 있었다는 점과 함께 주목할 만한 사실이다. 예수님은 하나님의 아들이라는 자기 정체성이 이미 확고했다. 이것은 예수님 사역의 기반이 되는 중요한 디딤돌이다.

예수님은 자기 정체성을 알고 있었을 뿐 아니라 성전이 어떤 곳인지도 분명히 알고 있었다. 성전의 의미를 분명히 알고 있었다는 사실은 그 안에서 이루어져야 할 일이 무엇인지도 분명히 알고 있었다는 사실로 이어진다. 이후 성전은 예수님 사역의 중요한 본거지로 자주 등장하게 된다. 예수님은 훗날 성전의 상인들을 쫓아내며 '강도의 소굴'이 된 당대 성전의 부패상을 비판하면서 성전을 가리켜 '기도하는 집'으로 재정의하셨다. 그런 후 정화된 성전에서 가르치는 모습을 몸소 보여 줌으로써 새로운 성전상을 심어 나가셨다.

여기서 간과해선 안 될 점은, 예수님이 하나님의 아들이지만 태어나면서부터 기적을 일으키고 모든 것을 아는 지혜에 통달하지 않았다는 사실이다. 예수님도 다른 아이들처럼 점점 자랐고 점점 사랑스러워지셨다. 이 땅에 태어난 예수님은 온전히 인간으로 나셨고, 인간으로 자라셨다. 양육과 교육을 통해 인격이 성숙해지신 것이지 이미 성숙한 인격을 타고나신 것이 아니다. 다만, 예수님이 우리와 다른 점이 있다면, 예수님만이 죄 없이 이 땅에 오셨다는 점이다.[45]

열두 살의 소년 예수가 성전에서 서기관이나 율법사들과 3일 동안 토론한 것도 하브루타다. 성경 전문가들의 한가운데 앉아서 그동안 궁금했던 것들을 묻고, 그 답변에 대해 자신의 생각을 밝히는 하브루타를 하신 것이다. 이것은 곧 이미 2000년 전에도 활발한 하브루타가 존재했고, 당시 서기관이나 율법사들이 자연스럽게 하브루타를 했다는 것은 하브루타가 이전부터 유대인의 전통이었음을 보여 준다.

| 예수님 하브루타의 특징 |

예수님은 이 땅에 오셔서 말씀을 남기고 다시 올라가셨다. 청중들을 향해 말씀하셨고, 제자들과 토론하셨으며, 바리새인이나 율법사들과 논쟁하셨다. 예수님이 논쟁하는 모습은 복음서 곳곳에서 나타난다. 짝을 지어 질문하고 대화, 토론, 논쟁하는 하브루타에서 논쟁은 가장 수준이 높은 것이다. 예수님의 논쟁 사례는 네 복음서 모두에 기록되어 있다. 각 복음서는 배타적인 논쟁 사례를 취급하는 것이 아니라 같은 사례를 중복하여 싣고 있다. 단지 관찰자의 시각이 다른 점과 설명에서 약간의 차이가 있다.

마태복음에는 총 15건의 논쟁 사례가 소개되어 있는데 15건의 주제는 다음과 같다.

세리와 죄인들과의 교제(마 9:9-13)

금식(마 9:14-17)

안식일에 이삭 잘라먹기(마 12:1-8)

안식일에 병 고치기(마 12:10-14)

귀신 쫓아내는 능력(마 12:22-37)

표적 요청(마 12:38-45)

제자들, 음식 먹을 때 손 씻지 아니함(마 15:1-11)

하늘로부터의 표적(마 16:1-4)

아내와의 이혼(마 19:3-9)

다윗의 자손이라 소리 지르는 아이들(마 21:15-16)

성전에서 가르치는 권세(마 21:23-45)

가이사에게 세금 바치기(마 22:15-22)

부활 후 일곱 형제와 후사를 이은 아내와의 관계(마 22:23-33)

큰 계명(마 22:35-40)

메시아와 다윗의 관계(마 22:41-46)

예수님의 하브루타, 즉 논쟁과 변론의 특징[46]을 살펴보자.

답변은 간결하고 명쾌하게

예수님은 바리새인, 사두개인, 율법사, 대제사장 등 그와 대립하는 사람들과 쓸모없이 긴 논쟁에 휘말리시지 않았다. 이들은 예수님을 곤란에 빠뜨리기 위해 교묘한 함정 질문을 하곤 했지만 예수님은 짧고 명쾌한 답변으로 그들을 제압하거나, 쓸모없는 논쟁에 휘말릴 것 같으면 아예 자리를 뜨셨다. 바리새인과 사두개인들이 제기한 아내와의 이혼, 가이사에게 세금 바치기, 큰 계명에 대한 시비 등은 모두 예수님을 '시험'하고 함정에 빠뜨리기 위한 것이었다. 또 안식일에 병고치는 것에 대한 시비는 예수님을 '송사'하기 위한 것이었다. 예수님은 이들의 의도를 알고 대놓고 "어찌하여 나를 시험하느냐"(마 22:18) 고 말씀하시기도 했다.

마태복음 22장 15절에는 바리새인들이 "어떻게 하면 예수를 말의 올무에 걸리게 할까 상의하고"라는 표현이 나온다. 이것은 대제사장과 장로들이 성전에서 가르치는 권세에 대해 예수님과 시비가 있고 나서 한 일이다. 그들은 속으로는 예수님을 올무에 몰아넣을 궁리를 하면서도 겉으로는 "당신은 참되시고 진리로 하나님의 도를 가르치시며 아무도 꺼리는 일이 없으시니 이는 사람을 외모로 보지 아니하심이니이다"(마 22:16) 라며 아첨에 발린 말을 했다.

그들은 예수님께 직접 시비를 걸기도 했지만 주로 요한의 제자나 헤롯 당원들 그리고 자신의 제자들을 시켜 간접 질문을 함으로써 질문 효과를 극대화하려 했다. 마태복음에는 예수님의 제자들이 금식하지 않는 데 대한 시비를 요한의 제자들이 제기한 것으로 기록되어 있다. 그러나 마가복음(2:18) 과 누가복음(5:33) 에는 바리새인의 제자들과 요한의 제자들이 합류한 것으로 기록되어 있다. 요한의 제자들이 주님과 그의 제자들과 좀 더 친숙한 관계여서 반론을 그럴듯하게 제기할 수 있었기 때문이다.

그러나 대부분의 경우, 예수님은 논쟁을 피하지 않으셨고 함정에 빠뜨리려는 의도에 휘말리지도 않으셨다. 예수님의 반대자들은 단지 예수님을 올무에 빠뜨리기 위해 함정 질문을 했다. 예수님한테서 자신들이 미처 깨닫지 못한 진리의 메시지를 듣기 위해서가 아니었다. 이런 경우 짧고 명쾌한 대답은 함정에도 빠지지 않고 질문자의 입도 다물게 할 수 있다. 설명이 장황해지면 질문자는 공격적인 연속 질문을 퍼부음으로써 답변자가 논리의 오류에 빠지도록 유도하게 된다.

바리새인이나 서기관들과 예수님이 한 논쟁은 대개 이렇게 짧고 명쾌한 논쟁으로 끝이 났다. 성경은 바리새인이나 서기관들이 예수님의 답변에 이견을 달지 못하고 더 대응하지 못한 것으로 기록하고 있다. 이것은 성경에 중요하지 않은 내용을 배제하고 기록한 탓도 있지만 그만큼 예수님의 간결하고 명쾌한 대답은 매우 설득력이 있었음을 알 수 있다.

성경 말씀을 논거로 제시

예수님은 반대자들의 시비에 성경 구절이나 성경 말씀을 논거로 제시하며 반박하셨다.

바리새인들이 예수님의 제자들이 안식일에 밀밭 사이를 지나가며 이삭을 잘라먹은 것을 비난하자, 제사장들이 성전 안에서 안식을 범하여도 죄가 없다는 율법과 다윗이 성전의 진설병을 먹은 것 (삼상 21:6) 을 논거로 제시하며 반박하셨다. 또 바리새인들이 제자들이 손을 씻지 않고 떡 먹는 것을 비난하자, 예수님은 "너희는 어찌하여 너희의

자녀교육 혁명 하브루타

전통으로 하나님의 계명을 범하느냐"며 장로의 계명보다 하나님의 계명이 더 상위에 있음을 변론하셨다. 그러면서 "이 백성이 입술로는 나를 공경하되 마음은 내게서 멀도다 사람의 계명으로 교훈을 삼아 가르치니 나를 헛되이 경배하는도다"고 한 이사야의 예언으로 그들을 비판하셨다.

예수님이 세리와 죄인들과 함께 식사하는 것을 비난하는 바리새인들에게 "내가 긍휼을 원하고 제사를 원치 아니하노라"(호 6:6)는 하나님 말씀을 들어 반박하셨고, '표적'을 보여 달라는 바리새인들에게는 '요나의 표적'을 들어 반박하셨다. 아내와의 이혼에 관해서는 하나님의 인간 창조(창 1:27; 5:2)를 논증으로 들었다. 성전에서 "호산나 다윗의 자손이요" 하며 아이들이 예수님을 향해 소리 지르는 것을 보고 대제사장과 서기관들이 "그들이 하는 말을 듣느냐"고 따져 묻자, 예수님은 "그렇다 어린 아기와 젖먹이들의 입에서 나오는 찬미를 온전하게 하셨나이다 함을 너희가 읽어 본 일이 없느냐"며 시편 말씀(시 8:2)을 근거로 변론하셨다. 이처럼 예수님의 반박은 바리새인들이 제시하는 논증보다 더 포괄적이거나 상위적인 것, 즉 성경 말씀에 근거를 두었다.

이야기와 비유로 답변하셨다

이야기는 듣는 사람들의 호기심을 자극하여 쉽게 설득되고 오래 기억하게 만드는 효과가 있다. 예수님은 변론하실 때 주로 이야기로 전개하셨고 이야기는 주로 비유를 사용하셨다.

예수님에게 표적을 구한 바리새인과 서기관들에게 예수님은 더러운 귀신과 깨끗한 집에 관한 비유로 변론을 전개하셨다.

예수님은 표적을 구하는 악한 세대가 이렇게 된다고 말씀하신 것이다. 예수님이 성전에서 가르칠 때 대제사장과 장로들이 '무슨 권세'로 이 일을 하느냐고 자격의 여부를 묻자 예수님은 세 가지 비유로 변론하셨다.

첫 번째 비유는 아버지가 포도원에 가서 일하라고 명령하자 큰아들은 '가겠다'고 하고는 가지 않았고, 작은아들은 '싫다'고 했으나 '뉘우치고' 가서 일한 이야기다. 두 번째 비유는 포도원의 주인과 악한 농부에 관한 이야기다. 세 번째 비유는 혼인 잔치를 베푼 왕과 잔치에 초대받은 사람들의 이야기다. 세 이야기에서 큰아들, 악한 농부, 초대에 응하지 않은 사람들은 바로 예수님께 시비를 건 대제사장, 바리새인, 유대인을 가리킨다.

세리 마태의 집에서 식사하는 예수님에게 바리새인들과 서기관들이 어째서 세리와 죄인들과 함께 식사를 하냐고 비난하자, 예수님은 "건강한 자에게는 의사가 쓸 데 없고 병든 자에게라야 쓸 데 있나니"(눅 5:31)라며 죄인은 병든 자이며, 예수님은 이 죄인을 부르러 오셨음을 비유로 표현하셨다.

예수님이 귀신을 쫓아내자 바리새인들은 '귀신의 왕 바알세불에 힘입었다'고 비난했다. 이에 대해 예수님은 "스스로 분쟁하는 나라마다 황폐하여질 것이요 스스로 분쟁하는 동네나 집마다 서지 못하리라"(마 12:25)며 귀신 쫓는 것을 비난하는 것은 분쟁을 일으키는 것과 같음을 지적하셨다. 그러면서 "강한 자를 결박하지 않고서야 어떻게 그 강한 자의 집에 들어가 그 세간을 강탈하겠느냐"(마 12:29)며 강한 자를 사탄에, 세간의 강탈을 사탄의 집을 제압하는 것으로 비유하셨다.

좋은 비유는 설득력이 있을 뿐만 아니라 은근하면서 강한 힘이 있다. 비유는 서로 닮지 않은 것을 한데 묶음으로써 기존의 편견을 깨고 긴장을 야기시키며 새로운 충격을 준다. 비유가 설득력이 있으려면 두 가지 비유 대상 간에 공통점과 차이점이 있어야 하며 비유에 사용한 표현이 사람들이 이해하기 쉬운 것이라야 한다. 그래서 예수님은 당시 이스라엘 백성들이 경험하고 이해하기 쉬운 소재를 활용하여 비유 이야기를 전개하셨다.

질문에 질문으로 답하셨다

예수님은 시비를 거는 질문에 질문으로 답하셨다. 질문에 대해 반문함으로 변론하신 것이다.

예수님이 그의 반대자들과 가진 논쟁에서 유일하게 먼저 시비를 건 논쟁이 있었으니 바로 "너희는 그리스도에 대하여 어떻게 생각하느냐 누구의 자손이냐"(마 22:42)는 질문이었다. 예수님의 이 같은 질문에 반대들자들은 "다윗의 자손"이라고 답했고, 예수님은 "다윗이 그리스도를 주라 칭하였은즉 어찌 그의 자손이 되겠느냐"(마 22:45)고 반문하셨다. 마태는 이 논쟁이 있고 나서 "그 날부터 감히 그에게 묻는 자

Chapter 6. 성경 속의 하브루타

도 없더라"(마 22:46)고 기록하고 있다. 예수님의 질문과 반문이 강력했음을 사사하는 것이다.

예수님은 이전에도 질문과 반문을 자주 사용하셨다. 성전에서 가르치는 것에 대한 자격 시비에서 "요한의 세례가 어디로부터 왔느냐 하늘로부터냐 사람으로부터냐"(마 21:25)고 질문하셨다. 두 아들 비유에서도 "그 둘 중의 누가 아버지의 뜻대로 하였느냐"(마 21:31)고 물으셨으며, 포도원의 주인과 종의 비유에서는 "그러면 포도원 주인이 올 때에 그 농부들을 어떻게 하겠느냐"(마 21:40)고 질문하셨다.

특히 요한의 세례가 어디로부터 왔느냐는 질문에 반대자들은 '알지 못한다'며 회피하는 대답을 한다. 이는 '하늘로부터'라고 대답하면 "어찌하여 그를 믿지 아니하였느냐"고 할 것이고 '사람으로부터'라고 하면 요한을 선지자로 여기는 사람들로부터 심한 반발을 살까 두려웠기 때문이다. 그들은 예수님의 질문을 통해 그들 자신의 오류를 발견했던 것이다.

때로 예수님은 "너희 중에 어떤 사람이 양 한 마리가 있어 안식일에 구덩이에 빠졌으면 끌어내지 않겠느냐"와 같이 뻔한 결론을 물어봄으로써 반대자 스스로 자신의 오류를 인정하게 만들었다. 안식일에 병을 고칠 것인가 말 것인가 같은 논쟁은 쓸데없는 소모전에 불과한 것임을 깨닫게 한 것이다.

질문이나 반문은 자발적이며 적극적인 답변을 이끌어 내고 상대방의 의도를 파악, 확인할 수 있다. 또 상대방의 발언에 대해 반대 의사

자녀교육 혁명 하브루타

를 표현하거나 관심을 드러낼 때도 질문을 사용한다. 한편 화가 난 상대의 감정을 누그러뜨리는 역할도 한다.

논쟁 전후에도 대화를 하셨다

예수님은 논쟁 중일 때뿐 아니라 논쟁 전이나 논쟁 후에도 비슷한 주제로 대화를 하셨다. 주로 성경에 '무리'라고 표현한 일반 사람들이나 제자들을 대상으로 한 소통이었다.

마태복음 4장 전반에는 마귀의 시험 장면이 기록되어 있다. 그리고 4장 후반부터 9장 전반까지 예수님이 무리에게 말씀을 전하고 치유의 기적을 베푼 사건들이 기록되어 있다. 마귀의 시험을 이긴 예수님은 맹인, 문둥병자, 중풍병자, 백부장의 하인, 베드로의 장모, 귀신 들린 자들을 치유하는 기적을 베풀기 전에 무리에게 말씀을 전했다. 이렇게 기적을 베풀기 전에 전하는 말씀 선포로 인해 무리는 예수님을 따르게 되었고 예수님은 공신력을 갖게 되었다.

논쟁 후에도 예수님은 군중이나 제자들과 함께 같은 주제로 후속 대화를 하셨다. 안식일에 제자들이 밀 이삭을 잘라먹은 것에 관한 논쟁이 있은 후 예수님은 회당에 들어가 안식일에 병 고치는 행위의 정당성을 논증하셨다. '구덩이에 빠진 양을 붙잡아 내는' 행위와 '사람이 양보다 귀함'을 논거로 든 것이다. 그런 후 손 마른 사람의 손을 고치심으로 예수님 말씀에 권위가 있음을 입증하셨다. 성경은 이 일이 있은 후 많은 사람이 예수님을 좇았다고 기록하고 있다.

빵을 먹을 때 손을 씻지 않는 행위에 대해 바리새인과 사두개인들과 논쟁을 벌인 후 예수님은 무리와 후속 대화를 하셨다. 사람을 더럽게 하는 것은 입에 들어가는 것이 아니라 입에서 나오는 것이라면서 사두개인과 바리새인들은 '맹인으로서 맹인을 인도하는 자'이기 때문에 둘 다 구덩이에 빠질 것이라고 강조하셨다. 이렇듯 사후 대화를 통해 예수님의 변론 요지는 더 강화되고 널리 전파되었다.

예수님의 논쟁 방법은 '이'에는 '이', '눈'에는 '눈'이 아니었다. 예수님의 반대자들이 시비를 걸면 예수님은 시비로 맞서거나 감정적으로 대응하지 않았다. 예수님의 반대자들이 예수님을 시험하기 위해 함정 질문을 많이 했지만 예수님은 명쾌하고 짧은 답변으로 대응하실 뿐이었다. 논증을 하실 때는 율법이나 성경 말씀에 근거했으며 사람들이 쉽게 접하는 일상을 소재로 비유 이야기를 만들어 설득하셨다. 또한 질문이나 반문을 통해 질문자 스스로 자신의 오류를 발견하도록 하셨다.

예수님은 유머와 아이러니, 풍자의 요소를 포함시켜 논증하셨는데 이는 논쟁이 다툼이 되지 않고 진리를 깨닫도록 하기 위해서였다. 그리고 논쟁이 끝난 뒤에는 반드시 제자들이나 무리에게 후속 설명을 덧붙이셨고 예수님의 말씀에 권위가 있음을 입증하셨다. 예수님이 제시하는 논쟁 방법은 예수님이 전파한 진리가 예수님 생전에는 물론 사후 2000년 동안 많은 사람을 변화시켰다는 점에서 그 효율성이 입증되었다.

자녀교육 혁명 하브루타

| 바울의 하브루타 |

가말리엘 문하에서 수학한 바울은 토론과 논쟁의 대가였다. 아테네, 고린도 등을 돌면서 수도 없이 만난 사람들과 논쟁을 했으며, 법정에서 자신을 변론하기도 했다.

사도행전을 보면 '바울이 강론했다'는 표현이 자주 등장한다.

강론은 영어로 'discussion'으로 사전적 정의에 따르면 '논쟁하고 토론하다'는 뜻이다. 바울은 청중이나 제자들과 함께 말씀에 대해 하브루타 방식으로 공부했음을 알 수 있다.

바울은 에베소와 두란노 서원에서 헬라식 토론 방법으로 사람들을 가르쳤다. 그리고 디모데에게 보내는 편지를 보면 디모데 자신을 위해서나 교회를 위해서나 교육이 매우 중요하다고 강조하고 있다.

바울은 선교를 할 때 유대인부터 출발했다. 유대인의 회당이나 기도처에 가서 전도를 했고, 유대교에 대해 긍정적인 생각을 가지고 있던 헬라인이나 로마인, 즉 하나님을 경외하는 자들을 대상으로 전도

했다. 그 전도 방법은 대화와 토론, 논쟁, 선포를 통해서였다.

성경에는 논쟁, 변론이란 말이 많이 나온다. 논쟁은 쟁점을 두고 반대되는 두 입장이 다투는 것을 말한다. 변론은 주장이나 사태의 옳음을 밝히는 것을 말한다. 따라서 예수님은 바리새인과 서기관, 사두개인 등과 논쟁하셨으며 논쟁할 때 하나님의 진리에 대해 변론하셨다.

논쟁에 대한 기독교적 입장은 바울서신에서 많이 발견된다. 빌립보서 1장 7절에서 바울은 성도들은 '복음을 변명함과 확정함'에 부르심을 받은 자들이라고 하였다. 이는 논쟁이 있을 때, 복음에 대한 변론을 하는 것이 기독교인의 사명이라는 말이다.

동시에 바울은 어리석고 무식한 변론(arguments)을 버리라고 했다. 다툼이 그런 언쟁에서 생기기 때문이다(딤후 2:23). 바울은 그리스도의 말씀과 경건에 관한 교훈에 집중하지 않는 자는 교만하여 변론과 언쟁을 좋아한다고 했다. 바울은 복음 전파를 위한 논쟁을 하나님께서 주신 사명이라고 인정한 반면, 다툼을 일으키는 언쟁, 특히 하나님 말씀과 하나님이 가르쳐 주신 경건에 근거하지 않는 말다툼은 경계했다.

바울이 지적한 것같이 논쟁은 순기능과 역기능을 수행한다. 《소크라테스를 위한 변명》에서 플라톤은 "토론에 의해 시험당하지 않는 인생은 살 가치가 없다"고까지 했다.

하지만 토론이나 논쟁이 꼭 좋은 결과만 가져오는 것은 아니다. 토론이나 논쟁은 다툼을 불러일으키기 쉽고 때로 당사자들에게 불쾌감

자녀교육 혁명 하브루타

과 괴로움을 가져다주기도 한다. 논쟁에 대한 가장 부정적인 말은 탁상공론이다. 논쟁이 물론 탁상공론에 그쳐서는 안 된다. 토론이나 논쟁에 습관이 되지 않으면 이렇게 될 가능성이 높다.

토론은 자신의 논리로 남을 설득하는 과정이다. 토론이나 논쟁에서 가장 조심해야 할 것은 개인적인 감정을 개입시켜 말싸움이 되는 것이다. 우리는 토론과 논쟁은 해야 하고, 언쟁은 피해야 한다. 논쟁이 진정한 논쟁이 되느냐, 언쟁으로 변질되느냐는 개인적인 감정이 실리느냐 그렇지 않느냐에 의해 결정된다. 아이를 훈계하거나 매를 들 때, 그것이 아이에게 약이 되느냐 독이 되느냐 역시 부모의 개인적 감정이 실리느냐 아니냐로 결정된다. 부단한 훈련과 노력을 통해 개인적인 감정이 토론이나 논쟁에 실리지 않도록 해야 하는 것이다.

하지만 어렸을 때부터 하브루타가 습관이 되면 토론을 어떻게 해야 효율적인지 몸으로 체감하게 된다. 그래서 탁상공론에 그칠 수가 없다. 감정을 실어 말다툼으로 변질될 수도 없다. 더욱이 학생일 때는 어떤 결론을 도출하는 것에 목적이 있는 것이 아니라 뇌를 계발하고 사고력을 높이는 데 목적이 있으므로 탁상공론이 되더라도 아무 상관이 없다. 교육에서는 토론이 사고를 자극할 수 있다면 그것이 어떤 형태라도 상관이 없다.

유대인들은 세계 어느 곳에 살고 있든지 금요일 저녁이면 온 가족이 모여 안식일 식탁(shabbat dinner)을 즐긴다. 아무리 일에 쫓겨도, 아무리 멀리 떨어져 살아도 금요일 저녁만큼은 가족이 한 자리에 모여 서로를 확인하고 특별한 식사를 나눈다. 빵을 떼고 포도주를 마시고 노래를 부르고 이야기를 나누면서 아주 긴 식사를 한다. 이 안식일 식탁은 가장 유대인다운 문화이면서 유대인에게는 가장 행복한 시간이다. 어느 랍비는 유대인들이 안식일을 맞는 마음가짐은 마치 특별한 손님을 초대하고 그를 영접하기 위해 준비하는 것과 같다고 말한다. 이런 과정을 통해 가족 간의 유대는 깊어진다.

2

하브루타 어떻게 할 것인가?

chapter 7

태교와 베드타임 스토리

유대인에게 하브루타는 아이가 태어나기 전부터 시작된다. 우리에게 태교는 좋은 생각을 하고 좋은 음식을 먹고 좋은 환경을 마련해 주는 것이 핵심이다. 하지만 유대인에게 태교는 아이와 대화를 하는 것이 핵심이다. 엄마와 태아가 짝을 지어 책을 읽어 주고 이야기를 나눈다. 즉 하브루타로 태교를 하는 것이다. 유대인 아버지도 자주 뱃속의 아기와 대화를 나눈다.

베드타임 스토리 역시 모두 하브루타로 진행된다. 베드타임 스토리는 아이가 잠들기 전에 책을 읽어 주거나 이야기를 들려주는 것이지만, 그것이 다가 아니다. 반드시 책을 읽어 주거나 이야기를 들려 준 내용을 가지고 부모와 아이가 대화를 나눈다.

| 대화가 태교의 핵심이다 |

유대 민족의 전통에서 결혼은 인류의 번성을 원하는 하나님의 계획을 이루는 방편이다. 창세기 2장의 아담 창조를 보면 아내가 없는 인간의 상태는 선과 악이 없고, 돕는 자도 없는 상태라고 했다. 창세기 1장 28절에는 "생육하고 번성하여 땅에 충만하라"고 기록되어 있다. 이 명령을 준행하는 일이 매우 중요하므로 랍비들은 "부부가 함께 기뻐할 일이라면 토라를 연구하는 것조차 멈추라"고 규정했다(Ketubot 17b).[47] 탈무드 시대에는 열여덟 살이 결혼 적령기였다(Ethics of the Fathers 5:21). 그래서 유대인들은 보수적일수록, 정통파일수록 결혼을 빨리하고 피임을 하지 않으며 자녀를 많이 낳는다.

닛다 임신

유대인들은 결혼을 매우 신성시 한다. 자녀도 하나님의 선물이라고 생각한다. 그래서 임신을 매우 계획적이고 성결한 가운데 하려고 노력한다. 유대인들의 임신과 태교에 닛다(niddah)가 있다.

유대인들의 전통적인 타이밍 임신법 닛다는 히브리어로 월경을 의미한다. 유대인들은 수천 년 동안 닛다에 의해 임신을 하고 태교를 했다. 난자가 가장 신선하고 정자의 활동력이 가장 왕성할 때 수정함으로써 건강하고 똑똑한 아이를 얻고자 한 것이다.

닛다 임신법을 요약하면 여성의 최소한 5일간의 생리(niddah) 기간과 이후 7일간의 정결 기간 동안 금욕을 하고, 배란이 시작되는 7일째 밤에 목욕을 한 후 부부관계를 갖는 것이다. 이때가 난자와 정자가 가장 왕성한 때라고 보기 때문이다.[48] 여성의 배란일은 다음 생리 시작일로부터 14일 정도 전이다. 생리 주기가 28일인 경우, 생리 기간 5일과 금욕 기간 7일을 더하면 12일이 된다. 여성이 배란하는 시기와 거의 일치하는 것이다. 아내의 생리가 시작되면 5일간 금욕을 하고 생리가 끝난 뒤에도 7일간은 동침하지 않는다. 성경은 아내가 생리 중일 때 성생활하는 것을 엄격하게 금한다. 금욕이 끝나는 날은 계산상으로 배란 하루나 이틀 전이어서 임신 확률이 높다. 성숙한 난자는 한 달에 한 개씩 만들어지고, 그 생존 시간이 24시간밖에 되지 않는다. 닛다 임신법은 건강한 난자와 건강한 정자가 만나기 위한 것이다. 실제로 금욕 기간에 만들어진 많은 양의 건강한 정자를 갓 배란된 싱싱한 난자와 만나게 하면 똑똑한 유전자를 가진 아이를 낳을 가능성이 높아진다.

생리 후 12일째 되는 밤이 되면 우유를 탄 물에 몸을 씻는 '미크베' 목욕을 한 후 성관계를 가진다. 우유에 탄 물에 목욕을 하면 생식기가 청결해지는 것은 물론 피부의 탄력이 좋아지고 윤기가 좋아진다. 우유 목욕 후 동침을 하면 피부 감촉이 주는 느낌이 좋아서 성적 만족도를 높이고 임신 확률도 높아진다.

임신한 후에 산모와 아기의 건강을 걱정하는 것은 늦다. 특히 건강하고 똑똑한 아기를 낳기 위해서는 난자와 정자를 제공하는 예비 엄마 아빠의 건강을 도모하고 철저하게 임신 시기까지 조절하는 계획

임신이 필요하다.[49]

주로 닛다 임신과 태교는 랍비를 통해 회당에서 교육된다. 랍비들이 임신부 앞에서 시편을 읽고 신명기를 읽는다. 그래서 임신은 남편보다 랍비들의 관심이 더 지대하다고 한다. 우리는 전통적으로 주로 임신 기간 중에 해서는 안 되는 금기 위주의 태교를 하지만, 유대인들은 태아를 위해 해야 할 일을 중심으로 태교를 한다. 솔로몬의 잠언을 읽어 주고 부부가 모두 기쁘고 즐거운 마음을 갖기 위해 노력한다. 임신부가 항상 기뻐하고 감사하면 아기도 밝은 성격을 갖고 태어난다.

얼마 전까지만 해도 갓 태어난 아기들은 거의 감각을 느끼지 못한다고 생각했지만, 최근의 연구는 갓난아기도 통증을 느끼며 오감에 민감하게 반응한다는 사실이 밝혀졌다. 뱃속에 있는 아기도 임신 7주가 되면 혀의 미각 기관인 미뢰가 나타나며 10주에는 촉각전달신경이 태아의 피부에 나타나기 시작한다. 임신 3개월 무렵부터 엄마 뱃속에서 움직이기 시작하며 14주가 지나면 엄지손가락을 빨고 자세를 바꾸며 몸통을 돌린다. 임신 6개월부터는 바깥세상의 소리를 들을 수 있으며, 7, 8개월이 되면 고통이나 불편함을 느낀다.[50] 그런 점에서 유대인들의 닛다 태교는 중요한 의미를 갖는다.

이스라엘에서는 의사가 어느 부부의 임신 사실을 진단하면 곧바로 부부의 주거지에서 가장 가까운 보건소나 병원에 통지된다. 그러면 부부는 그때부터 지정된 보건소나 병원 의사의 지시에 따라야 한다. 의사는 임신부가 각 개월 수에 따라 먹어야 할 음식과 운동은 물론 들

자녀교육 혁명 하브루타

어야 할 음악까지 세세하게 관여하며, 출산 때까지 모든 것을 면밀하게 체크한다.

출산일이 가까워지면 집 안에 아기를 키울 수 있는 준비물이 제대로 갖추어졌는지 보건소에서 직접 현장 조사를 나온다. 이때 예비 부모는 보건소의 지시에 따라 규격에 맞는 출산용품을 준비하고 아기 침대의 강도 등을 비롯하여 비누의 독성 여부, 파우더의 종류 등 모든 것에 대해 검사를 받아야 한다. 그리고 기저귀 채우는 법, 젖병 물리는 법, 목욕시키는 법 등을 여러 차례 반복하여 교육을 받게 된다.

국가의 철저한 배려 아래 아기가 태어나면 예방 접종이나 정기적인 건강 체크 시간 외에는 만 3세가 될 때까지 비교적 자유 시간이 주어진다. 그러나 통계에 의하면 유아들 중 70% 이상이 태어난 지 6개월 이내에 유아원에 들어가고 3세부터는 100% 유아원에서 집단생활을 경험한다고 한다. 3세에는 마을의 200여 세대마다 세워진 '간'이라는 유아원에 들어간다. 4세부터는 '크담 호바'라는 예비 유치원을 거쳐 5세부터 '한 호바'라는 정규 유치원에 들어간다. 유치원에서는 주로 여러 가지 놀이와 함께 친구와 어울리기 등이 교육된다. 문자나 숫자에 대한 교육이나 예체능 특기 교육은 거의 하지 않는다.[51] 우리처럼 숫자나 문자를 가르치는 인지 학습 중심의 조기학습이 아니라, 아이의 발달과정에 맞추어 놀이 중심으로 애착과 사회성에 중점을 둔 조기교육을 하는 것이다.

태교 하브루타

태아는 어머니의 뱃속에 있는 아기를 말한다. 태아 교육은 이렇게 어머니 뱃속에 있는 아기를 대상으로 하는 교육이다. 이를 줄여 태교라고 한다. 태교의 근본적인 목적은 태아에게 무엇인가를 가르치는 것이 아니라 태아의 풍부한 가능성을 이끌어내는 것을 돕는 데 있다.

예전부터 태아는 언제부터 인간으로 볼 것인가라는 논란이 있어 왔다. 이에 대한 여섯 가지 입장[52]을 살펴보면 다음과 같다.

1. 착상: 착상한 순간부터 인간이라는 주장
2. 분할이 일어나는 시기: 정자와 난자가 결합하여 착상이 된 후 7~8일경에 일어나는 분할 시점부터 인간이라는 주장
3. 두뇌 활동: 의식 작용이 시작되는 착상 후 6주 후부터라는 주장
4. 태아의 운동: 태아가 운동하는 것을 느낄 수 있는 착상 후 13~20주라는 주장
5. 생존력: 태아가 모체와 분리되어 독립적으로 생존이 가능한 때부터 인간이라는 주장
6. 출생: 세상 밖으로 나오는 출생부터 인간이라는 주장

우리나라는 태어나는 순간부터 한 살을 먹기 때문에 태아도 인간으로 여긴다고 할 수 있다. 태교 역시 태아를 인간으로 보고 접근하는 것이다. 성경은 여러 군데에서 '모태에서부터, 복 중에 짓기 전에, 만세

자녀교육 혁명 하브루타

전부터'란 말이 나온다.

내가 주께 감사하옴은 나를 지으심이 심히 기묘하심이라 주께서 하시는 일이 기이함을 내 영혼이 잘 아나이다 내가 은밀한 데서 지음을 받고 땅의 깊은 곳에서 기이하게 지음을 받은 때에 나의 형체가 주의 앞에 숨겨지지 못하였나이다 내 형질이 이루어지기 전에 주의 눈이 보셨으며 나를 위하여 정한 날이 하루도 되기 전에 주의 책에 다 기록이 되었나이다 시 139:14-16

시편 기자는 자신이 모태에서부터 하나님의 지음을 받았다고 말하고 있다. 여기에 등장하는 형질(embryo)은 임신 초기에 아직 태아의 형태가 이루어지지 않은 상태를 말한다. 이런 측면에서 보면 성경은 잉태된 순간부터 인간으로 보고 있음을 알 수 있다. 즉 수정된 순간부터 하나님의 개인적인 보살핌 속에 놓이게 된다는 의미다.

위의 시편을 보면 태아의 창조와 관련하여 다음의 몇 가지 사실을 알 수 있다.

첫째, 하나님의 계획에 따라 이루어졌다. 주의 책에 다 기록되었다는 말은 하나님의 계획에 의해 인간 존재가 만들어졌음을 알려 준다.

둘째, 하나님의 감독하에 이루어졌다. '내가 은밀한 데서 지음을 받았고, 나의 형체가 주의 앞에 숨겨지지 못했다'는 말은 하나님의 섭리와 감독 아래 태아가 만들어졌음을 알 수 있다.

셋째, 하나님의 능력에 의해 이루어졌다. 우리를 지으신 분은 하나님이다. 주께서 내 장부를 지으시며 나의 모태에서 나를 조직하셨다.

이를 통해 성경은 착상 때부터, 또는 그 이전부터 인간 존재를 인정하고 있음을 알 수 있다.

유대인들은 아기가 태어나기 전에 아기의 몸을 감쌀 강보를 만든다. 아이들은 몸에 천을 두르고 노는 것을 좋아한다. 커튼 속에 숨기를 좋아하고 이불을 둘둘 감는 놀이를 좋아한다. 비누 거품을 몸에 묻히고 노는 것을 좋아하고, 엄마 품에 안기기를 좋아한다. 이유는 촉감 때문이다. 아이들에게 스킨십은 그들의 정서 안정에 필수적일 뿐만 아니라 뇌를 자극하는 가장 좋은 방법 중 하나다. 모든 피부에 오는 자극은 뇌로 전달되며, 한창 자라는 아이들의 뇌는 촉감에 의해 시냅스가 폭발적으로 늘어나게 된다.

유대인들은 촉감이 영혼에까지 자극을 준다고 믿는다. 유대인 어머니들은 임신 사실을 알게 되면 순면으로 된 천에 아기에게 축복이 될 만한 말씀으로 수를 놓는다. 아홉 달 동안 수를 놓아 긴 두루마리를 만들어 아기가 태어나면 이것으로 감싼다. 이것이 성경에서 말하는 '강보'다.[53]

첫아들을 낳아 강보로 싸서 구유에 뉘었으니 이는 여관에 있을 곳이 없음이

러라 눅 2:7

네가 난 것을 말하건대 네가 날 때에 네 배꼽 줄을 자르지 아니하였고 너를

물로 씻어 정결하게 하지 아니하였고 네게 소금을 뿌리지 아니하였고 너를

자녀교육 혁명 하브루타

마리아가 하나님의 성령으로 태어날 아들을 위해 얼마나 정성껏 강보를 만들었겠는가? 위의 에스겔서 말씀을 통해서 이스라엘 사람들은 아기를 낳으면 탯줄을 자르고, 물로 씻어 정결하게 하고 소금을 뿌리고 강보에 싸는 절차를 밟았음을 알 수 있다.

유대인들은 왜 뱃속의 아기가 출산할 때까지 직접 말씀을 수놓아 강보를 만들었을까? 아기가 세상에 나오는 순간을 하나님께 맡기고 말씀으로 키우겠다는 결의의 표현이라 할 수 있다. 또 어둠의 세상에서 하나님 말씀으로 보호하겠다는 의미다. 어머니는 말씀으로 수를 놓으면서 태어날 아기를 위해 수많은 기도를 할 수밖에 없다. 또 뱃속의 아기를 계속 생각할 수밖에 없다.

유대인에게 태교는 아기와 이야기를 나누는 것에 중점을 둔다. 임신한 어머니가 수시로 아기에게 책을 읽어 주고, 이야기를 들려주고, 대화를 나눈다. 아버지도 태교에 적극적으로 참여한다. 엄마의 배를 쓰다듬으면서 아기와 대화를 하거나 책을 읽어 주고 이야기를 들려준다.

태아는 임신 3개월쯤 되면 귓바퀴가 생기는 등 귀가 만들어지기 시작한다. 또한 외부에서 들려오는 소리를 들을 수 있다. 물론 아기가 외부의 소리를 들을 수 있는 시기에 대해서는 학자마다 조금씩 주장이 다르다. 하지만 적어도 임신 3~5개월경에 태아가 엄마의 심장 소리나

목소리를 듣게 된다는 데는 이견이 없다. 그래서 태아는 그것을 좋은 소리로 기억하게 되며 그 소리에 영향을 받게 된다. 대화가 태교에 좋은 이유다.

성경은 태아가 엄마의 말을 듣는다고 말씀한다. 마리아가 엘리사벳을 방문했을 때 엘리사벳의 뱃속에서 요한은 마리아가 문안하는 소리를 듣고 뛰어 놀았다.

보라 네 문안하는 소리가 내 귀에 들릴 때에 아이가 내 복중에서 기쁨으로 뛰놀았도다 눅 1:44

이제 태아와 대화를 하는 것이 중요하다는 것은 알겠는데, 어쩐지 어색할 것이다. 그래서 처음에 몇 번 시도하다가 그만두는 엄마들이 많다. 사실 상대도 없는 대화를 혼자서 이끌어가기는 쉽지 않은 일이다. 그러나 아기가 눈앞에 보이지 않는다고 벽을 보고 이야기하는 것처럼 해서는 안 된다. 태아가 엄마의 말을 알아듣는다는 것이 이미 수많은 임상 실험을 거쳐 증명되었기 때문이다. 태아는 분명 바깥세상에서 들려오는 소리와 엄마의 목소리에 귀를 기울이고 있다.

프로이트는 엄마와 태아의 애착 형성에 관한 연구에서, 뱃속의 태아가 가장 좋아하고 안정감을 느끼는 소리는 일정한 리듬을 갖고 쿵쿵 뛰는 엄마의 심장 소리라는 것을 밝혀 냈다.

태아와의 대화는 우선 태아의 뇌 회로를 증가시킨다. 아기는 엄마

자녀교육 혁명 하브루타

의 뱃속에서 이미 1,000억 개의 뉴런을 만든다. 그리고 뉴런 사이의 시냅스도 형성하기 시작한다. 시냅스는 자극을 받으면 증가하지만 자극을 받지 못하면 연결되지 않는다. 태아와 대화하는 하브루타 태교는 태아의 뇌세포를 자극하는 가장 효과적인 방법으로, 아기의 뇌를 자극해서 세포와 회로를 비약적으로 증가시킨다. 뿐만 아니라 하브루타 태교는 엄마와 아빠의 정신 건강에도 큰 영향을 미친다. 태아와 대화를 하려면 부모가 먼저 마음을 가라앉히고 집중하지 않으면 안 되기 때문이다. 이것을 반복적으로 실행하다 보면 엄마 아빠가 안정된 정서를 갖게 된다. 이것은 다시 태아에게 좋은 영향을 미친다.

그리고 무엇보다 아이와 유대감이 강화돼 애착 관계가 형성된다. 태아와 대화하는 주 목적은 지식의 축적이나 학습에 있는 것이 아니라, 부모와 아기 간에 안정된 애착 관계를 형성하기 위해서다. 그래서 엄마의 하브루타 태교도 중요하지만 아빠 역시 하브루타 태교를 해야 한다.

태아와 대화를 효과적으로 실천하려면 약간의 기술이 필요하다. 메아리 없는 대화도 한두 번이지, 무작정 말 걸기를 시도한다고 대화가 이루어지는 것은 아니기 때문이다. 대화를 지속하기 위해서는 먼저 아기에게 태명을 지어 주는 것이 좋다. 이미 이름을 정했다면 이름을 불러도 좋다. 부르는 이름이 있으면 태아에게 말을 거는 것이 덜 어색하고, 대화 내용도 더 풍부해진다.

대화의 내용은 부모의 일상을 자연스럽게 이야기하는 것이 가장 좋다. 태아와 대화한다고 해서 특별한 내용이어야 하는 것은 아니다. 그저 엄마의 일상을 하나하나 설명하듯이 얘기해 주는 것만으로도 훌륭한 대화가 될 수 있다. 아빠는 아빠의 일상 중에서 기억나는 것을 이야기하면 된다. 밥을 먹거나, 집안일을 하거나, 외출을 할 때도 끊임없이 이야기를 들려주면 좋다.

이야기를 할 때는 몸동작을 함께하면 운동도 되고 태아를 자극해서 더욱 좋다. 태아와 대화하기 전이나 후에 배를 톡톡 두드려서 시작과 끝을 알려 주고, 애정을 듬뿍 담아 배를 부드럽게 쓰다듬어 주면 좋다. 연구 결과에 따르면, 태동이 시작되는 임신 5개월 이후에 엄마가 한 손을 배의 오른쪽에 얹고, 다른 한 손을 왼쪽에 얹어 놓으면 아기는 엄마의 손을 따라 오른쪽에서 왼쪽으로, 다시 왼쪽에서 오른쪽으로 움직인다고 한다. 엄마가 동작을 하면 태아는 마치 엄마의 손바닥에 등을 대고 기분 좋게 드러눕듯 왔다갔다 한다는 것이다.

아이와 대화하는 것이 아직도 어색하다면 책을 읽어 준 다음 그 내용을 가지고 하브루타를 하면 접근이 쉽다. 동화책을 읽어 줄 때는 분명하고 또렷한 목소리로 동화 구연하듯이 목소리를 바꿔 가며 읽어 주는 것이 좋다.

임신 초기에는 주로 아기에게 인사말을 건넨다. 임신한 것을 얼마나 기쁘게 받아들이고 있으며, 뱃속의 아기가 태어나기를 가족 모두가 기다리고 있음을 알려 준다. 임신 중기에 접어들면 실질적인 대화에 들어간다. 처음에는 일상의 인사부터 시작해 점차 소재를 넓혀 간다.

자연 현상이나 사물을 보면서 그에 대한 느낌이나 사물의 모양, 색깔 등을 보이는 그대로 자세히 설명해 준다. 뱃속의 아기와 다양한 체험을 하면서 그것을 소재로 이야기하는 것이다. 아기가 발로 찰 수 있는 임신 6개월 무렵이 되면 뱃속의 아기가 엄마의 배를 차는 행동에 맞춰 엄마가 배를 톡톡 두드리며 아기에게 말을 거는 것도 좋은 방법이다.

임신 후기에 접어들면 태아의 반응이 확실하게 나타나므로 태교 하브루타가 훨씬 용이해진다. 반응이 있기 때문이다. 일상적인 대화를 조금씩 더 늘리고, 아기의 반응을 칭찬해 준다. 태교 하브루타는 아기의 뇌를 자극하여 시냅스 연결을 촉진하고, 아기와 부모의 마음을 안정시키며, 부모와 아기의 안정된 애착을 형성한다.

| 교육하기 가장 좋은 시간, 베드타임 |

베드타임 스토리는 베드사이드 스토리(bedside story)라고도 하며 자녀가 잠들기 전에 들려주는 동화나 이야기, 대화를 말한다. 이를 우리는 '베갯머리 교육', '침대머리 교육' 등으로 표현한다. 베드타임 스토리는 대표적인 하브루타다. 이스라엘의 아이들은 어릴 때부터 침대 머리맡에서 부모가 책 읽어 주는 소리를 들으면서 하루를 마친다. 그들은 베드타임 스토리를 부모의 의무이자 전통적인 일과로 여긴다.

자녀를 재우기 직전의 시간은 교육하기 가장 좋은 시간이며, 자녀의 일생에 커다란 영향을 미치는 시간이다. 이 시간은 부모가 자녀를 침대에 누이고, 그 곁에서 자녀가 잠들 때까지 함께 있어 주는 시간이다. 가족에게 투자하는 시간이고, 가족관계를 돈독하게 하는 시간이다. 그런데 사실 이 시간은 대화하기에는 너무 바쁜 시간이다. 집안일도 해야 하고, 여러 활동도 해야 하기 때문에 무엇보다 부모의 결단이 필요한 시간이다.

유대인 부모들은 자녀에게 하루 동안 일어난 많은 일 중에서 기분 나빴던 일, 슬펐던 경험을 그날로 마무리 지을 수 있도록 배려한다. 즉 아무리 자녀를 심하게 꾸짖었더라도 잠자리에 들 때만은 정답게 다독거려 주어 좋지 않은 감정의 앙금이 어린 가슴속에 남아 있지 않도록 한다. 그리고 유대인 부모는 자녀들이 잠들기 전에 성경에 나오는 선조들의 이야기를 들려주고 책을 읽어 준다.

유대인들은 평소 자녀들과 대화하거나 잠자리에 든 아이에게 위인전을 읽어 줄 때 반드시 유대의 전통을 빛낸 인물을 모델로 제시한다. 아이들은 부모가 들려준 위인의 이야기를 통해 자신의 꿈을 키워 간다.

베드타임 스토리는 아이들이 정해진 시간에 잠드는 습관을 붙이게 한다. 또 부모 자식 간의 신뢰와 애정을 쌓게 하여 자녀가 자란 후에도 가족관계를 긴밀히 유지하도록 해준다.

예루살렘에서 만난 랍비 사무엘에게 베드타임 스토리에 대해 물었을 때 그는 이렇게 답했다.

자녀교육 혁명 하브루타

"우리는 세 살 무렵부터 본격적으로 성경을 가르치기 시작한다. 아주 어렸을 때부터 성경 이야기를 들려준다. 아이들에게 자기 전에 성경 이야기를 들려주는 것은 이미 탈무드 시대부터 시작된 아주 오래된 전통이다. 유대인들은 자녀가 말하기 시작할 때부터 아이가 침대에 누우면 먼저 동화를 들려주고 대화를 나눈 다음, 쉐마를 외우게 하고 잠들게 한다."

베드타임 스토리는 무엇보다도 아이의 언어 발달에 도움을 준다. 유대인 아이들은 4세쯤 되면 1,000개 이상의 어휘를 소화하는데, 이것은 다른 나라의 또래들보다 훨씬 높은 수준이다. 한참 말을 배우는 아이가 책에 나오는 무수한 단어들과 아름다운 문장들을 접하면서 어휘력이 발달하는 것이다. 더구나 아이들은 이야기를 듣는 동안 추상적인 개념들도 자연스럽게 익히고 여러 가지 정서적 경험을 하게 된다.

베드타임 스토리의 효과

실제로 연구에 의하면 신생아 때부터 엄마가 말을 많이 건넨 아기가 그렇지 않은 아기보다 언어 능력이 월등할 뿐 아니라 지능지수, 창의력, 문제 해결 능력도 뛰어났다. 또 아이가 자라면서 읽기 능력, 쓰기 능력, 판단 능력도 향상된다고 한다. 부모가 아이와 얼굴을 마주보고 직접 대화를 해야 하는 이유가 여기에 있다.

아이의 나이와 상관없이 아이에게 가장 좋은 언어 교육 방법은 부모와 언어적 상호작용을 하는 것이고 대화로 소통하는 것이다. 하버드 대학의 아동언어학자 캐서린 스노우(Catherine Snow) 교수는 아이들에게 말을 더 많이 하는 부모, 아이와 상호작용 속에서 많은 대화를 나누는 부모, 아이와 더 밀도 있게 대화하는 부모의 자녀들이 뛰어난 언어 능력을 갖게 된다고 했다. 아이는 스스로 이야기할 수 있기 훨씬 전부터 다른 사람의 말을 이해할 수 있는 능력을 가지고 있다. 그러므로 아이가 아주 어릴 때부터 부모가 계속 말을 걸어 주는 것이 중요하다.

베드타임 스토리 교육의 중요성은 뇌로도 설명이 된다. 우리의 뇌는 잠을 자는 동안 저장해야 할 기억과 버려야 할 기억을 정리한다. 그 일은 해마가 하는데, 해마는 낮의 상황을 기억해 두었다가 우리가 자는 동안 그 기억을 정리하고 축적한다. 이런 까닭에 자기 직전에 하는 베드타임 스토리는 아이의 뇌에 가장 잘 저장된다. 특히 부모가 자신을 사랑하고 있음을 체감하면서 잠이 들기 때문에 애착 형성에 가장 좋다. 아이가 잘 때마다 부모의 사랑을 확인하면서 자게 되면 그것이 뇌에 그대로 저장되고, 그런 아이는 부모를 사랑하고 존경하게 된다.

이야기를 들려준 뒤 그 느낌을 나누는 과정은 책을 읽어 주는 과정보다 훨씬 중요하다. 책을 읽어 주는 것은 일방적이지만, 대화는 쌍방의 소통을 전제로 하기 때문이다. 처음에는 질문의 의미조차 이해하지 못하던 아이들도 몇 번이고 반복해서 쉬운 말로 질문을 하면 자기의 생각을 서툴게나마 말하게 되고 결국엔 이야기의 교훈을 나름대로 찾아내게 된다. 이 과정에서 아이들은 사고력도 키우고 책 읽기와 표

자녀교육 혁명 하브루타

현하기, 글쓰기에도 익숙해진다.

베드타임 스토리는 자녀에게 정서적인 안정감과 행복감을 주고, 책을 좋아하게 만들며, 언어 능력과 상상력을 발달시키고, 안정된 애착이 저절로 형성되게 만든다. 그 효과를 몇 가지만 들면 다음과 같다.

첫째, 베드타임 스토리는 아이에게 정서적인 안정감과 행복감을 준다. 부모의 목소리로 읽어 주는 이야기를 들으며 잠자리에 드는 아이들은 행복한 꿈꾸기를 할 수 있다. 아이들은 때로 잠이라는 낯선 세계에 빠져드는 것을 두려워하기도 하고, 악몽을 꾸기도 한다. 베드타임 스토리를 듣고 잠이 든 아이들은 마냥 행복하다는 통계도 있다.

둘째, 책을 좋아하게 된다. 매일 새롭게 전개되는 그림책의 내용들은 아이들의 지적 호기심을 최대한 자극한다. 새로운 것을 알게 되고 또 알고 싶어 하게 만든다. 한 권의 책은 또 다른 책을 불러오고, 독서 욕구도 비례해서 높아진다. 베드타임 스토리를 꾸준히 한 아이는 누가 책을 읽으라고 시키지 않아도 책 읽는 것을 놀이처럼 즐긴다.

셋째, 말을 잘하고 소통을 잘하게 된다. 책을 많이 읽으면 언어에 대한 감각이 풍성하게 발달한다. 엄마가 잠자리에서 나긋나긋하게 읽어 주는 모든 문장은 말을 한창 배우는 아이들에게 충분한 자양분이 된다. 베드타임 스토리를 지속적으로 하며 자란 아이들이 대부분 말이 빠르고 표현력이 뛰어난 것은 이 때문이다.

넷째, 문자 습득이 빠르다. 어릴 때부터 베드타임 스토리를 꾸준히 한 아이들은 별도로 한글을 가르칠 필요가 없다. 엄마와 함께 자꾸 책을 읽다 보면 한글이 저절로 머리에 새겨지기 때문이다. 엄마가 자주 읽어 준 책을 스스로 읽게 되고, 그러다 보면 읽기가 가능해지고, 얼마 후 쓰기도 가능해진다.

유대인은 잠들기 전에 쉐마 기도를 외운다. 이제 막 말을 배우기 시작한 아이들도 가장 먼저 신명기 6장 4-9절 말씀인 쉐마를 배운다. 유대인들은 아기가 태어나면 아기가 그 뜻을 이해하든 하지 않든 상관없이 구약성경의 이야기부터 들려준다. 모세가 이스라엘 백성들을 이집트에서 탈출시킨 이야기, 소년 다윗이 블레셋의 장수 골리앗을 돌팔매로 쓰러뜨린 이야기, 사자를 맨손으로 잡은 삼손의 이야기 등 아이의 수준에 따라 이야기를 각색해 들려준다. 아이들은 엄마가 각색해서 들려주는 성경의 인물 이야기를 들으면서 상상의 나래를 펴게 되고 이것은 자연스럽게 상상력의 발달로 이어진다. 시인 하이네를 비롯해 작가 프란츠 카프카, 토마스 만 등 상상력이 뛰어난 유대인 작가가 많은 것도 이 때문이다. 특히 토마스 만은 단 몇 줄의 성경에서 테마를 얻어 장편소설을 썼다고 한다.

괴테가 위대한 문학가로 이름을 날리자 많은 사람이 괴테의 어머니에 대해 연구하기 시작했고, 이때 어머니 카타리나의 자녀 교육 방법 중 특이한 점을 발견했다. 바로 '베드타임 스토리'다. 괴테의 어머니는 프랑크푸르트 시장의 맏딸로 태어났으나 교육을 별로 받지 못해 겨우 독일어를 읽고 쓸 줄 알 뿐이었다. 하지만 어머니 카타리나는 매일 괴테가 잠들기 전에 동화책을 읽어 주었고, 결말 부분은 들려주지

자녀교육 혁명 하브루타

않은 채 어린 괴테더러 결말을 완성해 보라고 했다. 어린 괴테는 이때 결말을 상상하고 추리하면서 창작하는 습관을 길렀다고 나중에 당시를 소회했다. 괴테는 이 베드타임 스토리가 자신을 문학가로 살아가도록 이끌었다고 말했다.

다섯째, 베드타임 스토리는 유아에게 정해진 시간에 잠자리에 드는 습관을 붙이도록 한다. 잠자리에 들기만 하면 엄마가 재미있는 책을 읽어 주므로 텔레비전이나 컴퓨터에 중독되지 않을 수 있고, 매일 밤 책을 매개로 엄마와 아이가 소통할 수 있다. 그래서 유대인 가족은 나중에 성장한 후에도 밤이면 부모와 얼굴을 마주하고 이야기하는 모습이 자연스럽다.

평생 기억에 남는 이야기들

자기 전에 책을 읽어 주거나 아이와 대화를 나누는 것이 아이에게 얼마나 많은 영향을 미치는지는 다음 글에서도 알 수 있다. 나는 대학의 유아교육과에서 학생들을 가르치는데, 그 학생들의 글 중 일부를 발췌해서 소개하려 한다.

귓가에 책 읽는 소리가 나야

부모님은 모두 책을 좋아하셨고 책이 사람을 만든다고 생각하셨기에 밤이나 낮이나 시간이 날 때마다 책을 읽어 주셨다. 나는 자기 전에는 무슨 일이 있어도 꼭 책을 읽어 줘야 잠을 잤는데, 잠이 들기 전까지 귓가에 책 읽는 소리가 나야 잠을 자곤 했다. 그렇게 잠이 들기 전에 읽는 책만 해도 보통 5권이 넘었다. 어렸을 때 그렇게 책과 가까이한 덕에 아직도 나는 적어도 일주일에 3~4권의 책을 읽는다. TV보다는 책과 친했기 때문에 상상력을 키울 수 있었고 간접 경험도 많이 했다. 또 집중력이 높아져서 한번 집중하면 끝날 때까지 파고드는 성향이 길러지게 되었다.

반대로 동생은 책과 친해지지 못했다. 내가 하도 책을 좋아하고 계속 읽어 달라고 하니까 부모님은 나중에 동생이 태어났을 때 책을 숨겨 놓기까지 하셨다. 어렸을 때 책을 자주 접하지 못한 동생은 지금도 책이라면 질색을 한다. 짧은 시간 동안 집중하는 것도 매우 어려워하고 종합적으로 생각하는 것도 서툴다.

모든 고민을 아버지 품속에 던져두고

어린 시절 내게 가장 기억에 남는 부모님의 모습은 바로 '음악'을 들려주시는 아버지의 모습이다. 어머니 말씀으로는 내가 갓난아기 때부터 아름다운 선율로 하루를 시작하고 마무리하는 아주 낭만적인 모습이었다고 한다. 유치원 때부터 중학교 때까지 항상 잠들기 전에 언니와 내 방에 들어오셔서 잔잔하고 따스한 음악을 틀어 놓고는 침대 머리맡에서 소곤거리는 내 이야기를 정성스럽게 들어주시던 아버지의 모습이 지금도 생생하게 기억난다. 밤 특유의 감성적인 분위기가 음악과 어우러질 때면 아버지가 따스한 손길로 내 머리를 쓰다듬

자녀교육 혁명 하브루타

으셨고, 그러면 나는 아버지 품속에 모든 고민을 던져두고 포근하고 행복한 마음으로 잠들 수 있었다.

10여 분가량의 짧은 시간이었지만 그 어느 때보다 강렬하고 진한 사랑을 느낄 수 있는 대화를 마치고 아버지는 "잘 자라, 예쁘게 자라라, 사랑한다"고 말씀하시고 나가곤 했다. 그러면 나는 그 여운과 아름다운 선율 속에서 그보다 더 아름다운 상상의 나래를 펼치다가 잠이 들곤 했다.

어린아이의 뇌는 자면서 성장한다는 말이 있듯이 아버지의 사랑과 음악으로 인해 나의 뇌는 건강하게 자랄 수 있었다.

동화책 한 번 읽어 준 적 없는 엄마

우리 엄마는 나에게 동화책 한 번 읽어 준 적이 없다. 장난감을 가지고 같이 놀아 준 적도 없다. 정말 아이를 어떻게 길러야 하는지를 모르셨던 것 같다. 아빠에게도 안겨 본 기억이 없다. 그래서 그런지 특별히 환경이 안 좋거나 엄마와 하루 종일 떨어져 있는 것도 아닌데, 이상하게 나는 엄마가 조금만 안 보여도 자지러지게 울어댔다. 엄마가 화장실만 가도 울어서 화장실까지 업고 갈 정도였다고 한다.

동화를 들으면서

어렸을 때 어머니는 내게 항상 동화 테이프를 틀어 주셨다. 내가 울 때나 즐거울 때나 잘 때나 안 잘 때나 항상 동화 테이프를 틀어 주셨다. 그러고는 늘 독후감을 쓰게 하셨다. 이 일은 부모님의 자녀 교육 방법 중 가장 최고의 방법이 아닐까 싶다. 목적이 어찌되었든 간에 동화 테이프를 들려줌으로써 책을 읽는 습관이 길러지고 상상력도 풍부해지고 또 독후감을 쓰게 되어 어휘력도 길러지기 때문이다. 이 때문인지 초등학교, 중학교 때는 글짓기 대회에 나가면 항상 상을 받아 오곤 했다. 내가 어렸을 때 쓴 일기나 글을 버리려고 쓰레기통에 넣으면 부모님은 바로 주워서 책꽂이에 꽂아 놓곤 하셨다. 지금은 그런 부모님에게 감사하고 있다.

뇌는 자기 직전의 기억을 가장 잘 기억하며, 잠자는 동안 기억해야 할 정보를 정리한다. 베드타임 스토리의 중요성이 바로 여기에 있다. 자기 전에 부모가 들려주는 이야기는 아이의 뇌 발달에 매우 좋을 뿐만 아니라 효과가 높고 잊어버리지도 않는다. 더구나 자녀와 애착을 형성할 수 있는 아주 좋은 기회이며, 자녀는 사랑받고 있다는 느낌을 가지고 잠자리에 들 수 있다.

2000년 하버드 대학의 로버트 스틱골드(Robert Stickgold) 박사의 실험 결과에 따르면, 기억력 향상을 위해서는 최소 6시간의 수면이 필요하다. 가장 효과적인 수면 시간은 7.5시간이다.[54] 그러므로 수험생들이 4~5시간 자야 대학에 합격한다는 말은 사실 효과적인 공부 방법이 아니다.

하루의 낮과 밤은 하나님이 만드셨다. 유대인들은 하루하루가 그

자녀교육 혁명 하브루타

자체로 완결되지 않으면 안 된다고 생각한다. 그래서 유대인들은 자녀가 잠들기 전에 하룻동안의 두려움과 슬픔의 감정을 정리하도록 배려한다. 슬픈 감정에 빠진 자녀에게 엄마는 아이가 덮고 있는 이불 위에 손을 대고 "잠자고 일어나면 걱정은 없어질 거야"라고 말해 준다. 아이의 마음속에 생긴 나쁜 감정을 깨끗이 씻어 주려는 것이다.

무엇보다 책을 읽어 주면서 아이의 머리를 쓰다듬거나 손을 잡아 주거나 배나 등을 살살 문질러 주는 것이 좋다. 시선을 책에만 두지 말고 아이와 자주 눈을 맞춘다. 스킨십과 눈 맞춤은 엄마와 정서를 교류하는 매우 중요한 수단이다. 잠자리에 드는 아이에게 도깨비가 나오거나 나쁜 짓을 한 사람이 심한 벌을 받는 장면이 나오는 자극적인 내용을 읽어 주는 것은 좋지 않다. 동물 친구가 등장하고 서로 화목하게 지내는 행복한 스토리북이 베드타임 스토리용 책으로 적당하다.

책을 좋아하는 아이들은 끝도 없이 읽어 달라고 한다. 그러나 독서 시간이 30분을 넘어가면 수면에 방해가 되고, 읽어 주는 부모도 피곤해서 매일 지속하기 힘들어진다. 30분 이내로 시간 조절을 해서 아이도 그 시간에 익숙해지게 하는 것이 좋다. 아이가 책을 한 아름 안고 와서 읽어 달라고 하면 난감하다. 잠자리에서는 많은 양의 독서보다는 적당히 편하게 읽는 것이 중요하므로, 미리 아이와 시간이나 책의 권수에 대해 약속을 정한다. 베드타임 스토리가 중요한 이유는 책을 읽는 데 있지 않고 아이와 대화하는 데 있으므로 초점이 흔들리지 않도록 조심한다.

책을 아이가 정하는 것도 좋은 방법이다. 아이가 고른 책을 읽어 주고 대화를 나누는 것이다. 얇은 책은 한 권 다 읽지만, 두꺼운 책은 중간에서 멈춘다. 이때는 "내용이 어떻게 될지 내일 읽어 줄게. 그 다음 이야기를 상상해 봐" 하면서 다음 이야기를 상상하도록 유도한다. 무엇보다 책을 읽고 난 뒤의 느낌을 공유하는 것이 중요하다. 책을 읽어 주고 나서 "느낌이 어땠어? 네 생각은 어때? 네가 주인공이라면 어떻게 할 것 같니?" 등과 같은 질문을 던져서 아이의 느낌을 듣고 칭찬을 아끼지 않는다.

유대인들은 아이들이 아주 어릴 때부터 따로 재운다. 우리는 아이와 함께 자면서도 애착에 어려움이 많은데, 유대인들은 따로 재우면서도 애착에 별 문제가 없다. 그 이유는 베드타임 스토리에 있다. 베드타임 스토리는 자기 전에 엄마나 아빠가 아이와 짝을 지어 대화를 나누는 하브루타의 대표적인 형태다. 유대인의 태교와 베드타임 스토리는 하브루타로 이루어지고 있는 것이다.

자녀교육 혁명 하브루타

유대인을 지킨 안식일 식탁

Havruta

유대인들은 아브라함 이후로 약 4000년의 역사를 가지고 있다. 이후 유대인들은 여호와 하나님을 믿었고 그들의 정체성을 유지해 왔다. 그들이 나라다운 나라를 가진 적은 4000년 역사 중에 사울 왕에서부터 남유다가 멸망할 때까지인 500여 년밖에 되지 않는다. 그 나머지는 모두 포로로 끌려가거나 식민지였거나, 나라 없이 전 세계를 떠돌며 살았다. 특히 로마 디도 장군에 의해 주후 70년 예루살렘이 완전히 파괴된 이후로는 그 땅에 거주하지 못하고 세계 각지에 흩어져 살아야 했다. 그러다 1948년 그들은 비로소 이스라엘이라는 나라를 다시 세웠다.

이렇게 세계 각지에서 다른 나라 백성으로 고난의 세월을 보내던 유대인들이 어떻게 근 1900년 만에 자신들의 나라를 다시 건설할 수 있었을까? 그 이유는 그들이 유대인으로서 자신들의 정체성을 수천 년 동안 잃지 않았기에 가능했으며, 그 정체성을 지키게 한 핵심은 가정이었다. 물론 회당이나 랍비도 큰 역할을 했지만, 박해가 시작되면 가장 먼저 회당과 랍비를 공격했을 것이므로 언제든지 그 자리를 지킨 것은 가정이었다. 그리고 가정에서 그들의 정체성을 유지할 수 있었던 핵심은 안식일 식탁이었다.

| 안식일 식탁이 유대인을 지키다 |

유대인 정체성 유지의 핵심, 안식일 식탁

유대인들은 유대인이 안식일을 지킨 것이 아니라 안식일이 유대인을 지켰다고 말한다. 유대인들에게 가장 중요한 축일이 언제냐고 물으면 대속죄일이나 유월절이라고 대답하지 않는다. 그들은 안식일이라고 대답한다.[55] 그만큼 유대인에게 안식일은 중요한 의미를 가진다. 이 안식일은 성경에서 하나님이 엿새 동안 천지만물을 지으시고 7일째 되는 날에 쉰 데서 유래한다.

유대인들에게 하루는 해가 질 때 시작해서 다음 날 해가 지기 전까지다. 정확하게는 저녁에 별이 세 개 뜰 때가 하루의 시작과 끝의 기준이다. 그래서 이들에게 안식일은 금요일 저녁에 해가 질 때부터 토요일 해가 질 때까지다. 성경은 안식일에는 일하지 말고 쉬라고 명령하고 있으며, 십계명 중 제4계명으로 "안식일을 기억하여 거룩하게 지키라"고 명령했다. 또 성경에는 안식일을 지키지 않으면 반드시 죽이라고 되어 있다.

유대인들은 안식일에 불을 피우면 안 되기 때문에 전기 스위치를 켜고 끄거나 가스 불을 켤 수 없다. 운전도 해서는 안 된다. 요리도 할 수 없다. 그래서 미리 음식을 충분히 만들어 놓는다. 안식일에 불을 피울 수 없기 때문에 하루 종일 불을 켜놓기도 하고, 반드시 불이 필요한 음식은 은근한 불에 올려놓는다.[56]

이처럼 유대인들은 안식일을 철저히 지킴으로써 오랜 시간 동안 단결을 유지해 왔다. 독일 나치 때는 수용소에 끌려가면서도 가방에 안식일 저녁에 필요한 기물을 챙겼을 정도였다. 그래서 유대인 박물관에 가면 미국 이민 초기에 유대인들이 짐 보따리에 안식일을 지키는 데 필요한 기물을 챙겨 넣은 모습이 전시되어 있다.

유대인들은 안식일을 목숨처럼 지켰고, 그 안식일은 유대인을 지켰다. 유대인들은 도저히 그렇게 할 수 없는 상황에서도 자신들의 전통을 지킴으로써 정체성을 잃지 않았다.[57] 만일 안식일이 없었다면 과연 이스라엘이 근 1900년 만에 다시 세워졌을까? 아마도 그들은 이미 다른 민족에게 흡수되어 정체성을 잃어버렸을 것이다.

유대인들은 이사 갈 때 중요하게 고려하는 것이 있다. 먼저 회당이 얼마나 집 가까이에 있는지를 따진다. 안식일에는 운전을 할 수 없으

자녀교육 혁명 하브루타

므로 회당까지 걸어가야 하고 회당에서 자녀들을 위한 여러 프로그램에 참여할 수 있기 때문이다. 그런 다음 훌륭한 랍비와 좋은 스승이 있는 학교가 집 가까이에 있는지를 따진다. 그리고 나머지 하나는 종교 서적 전문점이 가까이에 있는지를 고려한다. 유대인 가정에서 책은 음식 못지않게 중요하기 때문이다.[58] 우리가 집을 구할 때와 비교하면 많은 차이가 있음을 알 수 있다.

탈무드의 대가 마빈 토케이어(Marvin Tokayer)는 유대인 교육의 핵심은 가정이고, 식사 시간이라고 한 인터뷰에서 말했다.

"탈무드식 교육은 가정에서 시작된다. 유대인 부모는 자녀와의 시간을 가장 소중하게 생각한다. 안식일인 토요일은 반드시 하루 종일 자녀 교육에 시간을 쏟는다. 자녀 교육의 핵심은 '질문하는 법'이다. 부모들은 학교에서 돌아온 자녀에게 '뭘 배웠니?'가 아니라 '오늘은 어떤 질문을 했니?'라고 묻는다. 탈무드 논쟁에선 '잘 아는 것'보다 '상대방을 더 논리적으로 괴롭히는 것'이 우선이다. 질문할 때 부담을 느끼지 않고, 모든 질문이 자연스레 토론으로 이어질 수 있는 분위기를 가정에서부터 만든다. 가족이 함께 모이는 식사 시간도 좋은 교육의 기회다."[59]

지금도 유대인들은 세계 어느 곳에 살고 있든지 금요일 저녁이면 온 가족이 모여 안식일 식탁(shabbat dinner)을 즐긴다. 아무리 일에 쫓겨도, 아무리 멀리 떨어져 살아도 금요일 저녁만큼은 가족이 한 자리에 모여 서로를 확인하고 특별한 식사를 나눈다. 빵을 떼고 포도주를 마시고 노래를 부르고 이야기를 나누면서 아주 긴 식사를 한다. 이 안식일 식탁은 가장 유대인다운 문화이면서 유대인에게는 가장 행복한 시간이다. 어느 랍비는 유대인들이 안식일을 맞는 마음가짐은 마치 특별한 손님을 초대하고 그를 영접하기 위해 준비하는 것과 같다고 말한다. 이런 과정을 통해 가족 간의 유대는 깊어진다.[60]

유대인들은 안식일이 유대인을 지켜 왔다고 말하지만, 내가 보기에 안식일 중에서도 안식일 식탁이 유대인을 지켜 왔다. 안식일에 유대인들은 회당에 가고, 안식일 식탁을 갖고, 그야말로 쉬지만, 회당에 가지 않는 유대인들도 안식일 식탁은 지키기 때문이다. 박해로 인해 회당이 문을 닫고, 랍비가 잡혀가서 회당에서 예배를 드릴 수 없어도, 그들은 가정에서 안식일 식탁을 가지면서 예배를 드려 왔던 것이다. 주후 70년 로마에 의해 예루살렘 성전이 무너지고 유대인들은 세계 각지로 흩어지게 되었다. 탈무드 규정에 따르면 성인 남자 10명이 있어야 모임을 형성할 수 있고 회당을 세울 수 있다. 각지로 흩어진 유대인들로서는 성인 남자 10명을 모으는 것조차 쉽지 않았을 것이다. 설령 어렵사리 회당을 세워도 박해가 시작되면 가장 먼저 회당과 랍비가 공격을 당했다. 이렇게 회당에 모이는 것조차 어려워지자 유대인들은 가정에 모여 예배를 드리고 기도하기 시작했다.

안식일 식탁은 성경에서 명령하는 것들을 지키려는 유대인들의 필사적인 노력에서 나온 산물이다. 무엇보다 자녀에게 말씀을 부지런히 가르치고 강론하라는 명령을 지키려는 의도가 크다. 유대인들은 안식

자녀교육 혁명 하브루타

일 식탁을 보통 3시간 정도 갖는다. 이 중에서 유대교의 절차에 따라 기도하고 찬송하는 예배의 절차는 길어야 30분을 넘기지 않는다. 나머지 2시간 30분은 한마디로 하브루타하는 시간이다. 하브루타는 성경 하브루타 1시간 정도와 일상 하브루타 1시간 반 정도로 이루어진다. 즉 가족끼리 성경과 일상의 주제를 가지고 대화를 나누면서 안식일 식탁을 즐기는 것이다.

유대인 여학생 입에서 나온 충격적인 말

나는 2010년 2월 미국에 가서[61] 유대인 회당과 학교, 가정을 직접 돌아보았다. LA에 있는 유대인 박물관인 '관용의 박물관'과 유대인 학교를 안내한 랍비는 이작 애들러스테인(Yitzchok Adlerstein)이었다. 그는 우리를 안내하기 전에 강의를 했는데, 유대인들은 율법을 무겁게 생각하지 않고 즐겁게 실천한다면서 그것을 자전거 타기에 비유하여 설명했다. 그의 말을 간략하게 요약하면 다음과 같다.

"율법대로 산다는 것은 기독교인들이 보기에 많은 짐을 지고 힘들게, 강압적으로 사는 것처럼 보일 수도 있다. 그래서 영적인 것을 제거하는 것으로 생각한다. 하지만 유대인들은 율법을 즐겁게 실천한다. 아주 어려서부터 훈련되어 하나의 익숙한 삶으로 정착되었기 때문이다. 이는 자전거를 배우는 것과 같다. 자전거를 처음 배울 때는 넘어지고 다치고 힘들고 어렵다. 하지만 일단 자전거 타는 법을 배우고 익숙

Chapter 8. 유대인을 지킨 안식일 식탁

해지면 저절로 자전거를 탈 수 있다.

유대인들은 율법을 무겁게 생각하지 않는다. 율법은 우리 삶이다. 생활 속에서 조금씩 쌓여서 거룩해지는 것이다. 조금씩 하는 것이 훈련이다. 인간이 원하는 대로 사는 것이 아니라 하나님이 원하시는 대로 사는 삶이다. 우리는 음식을 먹을 때마다 기도문이 다르다. 음식을 다 먹고 나서도 꼭 기도한다.

이런 식으로 유대인들은 생활 속에서 자연스럽게 율법을 훈련한다. 아주 어릴 때부터 훈련한다. 이론을 설명해서 이해시키고 구체적으로 훈련시킨다. 예를 들어 아이와 마트에 갔다고 하자. 쇼핑을 마치고 계산대에 섰을 때 옆에는 아이를 유혹하는 달콤한 과자 같은 것이 있다. 아이가 초코바를 들고 말한다.

"사 주세요."

"안 된다."

"왜요?"

"코셔 마크가 없잖아."

아이는 그 옆에 캔디 바를 집어 든다.

"아빠, 여기 코셔 마크가 있어요. 이것은 먹어도 되지요?"

그러면 아버지는 할 수 없이 캔디 바를 사준다. 이러는 중에 몇 가지 율법 교육이 아주 자연스럽게 이루어진다. 첫째, 먹을 때마다 하나님을 생각하게 되는 것이다. 수백 번을 식사 전후에 기도하면서 하나님을 생각하게 된다. 둘째, 하나님께 감사하게 된다. 셋째, 코셔가 무엇인지 알게 되고, 코셔가 아닌 것은 먹으면 안 된다는 것을 배우게 된다.

자녀에게 거절해야 할 때가 있고 허락할 때가 있다. 하나님이 허락하시는 것인가, 거절하시는 것인가가 그 기준이다. 부모는 자녀가 원하는 것이 아니라 하나님이 원하시는 것을 할 수 있도록 이끌어 준다. 그래서 이런 질문이 항상 자녀의 머릿속에서 떠나지 않는다.

'너 하나님이 무엇을 원하시는지 알지? 하나님을 행복하게 해드리려면 어떻게 해야 하지?'

내게는 자녀가 8명 있다. 나는 직업이 세 개이고, 아내는 두 개다. 그래서 평소에는 함께 밥 먹을 시간이 거의 없다. 하지만 안식일에는 완전히 달라진다. 집에는 3~4세대가 함께 모인다. 손님도 있다. 모든 가족이 둘러앉아 3~4시간 동안 토라를 주제로 대화를 나누고 개인적인 이야기도 나눈다. 여러 세대 간에 허물없이 이야기를 나눈다.

유대인의 집에 가면 어디든지 종교 서적이 수백 권, 수천 권 있다. 대신에 TV가 없다. 우리 가정뿐 아니라 결혼한 자녀의 가정에도 TV가 없다. 나의 자녀 중에는 변호사가 셋이고, 사업가가 두 명이다. 랍비인 자녀는 없지만 어느 가정에도 TV가 없다. 극장에도 가지 않는다. 허용된 것만 본다. 그런데 요즘 인터넷 때문에 고민이다.

성경을 연구할 때면 논리적 이론뿐 아니라 실천적 방법을 연구한다. 내게 한 시간이 주어진다면 무엇을 할 것 같은가? 나는 당연히 탈무드를 공부할 것이다.

아내는 가발 공장 사장이다. 집 바로 옆에 공장이 있어서 자녀를 돌봐야 할 때는 바로 집으로 달려온다. 아이가 학교에서 수업을 마치면 우리는 반드시 부모 중 한 명이 아이를 데리러 간다. 아이들을 꼭 챙긴다."

유대인의 회당이나 가정, 학교에 갈 때마다 나는 그들의 모습을 보고 충격을 받았다. 학생들은 둘씩 짝지어서 열심히 토론했다. 특히 유대인 여학교에 갔을 때 만났던 여학생들의 말이 지금도 머리에서 떠나지 않는다.

여학교는 특별한 표시도 없고 정문은 철문이었으며 경비원이 통제하고 있었다. 그런데 학교 안에 들어가자 축제가 한창이었다. 블랙 팀과 옐로 팀으로 나뉘어 경쟁하는 축제였다. 아이들은 얼굴에 여러 가지 색을 칠하고 짧은 치마를 입고 돌아다녔는데 표정이 아주 밝았다. 우리를 향해서도 반갑게 손을 흔들어 주었다.

우리 팀을 이끌던 현용수 박사가 여학생 몇 명과 하브루타를 나눌 기회가 있었다. 현용수 박사는 일부러 아주 짓궂은 질문을 했다.

"유대인은 여자가 너무 힘들 거 같다. 집안일도 많이 하고 자녀도 많이 낳아야 하니 얼마나 힘들겠니?"

"힘들지 않아요. 즐겁게 배우고 있어요."

"결혼하면 남편은 보스고 아내는 종처럼 일하지 않니?"

"남편이 머리인 건 맞아요. 그런데 아내는 목이에요. 머리는 목이 움

자녀교육 혁명 하브루타

직이게 해야 움직일 수 있는 것 아닌가요?”

“자녀도 보통 열 명가량 낳아야 하고 너무 힘들것 같은데?”

“우리 할아버지, 아버지 때부터 자녀를 많이 낳아야 한다고 배웠기 때문에 저도 그렇게 할 거예요. 그리고 그것은 하나님이 그렇게 하라고 하셔서 하는 거예요.”

“부모 몰래 데이트하고 싶지 않니?”

“왜 그것을 숨어서 해야 하죠? 당연히 부모님이 아셔야죠.”

“남자 친구는 있니?”

“지금 남자 친구가 왜 필요하죠?”

“결혼 조건은 무엇이니?”

“첫째는 유대인이어야 해요. 둘째는 그 가정의 배경을 보죠.”

“가장 큰 행복이 무엇이라고 생각하니?”

“여러 가족이 모여 함께 말씀을 나누고 음식을 나누는 거예요.”

“직장에서 성공도 하고 일도 열심히 하고 싶지 않니? 결혼을 늦게 해도 좋지 않을까?”

“저는 빨리 할 거예요.”

“왜 빨리 하려고 하지?”

“우리는 그렇게 배우고 자랐어요.”

“네 꿈이 뭐니?”

이 질문에 대해 네 아이의 대답은 각기 달랐다.

“아이들을 잘 키우는 거예요.”

"세상을 더 아름답게 가꾸는 거예요."
"세상을 더 유익하게 만드는 거예요."
"가정을 아름답게 꾸미는 거예요."

유대인 여학생들의 대답은 우리나라에서는 교과서에도 나오지 않을 것 같은 고지식하고 모범적인 대답이었다. 그들은 가장 큰 행복이 온 가족이 모여 성경 말씀에 대해 이야기하는 것이고, 그들의 꿈은 가정을 아름답게 꾸미고 아이들을 잘 키우는 것이라고 했다.

| 안식일 식탁은 어떻게 하는가 |

미국에 갔을 때 유대인 가정에서 안식일 식탁을 갖는 모습을 지켜볼 기회가 있었다. 우리가 방문한 집은 그린버그(Greenberg)라는 30대의 젊은 유대인 부부 가정이었다. 이 집에는 자녀가 다섯 있었는데, 태어난 지 얼마 안 된 아기부터 중학생쯤으로 보이는 소년까지 올망졸망 있었다. 그린버그 집에는 다른 랍비 부부와 아이들도 와 있었다.

30여 명이 방문했는데도 비좁지 않을 만큼 집이 넓었다. 하지만 거실에는 TV가 없었다. 거실 벽에는 이스라엘 지도와 예루살렘을 그린 그림이 걸려 있었다. 그리고 책장에는 하드커버로 된 토라와 탈무드를 비롯한 책들이 빼곡하게 꽂혀 있었다. 아이들이 노는 방에는 히브

자녀교육 혁명 하브루타

리 알파벳과 유대인 전통과 관련된 어린이 책이 있었다. 아이들 방에는 벽면 가득히 아이들이 그린 그림과 글씨, 편지가 있었고, 책장은 놀잇감이나 교육 도구들로 가득 채워져 있었다.

이 집의 주인인 그린버그는 할리우드에서 영화 관련 일을 하고 있었다. 그는 영국 출신의 유대인이고, 부인은 브라질 출신의 유대인으로 둘은 이스라엘 여행 중에 만났다고 한다. 결혼 후에는 미국에서 살고 있었다.

그린버그는 1991년에 미국으로 건너와 영화 촬영 관련 일을 했는데, 한번은 어느 랍비 집에서 영화 촬영을 하게 되었다. 촬영을 마친 뒤 당연히 돈을 요구할 줄 알았는데 랍비는 돈은 필요 없고 대신에 안식일에 그를 초대하고 싶다고 말했다. 그는 유대인이었지만 그때까지 안식일을 지킨 적이 없었다. 그린버그는 그렇게 해서 랍비의 집에 가서 안식일 식탁을 경험하게 되었는데 그때 엄청난 충격을 받았다고 한다. 천국이 이런 곳이 아닐까 싶을 정도로 자녀와 부모의 모습이 너무 행복해 보였기 때문이다. 이후 4년 동안 랍비 가족들과 어울리면서 점차 유대인으로서 정체성을 회복하여 유대인답게 살 수 있게 되었다고 했다.

그린버그는 자신의 가정에서도 안식일 식탁을 갖기로 결심했다. 그런데 하필 시작하기로 한 첫날 톰 크루즈, 샤론스톤과 같은 할리우드의 스타들과 약속이 잡혀 있었다. 그는 매우 고민했다. 그 자리에 참석하지 않는다면 대형 프로젝트가 무산될지도 몰랐다. 하지만 그는 용기를 내었고 생애 처음으로 가족과 안식일 식탁을 가졌다. 안식일이 끝난 뒤 동료에게서 깜짝 놀랄 만한 소식을 들었다. 그날 만나기로 한 약속 장소에서 폭발 사건이 일어나 약속이 취소되었다는 것이다. 이 사건 이후로 그는 안식일을 더욱 잘 지키게 되었다.

그린버그는 자녀들을 한 사람 한 사람 불러 머리에 손을 얹고 축복 기도를 해주었다. 아버지는 진심을 다해 자녀를 축복했고, 아이들은 진지하게 그 기도에 임했다. 다섯 명을 모두 축복기도 한 그린버그는 아내에게 축복의 말을 하며 아이들과 함께 노래를 불렀다. 아내를 축복하는 노래라고 했다. 아이들은 어머니를 포옹하면서 감사와 축복의 말을 전했다.

거실에서 자리를 옮겨 안식일 식탁이 차려진 곳으로 갔다. 식탁에 가족과 초대받은 가족들이 둘러앉았다. 그린버그의 인도에 따라 모두 노래를 부르고 기도문을 읽었다. 그런 다음 어른들에게는 잔에 포도주를 따라 주고 아이들에게는 포도주스를 따라 준 뒤 축복 기도문을 낭독했다.

포도주와 포도주스를 마시고 나서 모두

안식일 식탁에서 포도주 잔을 들고 키두쉬(Kiddush)를 낭독하고 있는 아버지. 키두쉬를 다 읽고 나면 온 가족에게 포도주를 나눠 준다.

자녀교육 혁명 하브루타

순서대로 수돗가로 가서 손을 씻는 정결의식을 가졌다. 한 사람도 빠짐없이 손을 씻었다. 다시 모든 사람이 식탁에 앉자 그린버그는 할라 빵을 덮은 천을 거두고 할라 빵을 잘라 가족과 손님들에게 나눠 주었다.

빵을 먹으면서 그린버그는 아이들에게 차례차례 성경에 대한 질문을 했다. 유대인들은 매일, 또는 매주 읽어야 하는 성경 본문이 동일하기 때문에 아이들은 그것을 평소에 공부했다가 아버지가 묻는 질문에 대답을 했다. 대답을 하지 못하거나 틀린 대답을 하면 다른 질문으로 물었다. 아이와 아버지가 계속 질문과 답변을 이어 갔고, 중간 중간 다른 아이들이 그 대화에 끼어들었다. 대화는 주로 아버지와 자녀가 일대일로 진행했고, 그 아이가 모르면 다른 아이들이 대답하면서 하브루타가 이어졌다.

열 살가량의 큰딸 차례가 되었을 때 아이는 뭔가를 가득 적어 놓은 종이를 꺼내 하브루타에 임했다. 아버지는 질문하고, 딸은 답변을 하면서 한 시간 가까이 이어졌다. 그러는 동안에도 자유롭게 빵이나 과일을 먹었고, 딸의 답변이 틀려도 아버지는 바른 답을 알려 주지 않았다. 이렇게 답을 잘 알려 주지 않아 자녀로 하여금 늘 궁금증을 갖게 하는 것이 탈무드 교육의 특징 중 하나다. 질문을 통해 지식과 지혜가 더 날카로워져 세상을 이기는 삶을 살도록 돕는 것이다.

유대인의 안식일에는 6일 동안 지저분하던 가정이 깨끗해지는 것은 물론 무엇보다 가족이 육적으로나 영적으로 깨끗해진다. 최고의 음식이 차려지고 최고의 식기들이 구별된 장소에서 나와 식탁에 옮겨진다. 기물들도 거룩하고 사람도 그 시간만큼은 거룩해야 한다. 안식일 동안은 하나님과 교제하는 데 모든 정성과 시간을 쏟고, 가족과 대화하는 데 모든 관심을 집중한다. 아무리 바빠도 그 시간만큼은 절대로 양보할 수 없는 것이다. 왜냐하면 하나님이 유대인을 안식일 잔치에 초대했다고 믿기 때문이다.

그들은 단순히 율법을 준수하기 위해 안식일을 지키는 것 같지 않았다. 진정으로 하나님을 사랑하고 경외하는 마음을 안식일을 지키는 것으로 표현하는 것 같았다. 그들을 지켜보며 나 역시 여기가 천국이라는 생각을 하지 않을 수 없었다. 실제로 유대인들은 이 시간을 가장 행복한 순간으로 꼽았다.

유대인들이 지키는 일반적인 안식일 식탁의 순서[62]는 다음과 같다. 물론 순서가 약간씩 다르기도 하고, 집안 사정에 따라 특별한 순서가 들어가기도 한다.

〈 유대인 안식일 식탁의 순서 〉
- 안식일 식탁 준비
- 기부금(쩨다카) 모으기
- 촛불 켜기
- 자녀 안수축복기도
- 살롬 알레이헴 등 찬양하기
- 어머니(아내) 축복하기

자녀교육 혁명 하브루타

- 기도문(키두쉬) 낭독과 포도주 마시기
- 정결 의식
- 할라 빵을 나누고 식사하기
- 성경 하브루타
- 할아버지부터 손자까지 하나되는 대화의 시간
- 후식

안식일 식탁 준비

안식일이 되기 전 금요일 오후에는 온 가족이 집 안을 깨끗하게 청소한다. 안식일을 거룩하게 지키기 위한 한 방법으로 청소를 하는 것이다. 유대인들은 가정을 성전으로 생각한다. 성전에서 제사를 지내기 전에 성전 안

안식일 식탁 준비는 안식일이 시작되기 전에 마친다. 포도주와 포도주 잔, 할라 빵 등이 보인다.

을 깨끗이 청소해서 정결하게 하듯이, 가정도 성전이기 때문에 안식일을 지내기 위해 깨끗하게 청소하여 정결하게 하는 것이다.

청소가 끝나면 안식일 식탁을 준비한다. 할라 빵을 만들고, 포도주를 꺼내고, 식사를 준비한다. 그리고 안식일에만 사용하는 하얀 식탁보를 깐다. 하얀 식탁보를 까는 이유는 탈무드에 따르면 이스라엘 민

족이 광야에 있을 때 흰 만나가 땅을 덮었기 때문에 이를 기념하기 위함이라고 한다. 안식일에 사용하는 그릇이나 도구들은 평소에는 사용하지 않고 따로 보관해 두었다가 안식일에만 사용한다. 거룩하다는 것은 곧 구별됨을 의미하기 때문이다. 안식일에 사용하는 기물들에는 식탁보를 비롯해 할라 빵을 덮는 천, 포도주 잔들, 할라 빵을 놓는 그릇, 촛대, 정결 의식에 사용하는 손잡이가 둘 달린 컵 등이 있다. 식탁 위에 할라 빵 두 개를 접시에 놓고 그 빵을 덮는 천으로 덮는다. 포도주를 놓고 참여하는 가족과 친척들 수만큼 접시와 포크, 나이프 등을 배치한다.

기부금(쩨다카) 모으기

모든 준비가 끝나면, 안식일이 되기 직전, 촛불을 밝히기 전에 가족들은 구제함에 구제금을 넣는다. 유대인 가정에는 구제를 위해 쓰일 돈을 모으는 구제함인 '푸쉬케'가 있다. 가족은 안식일 예배가 시작되기 전에 기부금인 쩨다카를 푸쉬케에 넣는다. 이 쩨다카는 어린이라도 각자 용돈을 아껴서 마련한다. 이를 통해 아이들은 어릴 때부터 자연스럽게 구제에 대해 배운다.

아이들은 쩨다카를 위해 용돈을 아끼기도 하고 잔디를 깎거나 서빙을 하는 등 아르바이트를 하기도 한다. 이렇게 모은 쩨다카를 어떻게 사용할지는 온 가족이 함께 의논하여 결정한다.

유대인 부모들은 아이들에게 가정의 예산과 소비 규모를 밝히고 어

자녀교육 혁명 하브루타

리더라도 쩨다카에 동
참하도록　가르친다.
이를 통해 유대인 아
이들은 가정경제를 배
우고, 이웃을 배우고,
더불어 사는 법을 배
우고, 돈의 중요성을
배운다.

쩨다카를 넣는 통인 푸쉬케. 이런 통은 유대인의 집, 회당, 직장 등 유대인들이 모인 곳에는 어디에나 있다. 이것은 유대인들의 기부 정신을 상징한다.

촛불 켜기

촛불은 안식일이 되기 전에 켠다. 공식적으로는 하늘에 별이 세 개 보일 때부터가 하루의 시작이다. 하지만 해가 지는 시간을 정확하게 계산하지 못하면 본의 아니게 안식일을 범하게 된다. 이런 사고를 막기 위해 유대인들은 안식일 초를 미리 켜 둔다. 촛불은 해가 넘어가기 최소 18분 전에 밝히는 것이 관례다. 안식일에 불 켜는 행위가 금지되어 있기 때문이다.

성경은 밭을 가는 행동과 수확하는 행동, 그리고 불을 피우는 행동 등 몇 가지를 일로 분류하여 안식일에 하지 못하게 했다. 탈무드에는 서른아홉 가지를 일로 규정하고 있다. 유대인들은 안식일에 전기 스위치조차 만지지 않는다. 그래서 유대인 가정에는 온갖 타이머들이 설치되어 있다. 저절로 전등이 켜지고 꺼지도록, 보일러가 켜지고 꺼

촛불은 안식일이 시작되기 전에 어머니가 밝힌다. 촛불의 수는 두 개가 기본이지만 여러 개를 켜기도 한다.

지도록 타이머를 맞춰 놓는 것이다.

안식일에 회당에서는 전등 스위치를 실수로 건드려 꺼지면 다시 켤 수 없기 때문에 접착 테이프로 고정시켜 놓기도 한다. 안식일에 이스라엘의 호텔이나 건물에 가면 유대인용 엘리베이터가 따로 있다. 그 엘리베이터는 매 층에서 열리고 닫힌다. 그 건물이 30층이면 층마다 30번을 서고, 문이 열리고 닫힌다. 안식일에 엘리베이터 버튼을 누르는 것도 일이라고 생각하기 때문에 자동으로 서고 열리고 닫히도록 하는 것이다. 율법을 엄격하게 지키는 유대인 가정에서는 안식일에 금지된 일을 대신 해주는 비유대인을 고용하기도 한다. 이들을 샤베스 고이(Shabbes goy)라고 부른다.

안식일 식탁이 준비되면 해가 저물기 전에 아내가 '하누카'라는 촛대에 초를 꽂고 불을 붙인다. 유대 전통에 따르면 최소한 두 개의 촛불을 켜야 한다. 이 두 개의 촛불은 출애굽기 20장 8절의 "안식일을 기억하여 거룩히 지키라"에서 두 동사 '자코르'(기억하라)와 '샤모르'(지키라)를 상징한다. 어떤 학자는 두 개의 촛불이 "안식일을 기억하여 거룩하

자녀교육 혁명 하브루타

게 지키라”와 “안식일을 지켜 거룩하게 하라”_(신 5:12)의 두 말씀을 의미한다고 주장한다. 중요한 것은 유대인들은 촛불을 켜면서 안식일을 기억하고 거룩하게 지키라 하신 말씀을 지키려 노력한다는 것이다.

안식일 촛불은 대부분 여자가 켠다. 탈무드는 그 이유에 대해 다음과 같이 설명한다. 남자로 하여금 죄를 짓도록 한 것은 여자이며 이로 인해 세상의 빛이 어두워졌다. 이 여자는 뱀에게 속은 하와이지만, 그의 후손들은 촛불을 켜서 빛이 돌아오도록 할 책임이 있다. 그래서 안식일 식탁을 주관하는 가장의 아내가 촛불을 켜는 것이다. 한편으로는 유대인들은 가정의 빛이 어머니라고 생각하기 때문이기도 하다.

살롬 알레이헴 등 찬양하기

이스라엘에서는 금요일 오후 6시 해질 무렵이면 어김없이 사이렌이 울려 퍼진다. 안식일의 시작을 알리는 사이렌이다. 촛불을 켜고 안식일이 시작되면 유대인은 〈살롬 알레이헴〉(너희에게 평화가 있기를)이란 안식일의 노래를 부른다. 유대인들의 전통에 따르면, 이 노래는 전능하신 하나님이 안식일에 각 가정에 보낸 천사들을 환영하는 노래다. 이 노래 외에도 안식일에 관한 노래가 많다.

자녀 안수축복기도 및 어머니(아내) 축복하기

이삭이 그의 아들 야곱과 에서를 축복하고, 야곱이 그의 열두 아들을 축복한 구약의 전통을 따라 유대인 부모들은 매주 안식일에 자녀를 축복한다. 아버지가 자녀의 머리에 손을 얹고 안수하면서 축복기도를 해준다.

유대인들은 자녀를 축복할 때 야곱이 요셉의 아들들인 므낫세와 에브라임을 축복한 창세기 48장 20절을 그 모범으로 삼는다.[63] 자녀를 축복한 아버지는 아내를 축복한다. 잠언 31장의 말씀을 아내를 위해 낭송함으로써 아내를 향한 사랑과 존경을 표시한다. 유대인의 아내들은 남편이 이 말씀을 낭송할 때 더욱 현숙한 여인이 되기를 다짐하며, 아내와 어머니된 것을 행복으로 느낀다.

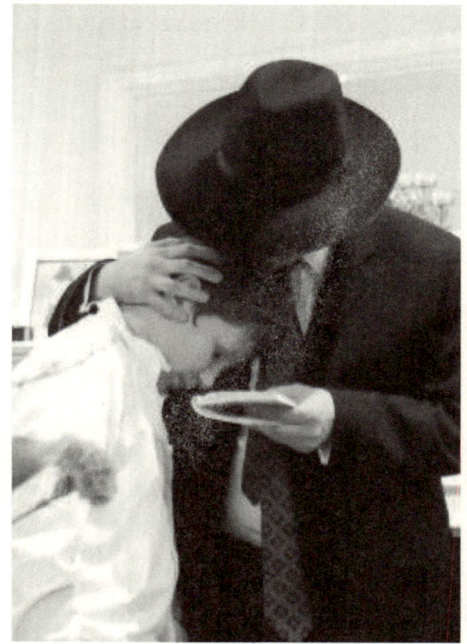

자녀의 머리에 손을 얹고 축복기도 하는 아버지. 아버지는 모든 가족에게 축복기도를 하고, 아내에게 감사하는 노래를 부르기도 한다.

안식일에는 멀리 공부하러 나간 아이들도, 따로 살던 부모님도 안식일 식탁에 참여하기 위해 한 집으로 모인다. 일주일 만에 다시 만난 부모는 어린 손자들의 머리에 손을 올려 축복해 주고, 아들 머리에도 손을 올려 축복기도를 해준다. 그 모습은 이 세상에서 가장 평화롭고 아름답다.

자녀교육 혁명 하브루타

기도문(키두쉬) 낭독과 포도주 마시기

가족을 위한 축복이 끝나면 포도주를 컵에 따르고 "안식일을 기억하여 거룩히 지키라"를 낭송하고 기도한다. 이를 가리켜 '키두쉬'라고 한다.

집의 가장인 아버지가 포도주 한 병을 따서 가족 모두에게 한 잔씩 따라 준다. 온 가족이 포도주 잔을 받아 들면 아버지가 하나님께 감사드리는 노래를 부르기 시작한다. 수많은 사람 중에서 특히 이스라엘 민족을 선택해 주신 하나님께 감사하는 노래, 수많은 역경 속에서도 자신들을 지켜 주신 하나님께 감사하는 노래, 오늘 이 시간에 온 가족이 함께 식탁에 앉아 하나님께 감사할 수 있게 해주신 데 대한 감사의 노래, 부모님이 건강하고 자녀들이 잘 자라게 해주신 데 대한 감사의 노래다.

가장은 포도주를 따른 잔을 들고 키두쉬를 낭독한다.

그런 다음 아버지가 먼저 포도주를 마시고, 할아버지, 할머니, 아내 등 어른들이 포도주를 마신다. 어린 자녀들에게는 묽은 포도주를 주기도 하고 포도주스를 주기도 한다.

정결 의식

키두쉬가 끝나면 수돗가로 가서 정결 의식을 치른다. 식사 전에 손을 씻는 것이다. 흐르는 물에 씻어야 하므로 수돗물을 틀어 놓고 컵에 물을 담아 씻는다. 정결 의식에 쓰는 컵에는 손잡이가 두 개 달려 있다. 먼저 한 손으로 컵 손잡이를 잡고 물을 부어 다른 손을 씻은 다음, 깨끗한 손으로 다른 손잡이를 잡고 물을 부어 다른 손을 씻는다.

흐르는 물에 손을 씻는 정결 의식을 하고 있다. 모든 가족이 수돗가에 가서 컵에 물을 담아 양 손을 모두 닦는다.

할라 빵을 나누고 식사하기

안식일 빵인 할라를 덮은 천을 걷어 내고 축복의 말을 낭송한다. 할라 빵을 천으로 덮는 이유는 안식일을 신부에 비유하기 때문이다. 유대인들은 결혼식 때 축복기도를 한 후에 신부가 쓰고 있던 면사포를 걷어 올리는데, 빵 위에 덮은 천이 바로 이 면사포를 상징한다. 즉 베일을 벗겨 내고 기쁜 마음으로 안식일의 중요한 상징이 되는 빵을 꺼내 자르는 것이다.

안식일 빵, 물고기 요리, 포도주, 이 세 가지는 안식일 저녁을 빛내는

자녀교육 혁명 하브루타

칼로 할라 빵을 나누고 있는 아버지. 빵을 잘라 온 가족에게 나누어 준다.

가장 전통적인 음식이다. 안식일 빵은 '할라'라고 한다. 원래는 구약 시대에 빵 반죽 중 제사장의 몫을 가리켜 '할라'라고 불렀다. 할라라는 히브리어 단어는 일반적으로 한 덩어리의 빵이다. 성전에 올려놓는 진설병, 즉 열두 개의 빵에서 할라 빵이 유래했다고 본다.

안식일에 유대인들은 빵 두 개를 식탁에 올려놓는데 그 이유는 광야 생활을 할 때 안식일 전날에는 2일 분량의 만나를 거두었기 때문이다.

이렇게 아내가 만든 빵을 남편이 떼어서 가족에게 한 조각씩 나눠 주면 가족은 빵을 받아먹으면서 본격적으로 식사를 시작한다.

성경 하브루타

　유대인들은 매일 읽어야 하는 토라의 분량과 탈무드의 분량이 있다. 토라는 종파에 따라 다르지만 보통 1년에 한 번 읽도록 배정되어 있고, 탈무드는 7년 반에 한 번은 읽도록 분량이 할당된다. 그래서 모든 유대인들은 할당된 분량을 매일 읽고 공부한다. 아버지도 공부하고 자녀들도 공부한다.

　각자 공부한 것을 함께 나누는 시간이 안식일 식탁의 가장 중요한 시간이다. 안식일을 지키는 이유가 하나님 말씀을 전수하는 데 있기 때문이다. 성경 하브루타는 주로 아버지와 자녀 사이에 이루어지며, 해당 본문에 대해 질문하고 답변하며 그것에 대해 토론하는 형식으로 진행된다. 이 시간은 일주일 동안 경험한 것을 성경의 내용과 연결시키고 앞으로 어떻게 실천한 것인지를 다짐하는 시간이기도 하다.

안식일 식탁에서 가장 중요한 일은 자녀에게 성경을 가르치는 일이다. 아버지가 자녀들에게 계속 질문을 던지면서 대화하고 토론하는 하브루타로 성경을 가르친다.

자녀교육 혁명 하브루타

할아버지부터 손자까지 하나되는 대화의 시간

안식일 식탁 중 가장 많은 시간을 차지하는 시간이 가족 간의 대화의 시간이다. 할아버지 할머니부터 손자에 이르기까지 서로의 삶을 공유하고, 삶의 지혜를 나누는 시간이다. 자녀들은 어른들과 대화를 나누면서 미래를 꿈꾸고 선대의 지혜를 배운다. 그래서인지 유대인들은 세대 차가 거의 없다. 아무리 어려운 주제라도 자기 수준에서 질문하고 답변한다.

안식일은 부모와 자녀 간에 대화를 나누는 날이기도 하다. 유대인 가정은 일반적으로 안식일 식사를 들며 늦은 시간까지 대화를 나눈다. 이런 시간을 통해 부모는 자연스럽게 자녀에게 교육할 기회를 얻는다.

안식일에 가족 간에 이뤄지는 대화의 주제는 대부분 교육과 관련된 것이다. 아버지는 자녀가 지난 한 주일 동안 무엇을 얼마만큼 배웠는가를 질문한다. 교과 학습은 물론 토라와 탈무드에서 공부한 내용을 묻는다. 자녀는 아버지의 질문에 답변하면서 학습한 것을 복습하기도 하고 스스로 테스트하기도 한다.[64]

이들의 대화는 처음엔 일상적인 것에서 시작하지만 점차 주제의 폭이 넓어지고 대화의 깊이가 깊어진다. 이때 다뤄지는 주제는 종교와 문화, 정치, 경제, 사회 문제 등 매우 다양하다. 그래서 사람들은 그들의 식탁에 오르지 않는 주제가 없다고 할 정도다. 아이들은 어른들의 이야기를 들으면서 접하기 힘든 정치와 경제에 관심을 갖게 되고, 이

안식일 식탁에서 가장 긴 시간을 차지하는 것이 가족 간의 하브루타다. 일주일 동안 있었던 일을 나누고, 고민이나 바라는 것들을 서로 이야기한다. 그래서 가족은 서로에 대해 거의 모르는 것이 없다.

렇게 새로운 지적 자극으로 인해 뇌가 활발하게 활동하면서 사고의 지평이 넓어진다.

아이들은 이 시간을 통해 사고하는 내용을 배우는 것이 아니라 사고하는 방법을 배우게 된다. 유대인 아이들은 시험에 통과하고 무언가를 달성하기 위해 공부하지 않는다. 생활 자체가 공부인 것이다. 그들에게 지식은 짧고 지혜는 영원하다.

후식

후식은 가족 간의 대화를 부드럽게 해주는 역할을 한다. 아이스크림이나 차, 다과 등 가정에 따라 나오는 메뉴는 다양하다. 성경 하브루

자녀교육 혁명 하브루타

타가 끝나고 가족 대화가 끝난 다음에 후식이 나오는 것이 아니라 그들은 식사를 하면서 대화를 하고, 후식을 먹으면서 대화를 한다. 이러는 중에 아이들은 잘 시간이 되면 조용히 올라가 잠을 자고, 어른들은 남아서 대화를 계속한다. 유대인들은 밥을 먹은 뒤 차와 맛있는 후식을 먹는데, 후식을 먹느라 식구들은 식탁을 떠나지 않고 계속해서 이야기를 나누게 된다. 이런 전통 때문에 유대 사회는 후식 문화가 발달했고 세계적인 디저트 식품들이 유대인의 손에서 만들어졌다.

안식일 식탁은 아무리 짧아도 2시간이고 길면 5시간도 한다. 일반적으로 3시간에서 4시간 정도 하는 것이 보통이다. 개혁파 유대인일수록 짧은 편이고 정통파 유대인일수록 길다. 또 모이는 가족이 많으면 자연스럽게 길어지고, 모이는 수가 적으면 자연스럽게 짧아진다.

토요일의 안식일 예배

유대인들은 토요일 아침에는 근처 회당을 찾아 보통 9시에 시작되어 12시까지 계속되는 안식일 예배에 참석한다. 예배 후에는 키두쉬를 암송한다. 안식일 오후 식사는 안식일에 조리할 수 없는 규정을 따라 미리 준비해 둔 촐런트(Cholent), 곧 콩을 섞어 만든 스튜를 먹는다. 촐런트 요리법은 지역에 따라 다르나 기본적으로는 고기, 콩, 감자, 채소 등을 넣고 두 시간 내지 여섯 시간 동안 익힌다. 금요일 오후 늦게 요리를 끝낸 후 오븐에 넣어 두었다가 안식일 점심때 꺼내 먹는다. 그리고 축복문을 암송하면 대략 오후 2시 정도다. 이후에는 토라를 읽거

유대인 회당의 아침 기도회 모습. 유대인들은 매일 아침 7시쯤에 회당에 모여 테필린을 머리와 팔에 차고, 탈릿를 두른 뒤 열심히 기도한다.

나 대화도 나누고 간단한 게임을 즐긴다. 그리고 안식일이 끝나기 전에 안식일의 세 번째 음식을 먹는데, 이것은 늦은 오후에 먹는 간단한 식사다.

그리고 토요일 해가 지면서 안식일은 끝난다. 밤하늘에 세 개의 별이 보이는 시간이 공식적으로 안식일이 종결되는 시간인데 그때는 해가 진 지 약 20분 후가 된다. 그리고 유대인들은 '하브달라'(Havdala)라고 부르는 안식일 종결 의식을 갖는다. '하브달라'는 분리, 구분을 의미한다.[65] 거룩한 것과 세속적인 것, 안식일과 일하는 다른 날을 구분하는 것이다.

나는 회당에 두 번 방문할 기회가 있었다. 아침 기도회와 안식일 저

자녀교육 혁명 하브루타

녁 예배였다. 우리 팀은 아침 7시경에 호텔을 출발하여 7시 반경에 유대인 회당에 도착했다. 비교적 큰 회당이라는데 회당 안에는 40여 명의 유대인들이 기도회를 가지고 있었다. 출입구는 남자와 여자가 들어가는 곳이 구분되었다. 여자들은 제한된 공간에서 지켜보아야 했다. 유대인들은 기도복과 테필린이 든 백을 가지고 회당에 들어가서 테필린을 머리에 매달고 팔과 손에 가죽 끈을 맸다. 그런 다음 기도복을 머리에 썼다. 그들은 회당에 오는 시간이 각자 달랐지만 도착하면 바로 기도의 세계에 빠져들었다. 그들은 주변에 이방인이 많았음에도 전혀 상관하지 않았다. 토라를 읽고 기도문을 읽고 눈을 뜨고 기도하고, 눈을 감고 머리 숙여 기도하기도 했다. 탈릿을 머리에 완전히 둘러 쓰고 고개를 숙이면 얼굴이 전혀 보이지 않았다.

회당에서 둘씩 짝지어서 탈무드를 놓고 토론에 열중인 유대인들. 그들은 매일 아침 이렇게 하브루타를 한다.

Chapter 8. 유대인을 지킨 안식일 식탁

눈에 띄는 점은 그중에 어린아이도 있었다는 것이다. 아직 13세가 되지 않았는지 탈릿을 입지는 않았다. 이마에 테필린을 맨 아이는 어른들 사이에서 열심히 기도했다. 그러나 회당에서 기도하는 사람들 중에 여자는 없었다. 여자들은 아이들과 함께 다른 방에 있었다.

8시가 채 되지 않은 시간에 교사와 아이들 몇 명이 활동을 하고 있었다. 미술실도 보이고 조작실도 보였다. 어린이들을 위한 공간이었다. 회당은 아이들을 맡아 보육하는 기능을 하는 듯했다. 옆방에는 어른들이 두 명씩 짝을 지어 토론하면서 탈무드를 공부하고 있었다. 그들은 매우 진지하게 공부했고 주변을 전혀 신경 쓰지 않는 모습이었다.

자녀교육 혁명 하브루타

가족 하브루타는 하나님의 명령

Havruta

| 가족 하브루타 예배, 왜 하는가 |

세상에는 유대인을 보는 두 가지 극단적인 시각이 존재하는 것 같다. 하나는 노벨상을 30%나 받고, 금융과 경제, 법률 등에서 뛰어난 능력을 발휘하는 것에 대해 칭찬하며 부러워하는 시선이다. 다른 하나는 유대인들이 잘되는 데는 어떤 음모가 있다면서 혐오하고 시기하고 질투하는 시선이다. 기독교인들 중에도 두 가지 시선이 함께 존재한다. 첫 번째 시선은 기독교의 뿌리가 유대인에게 있으며, 예수님이나 바울도 유대인이고, 그들이 잘되는 것은 성경대로 살아서이기 때문에 본받아야 한다는 입장이다. 다른 시선은 유대인은 예수님을 잡아 죽인 민족이고, 지금도 예수님을 메시아로 인정하지 않으므로 싫어하고 미워하는 입장이다.

우리는 유대인이 아니다. 유대교인은 더더욱 아니다. 유대인들은 하나님을 철저하게 믿는다. 하지만 그들은 천국에 가지 못한다. 예수 그리스도 외에는 구원이 없기 때문이다. 어쩌면 우리는 이 두 가지 극단적인 시각에서 벗어나 좀 더 객관적인 입장을 취할 필요가 있는 것 같다. 그들에게 배울 점은 철저하게 배우고, 경계해야 할 점은 반면교사로 삼아야 하는 것이다. 그들이 신앙생활을 철저하게 하고 4000년 동안 정체성을 지켜 왔으며, 가정을 우선시하고 지혜와 실력을 중시하며, 자선을 많이 하는 점 등은 우리가 배워야 할 점이다. 하지만 예수님을 메시아로 인정하지 않고, 지나치게 형식에 치우치는 경향이 있으며, 돈벌이에 치중하면서 까다로운 느낌을 주는 것은 우리가 경계해야 할 점이다.

그럼에도 불구하고 내가 보기에 그들의 한결같은 하나님에 대한 신뢰와 자녀에 대한 지속적인 교육은 우리가 배워야 할 점이다. 그리고 이 두 가지 본받을 점은 안식일 식탁에서 찾아볼 수 있다.

우리 민족에게 가장 부족한 점은 지속성이다. 우리 민족은 지능도 세계적으로 가장 높고, 노력도 가장 많이 한다. 자녀를 위해 애도 가장 많이 쓰고 희생도 많이 한다. 민첩하게 정보를 받아들이고 실천하는 것도 빠르다. 그런데 한 가지 부족한 점이 있다면 한 가지 일에 지속성을 갖지 못한다는 점이다. 한 가지 일에 깊이 있게 파고들지 못하는 것이다.

세계에서 우리만큼 지적 수준이 높은 민족이 있을까? 하지만 그 지식은 외워서 얻은 지식이지 지혜나 실천해 본 경험이 아니다. 우리는 넓게 알지만 깊게 알지 못한다. 또 유행에 너무 민감하다. 누군가 이게 좋다면 이리 휩쓸렸다가 저게 좋다면 저리로 휩쓸려 다닌다. 그래서 어떤 것도 오래하지 못한다.

하브루타의 힘은 지속성에 있다. 유대인들의 저력은 4000년 동안 실천해 온 지속성에 있다. 그들이 2000년 가까이 나라 없이 떠돌면서도 유대인으로서 정체성을 잃지 않은 데는 회당도 랍비도 아니고 쉐마를 실천하는 가정 덕분이다. 가정은 곧 회당이었고 아버지는 곧 랍비였다. 가정이 있었기에 랍비가 잡혀가고 회당이 불타도 유대인은 정체성을 잃지 않을 수 있었다.

가족 하브루타 예배의 모델은 유대인의 안식일 식탁이다. 하지만 그들은 유대교인들이고 우리는 기독교인이다. 그러므로 그들이 하는 대로 따라 해서는 안 된다. 기독교적으로 재해석하여 각 가정에 맞게 실천해야 한다. 나는 무엇보다 어떤 변하지 않는 규율에 의해 가족 하브루타 예배가 실천되기를 바라지 않는다. 각 가정의 상황이나 자녀들의 나이에 따라 가변적이어야 한다.

미국에 갔을 때 함께 간 사람들이 유대인의 안식일 식탁에 감동받아 유대인 용품 가게에서 메주자를 비롯해 테필린, 촛대, 탈릿, 포도주잔 등을 샀지만 나는 단 한 가지도 사지 않았다. 유대인들의 안식일 식탁을 보여 주기 위해서라면 모르지만 가족 하브루타 예배는 철저하게 기독교에 맞게, 한국 상황에 맞게 실천되어야 하기에 물품은 무엇을 사용하든 상관없다.

가족 하브루타 예배의 뿌리는 쉐마에 있다. 현용수 박사는 10년 넘게 쉐마를 보급하기 위해 애쓰고 있다. 실제로 그는 '쉐마 가정 예배' 또는 '가족 식탁'이라는 이름으로 주위에 전파하고 있다. '쉐마 가정 예배'는 한국인의 정체성을 위해 온 가족이 한복을 입고, 집 안을 청소하고 음식을 준비한 뒤 가정에서 예배를 드리는 것이다. 캐나다 토론토의 예수촌교회 담임인 김치남 목사가 이 예배를 가장 먼저 시작했다.

또 2008년 유학 시절에 쉐마를 접한 박금주 목사는 스스로 쉐마 가정 예배를 실천하다가 2010년 귀국하여 온세대큰빛교회를 개척하고 쉐마 가정 예배를 드리고 있다. 박금주 목사는 매주 토요일에 가족과 함께 가정에서 예배를 드리는데 참관을 희망하는 사람들에게 예배 장면을 공개하고 있다. 나도 2011년에 박금주 목사 가정을 방문해 예배를 함께 드린 적이 있다. 다음에 실린 사진들은 박금주 목사 가정을 방문했을 때 촬영한 것으로 허락을 구하고 게재하였다.

내가 '가족 하브루타 예배'라고 이름을 붙인 이유는 실천의 포커스를 하브루타에 집중하기 위해서다. 또 가정 예배라 하지 않고 가족 예배라고 한 것은 가정이라는 장소가 아니라 가족이라는 구성원에 초점을 두기 위해서다. 가족이 함께 모여 예배를 드리는 곳은 가정이어도 상관없고 여행지여도 상관없고 교회여도 상관이 없기 때문이다. 하지만 쉐마 가정 예배든 가족 하브루타 예배든, 가족의 날이든, 가족 식탁이든 명칭은 중요하지 않다. 다만 그것의 본질적인 정신을 살려 실천하는 것이 가장 중요하다.

| 가족 모두가 충분히 공감하라 |

모이는 날을 정한다

하브루타는 영적인 힘이 대단하다. 그래서 영적 방해가 매우 심하다. 가족 하브루타 예배를 드리려면 온갖 방법으로 영적 방해가 나타난다. 정말 우는 사자처럼 달려든다. 대화를 위해 모였는데 말싸움을 하기도 하고 결국 감정이 상해서 흩어지기도 한다. 하지만 하나님의 뜻은 가정을 살리는 것이다. 가정을 살리는 일을 방해한다면 그것은 사탄이 하는 일이다. 그러므로 그런 방해를 분별해서 감정에 휩쓸리지 말고 이기면서 추진해야 한다.

우선 전 가족이 모이기가 너무 힘이 들 것이다. 아버지는 아버지대로 업무에 바쁘고, 어머니는 어머니대로 정신없이 바쁘다. 자녀들도 학교, 학원, 과외 등으로 눈코 뜰 새 없이 바쁘다. 이렇게 세상일에 분주해서 가정에, 성경에, 하나님에 관심을 갖지 못하도록 하는 것이 사탄의 전략이다. 하나님은 우리에게 안식을 명령하셨다. 안식일을 지

자녀교육 혁명 하브루타

박금주 목사 가정의 쉐마 가정 예배 모습. 촛불, 헌금함, 포도주스, 빵, 포도주 잔 등이 준비되어 있다.

키지 않으면 정녕 죽이라고 명령하셨다. 집에 있는 어른뿐만 아니라 아이들과 노예들도 쉬라고 하셨다. 심지어 집에 방문한 손님도 쉬라고 하셨다. 사람들뿐만 아니라 가축들도 쉬게 하라고 명령하셨다.

그런데 우리는 주일이 더 바쁘다. 믿음이 좋다고 하는 사람일수록 주일이 바쁘다. 새벽예배부터 낮 예배, 오후나 저녁 예배를 드리고, 여러 가지 회의와 모임, 봉사 활동을 하고 나면 주일에 오히려 가족 얼굴조차 보기 힘들다. 하나님께서는 우리가 주일에 이렇게 분주한 것을 원하실까?

온 가족이 의논해서 일주일 중 저녁식사를 함께하는 날을 일부러라도 반드시 만들어야 한다. 주일 저녁 예배가 아닌 오후 예배가 있다면 주일 저녁이 가장 좋을 것이다. 아니면 금요일이든, 토요일이든 요일에 상관없이 온 가족이 모일 수 있는 시간이면 된다. 유대인들이 안식일에는 해가 질 때부터 그 다음날 해가 질 때까지 일을 하지 않고 안식하며, 회당과 가족에게만 집중하듯이 우리도 그런 시간이 필요하다. 유대인과 기독교인이 다른 점은 유대인들은 회당의 예배보다 가정에서 갖는 안식일 식탁을 더 중시한다는 것이다. 유대인들 중에는 회당에 나가지는 않지만 안식일 식탁을 지키는 사람이 많다. 반면에 회당에 나가지만 안식일 식탁을 지키지 않는 사람은 거의 없다.

일주일 중 하루를 가족의 날로 정하고 그날 저녁을 가족 하브루타 예배를 드리며 보내면 된다. 가족의 날은 온 가족이 즐겁게 놀고 대화하는 날이다. 함께 영화를 보든, 놀이공원에 가든, 연주회나 전시회에 가든, 여행을 가든 가족의 날 프로그램을 가족끼리 짜서 함께 행복하게 지내면 된다. 그리고 집에 돌아와서는 저녁을 맛있게 먹으며 가족 하브루타를 하면 된다. 여행을 갔다면 그날 저녁에 그곳에서 가족 하브루타 예배를 드리면 된다.

일주일에 한 번이 어렵다면 한 달에 한 번이라도 가족의 날을 가져야 한다. 가족이 왜 함께 사는가? 함께 행복하기 위해서 사는 것이지, 하숙생처럼 들락날락거리려고 같이 사는 것이 아니지 않은가. 각자 자기 일에만 빠져 산다면 가족이라도 굳이 함께 살 이유가 없다. 하나님은 6일 동안은 열심히 일하고 하루는 안식하라고 하셨다. 각자 열심히 일하되 가족이 함께 시간을 보내며 안식하는 하루가 반드시 필요하다. 그 하루는 서로 양보하고 배려하며 만들어야지 결코 저절로 만들어지지 않는다.

일단 가족끼리 시간이 정해지면 그 시간은 무슨 일이 있어도 지켜야 한다. 아버지는 그날 직장이든 친구든 그 어떤 약속도 잡지 말아야 한다. 만일 다른 일과 이 일이 겹쳤다면 다른 일을 연기하거나 포기해야 한다. 유대인들은 안식일에 약속을 잡지 않는 것은 물론 평일에도 가족과 약속이 있다면 다른 약속을 미루거나 포기한다. 유대인들은 안식일은 물론 평일에도 친구나 직장 상사, 거래처 사람들과 한 약속보다 가족과 한 약속을 최우선으로 여긴다.

예배의 순서와 방법을 의논한다

일반적인 유대인 안식일 식탁은 철저하게 기독교적 관점으로 재해석되어야 하고, 그것은 다시 각 가정의 상황에 따라 재구성해야 한다.

〈표 3〉 안식일 식탁과 가족 하브루타 예배의 비교

유대인의 안식일 식탁	기독교인의 가족 하브루타 예배	꼭 해야 하는 것
기부금(쩨다카) 모으기	기부금(연보) 모으기	
촛불 켜기	기도하며 촛불 켜기	
자녀 축복안수기도	자녀 축복안수기도	○
찬양	찬송	

어머니(아내) 축복하기	가족들 서로 축복하기	○
기도문(키두쉬) 낭독	기도	
포도주 나누기	포도주와 빵 나누기(성찬)	
정결 의식	회개	○
식사	식사	
성경 하브루타	성경 하브루타	○
일상 하브루타	일상 하브루타	○

가족 하브루타 예배는 온 가족이 충분히 의논한 다음 시작해야 한다. 온 가족이 모여 토론을 통해 그것을 해야 하는 이유를 충분히 공감하고, 그 방법이나 순서도 모든 가족의 동의를 받고 결정해야 한다. 그 토론 과정 자체가 하브루타이기 때문이다.

〈표 3〉에 제시한 과정을 모두 하면 좋지만 가정의 상황에 따라, 아이들의 나이에 따라 몇 가지는 빼도 된다. 그러나 가족끼리 서로 축복하기와 회개의 시간, 성경 하브루타, 일상 하브루타, 축복기도만큼은 꼭 들어가는 것이 좋다. 나머지는 가족이 의논해서 결정하면 된다.

우리 가정도 절차를 놓고 하나하나 토론하고 논쟁하면서 합의해 갔다. 이렇게 합의에 이르기까지 3주가 걸렸다. 그런데 가족이 이마를 맞대고 합의를 이루는 과정이야말로 하브루타다. 하브루타 예배를 드리는 것이 목적이 되어선 안 되고 이를 통해 하나님을 알며 가족이 기쁨을 얻고 행복감을 만끽할 수 있어야 한다.

하브루타는 자녀가 어릴수록 효과적이다. 자녀와 어려서부터 시작하면 그것이 당연한 줄로 알고 평생 하게 된다. 유대인들은 아기가 태어나는 순간부터 어머니가 아기를 안고 안식일 식탁에 참여시킨다. 돌이 지나면 아이 몫의 의자를 따로 준비한다. 한 살 아이가 할머니 할아버지와 대화하는 것이다.

| 가족 하브루타, 이렇게 한다 |

우리 가족은 가족 하브루타 예배를 2011년 초부터 시작했다. 첫째가 대학생이고 둘째가 고등학교에 들어갈 때 시작한 것이다. 처음 시작할 때 함께 모이기도 힘들고, 왜 그런 것을 하느냐는 반발도 있었다. 나는 하브루타를 통해 자녀들을 설득했다. 유대인들이 세계적으로 두각을 나타내는 이유를 설명하면서 하브루타를 해야 하는 이유를 설명했고, 자녀들은 열심히 질문을 했으며, 결국은 함께하기로 합의가 되었다. 가족이 모두 마음속 깊이 그 의미를 이해하고 마음으로 받아들여야 가족 하브루타가 의미가 있다. 바쁜 생활 중에 또 다른 형식적인 모임에 불과하다면 하브루타를 해야 할 이유가 없다. 하지만 자녀가 아직 어리다면 자연스러운 가정 문화로 정착시킬 수 있다.

이제 우리 가정에서 실천하고 있는 가족 하브루타 예배를 소개하고자 한다. 각 가정의 상황에 따라 참조했으면 한다.

〈 가족 하브루타 예배의 순서 〉
① 맛있게 식사하기 → ② 촛불 켜기 → ③ 가족이 서로 축복하기 → ④ 회개 → ⑤ 성찬 → ⑥ 성경 하브루타 → ⑦ 일상 하브루타 → ⑧ 기도

우리 가족은 가족 하브루타 예배를 주로 토요일 저녁에 드린다. 장소는 식탁에서 식사를 한 후에 거실에 앉아서 한다. 여기에 제시된 사진들은 박금주 목사 가정의 예배 모습이다.

맛있게 식사하기

안식일 식탁의 명칭 자체가 안식일 만찬(Shabbat meal), 안식일 저녁식사(Shabbat dinner)이듯이 온 가족이 식탁에 둘러앉아 식사를 하면서 대화를 나누는 것이 핵심이다. 그들은 빵과 여러 가지 음식이 차례대로 나오는 가운데 긴 시간 동안 식사하면서 이야기를 나눈다. 하지만 우리의 경우 반찬이 많고, 식사를 하고 나면 식탁 자체가 지저분해지기 때문에 집중해서 대화하기가 쉽지 않다. 그래서 우리 가족은 먼저 식탁에서 식사를 하고 식탁을 정리한 다음, 장소를 옮겨 거실에서 둥그

자녀교육 혁명 하브루타

렇게 앉아 가족 하브루타 예배를 진행한다. 음식은 내가 한 번, 아내가 한 번, 그리고 두 아이가 한 번, 이렇게 번갈아 가며 준비한다. 청소나 설거지는 온 가족이 함께한다. 메뉴는 준비하는 사람이 정한다. 카레를 하든, 비빔밥을 하든, 월남쌈을 하든, 떡볶이를 하든 순서를 맡은 사람이 정해서 하고 가족은 그것을 맛있게 먹는다.

바빠서 식사 준비가 부담스럽다면 밖에서 먹거나 시켜 먹어도 된다. 하지만 가족 하브루타 예배가 있는 날만큼은 직접 준비해서 먹는 것이 좋다. 아이가 어릴 때는 부모가 번갈아 가면서 하거나 함께 준비하고, 아이들이 크면 아이들도 식사를 준비하도록 하는 것이 바람직하다. 식사를 하는 도중에는 가급적 편안한 분위기에서 가벼운 대화를 나눈다.

특히 우리나라 부모들은 자녀들과 식사하는 시간을 최대한 늘려야한다. 부모들도 바쁘지만, 요즘은 자녀들이 더 바쁘다. 학교 다니랴 학원 다니랴 이리 뛰고 저리 뛰느라 가족이 함께 밥 한 끼 먹는 것도 힘들어졌다. 하지만 그럴수록 함께 식사하는 시간을 약속으로 정하고, 한 끼 먹어치우는 시간이 아닌, 가족이 사랑을 나누고, 고민을 해결하고, 앞일에 대해 토론하는 공간으로 만들어 가야 한다.

기도하면서 촛불 켜기

식사를 한 다음에 우리는 식탁을 정리한다. 설거지까지 하는 것이 일반적이다. 그런 다음 거실로 자리를 옮긴다. 우리 집 거실에는 소파가 없고 카펫이 깔려 있는데, 카펫에 앉아서 한다. 예배의 장소는 가정에 따라 식탁에서 해도 되고, 안방에서 해도 될 것이다.

가족이 둘러앉으면 아내가 기도하면서 촛불을 켠다. 유대인들은 그 가정의 어머니가 안식일이 시작되기 전에, 즉 금요일 해지기 전에 미리 촛불을 켜 놓지만, 우리는 시간에 구애받지 않기에 예배를 시작하면서 촛불을 켠다.

촛불 켜는 일은 하지 않아도 되지만, 교회 예배에서 입례송이나 예배 부름처럼, 분위기를 정돈하고 예배의 시작을 알린다는 의미에서 하면 된다. 초는 일반적인 양초를 이용해도 되지만, 오래 사용하기 위해 큰 것을 준비하여 반복해서 사용하는 것이 바람직하다. 건강에 좋은 허브 향이 있는 양초를 쓰면 더 좋을 것이다.

아내는 상황에 따라 다르긴 하지만 대체로 촛불을 켜면서 다음과 같은 내용의 기도를 한다.

"세상을 창조하실 때 빛부터 창조하신 하나님 아버지, 이 가정에 빛을 창조하신 성부 하나님을 모셔 드립니다. 이 세상에 빛으로 오신 예수님, 이 가정에 성자 하나님을 모셔 드립니다. 우리 가족 안에 살아 계신 성령 하나님, 우리 온 가족에게 빛으로 오셔서 우리가 이 세상의 빛과 같은 역할을 할 수 있게 도와주세요. 남편과 저, 두 자녀에게 빛이 되시고, 모든 어둠과 악한 세력을 몰아내 주세요. 예수님 이름으로 기도합니다. 아멘."

촛불은 가정에서 어둠을 몰아내고 빛을 밝히는 것을 상징한다. 하나님께서는 천지를 창조하실 때 빛부터 창조하셨다. 예수님도 이 땅에 빛으로 오셨다. 우리도 이 세상의 빛으로 살라 하셨다.

가족끼리 서로 축복하기

유대인들은 안식일 식탁을 대부분 어머니가 준비한다. 그래서 금요일 저녁 안식일 예배에는 여자들은 가지 않고 집에서 안식일 식탁을 준비한다. 유대인 어머니들은 대개 한 가지 혹은 두세 가지 직업을 가지고 있다. 그렇게 바쁘게 살면서도 금요일 오후에는 일찍 집에 들어와 음식을 마련하고 자녀들 목욕시키고 좋은 옷으로 갈아입힌다.

유대인들은 어머니의 역할을 매우 중시하고 존중한다. 특히 안식일 식탁 시간에는 남편과 자녀, 할머니 할아버지가 어머니에게 마음껏 축복의 말을 하고 노래를 불러 준다.

우리 가정의 경우 남편이 아내에게 먼저 축복의 말을 하고, 자녀들이 어머니에게 축복과 감사의 말을 한다 그러면 아내는 남편과 자녀들에게 축복의 말을 한다. 축복이 끝나면 축복의 노래를 부른다. 축복의 노래는 가정의 상황에 따라 골라 부르면 된다. 우리 가정의 경우 축복의 노래를 부를 때도 있지만, 자녀들이 축하 연주를 하기도 한다. 큰아이는 주로 소금(素琴)으로 작은 아이는 플루트로 찬송가를 연주한다.

이 축복의 시간이 매우 중요하다. 서로에게 고마움을 전하고 격려와 위로를 하는 시간이기 때문이다. 힘든 가운데 가족 각자가 가족의 사랑을 확인하고 힘을 얻는 시간이다. 특히 어머니의 수고를 알아주

Chapter 9. 가족 하브루타는 하나님의 명령

고, 고마움을 표현하며, 인정해 주는 시간이다.

회개하기

유대인들은 식사 전에 흐르는 물에 손을 씻는다. 이것은 기독교적 관점에서 해석하면 회개에 해당한다. 자녀들에게는 실물 교육이 중요하므로 직접 물로 손을 씻으면서 회개하게 하는 것이 좋다. 우리 집의 경우 동선을 최소화하기 위해 세숫대야에 미리 물을 받아 놓는다. 물에 손을 씻으면서 조용히 자신을 돌아보고 반성과 다짐의 시간을 갖는다. 그러면 다음 사람이 수건을 가지고 있다가 물기를 닦을 수 있도록 도와준다. 이 시간은 온 가족이 매우 진지해지는 시간이다.

성찬 들기

빵과 포도주를 준비해서 성찬을 한다. 유대인의 안식일 식탁에는 항상 할라 빵 두 개와 포도주가 있다. 예수님도 제자들과 마지막 만찬을 빵과 포도주로 하셨다. 예수님의 몸을 기억하면서 빵을 떼고, 예수님의 피를 기억하면서 포도주를 마신다.

한국 교회는 포도주도 술로 생각해서 포도주를 마시지 않기도 하는데, 성경은 술에 취하지 말라고 했지 술을 마시지 말라고 하지 않았다. 예수님도 포도주를 마셨고 바울도 포도주를 마셨다. 바울은 디모데에게 포도주를 약으로 쓰라고 부탁했다. 성만찬 예식에서 포도주 대신 포도즙이나 포도주스를 사용하는 교회도 있는데 그것은 성경적이지 않다. 성경은 분명히 포도즙이나 포도주스가 아닌 포도주(wine)라고 명시하고 있다. 물론 어린아이에게는 포도주가 아닌 포도즙이나 포도주스를 주는 것이 좋다.

빵은 가족이 즐겨 먹는 것으로 준비하면 된다. 빵을 떼라고 했으므로 큰 빵을 온 가족이 떼서 나누어 먹으면 된다. 중요한 것은 포도주와 빵을 먹는 행위가 아니라 예수님의 피와 살을 기억하고 예수님의 수난과 부활을 생각하면서 먹는 것이다. 예수님을 내 가정 안으로, 내 몸과 마음 안으로 모시는 것이다.

아버지가 빵을 위해 기도한 다음, 예수님의 몸을 생각하며 빵을 나눈다.

포도주를 나누는 모습. 예수님의 피를 생각하며 포도주를 마신다. 아이들은 포도주스로 한다.

성경 하브루타

그런 다음 우리는 성경을 한 장씩 읽는다. 우리의 경우 창세기부터 시작했다. 예배 때마다 성경 한 장씩 읽고 그 내용에 대해 토론하고 논쟁을 벌인다. 우리나라는 성경에 대해 의문을 갖거나 해석을 하면 큰일 나는 것처럼 알고 있지만, 성경은 부모가 '자녀에게 부지런히 가르치라'고 명령하고 있고, '말씀을 강론하라'고 했다. 성경에 대해 활발하게 이야기를 나누는 것은 하나님의 명령이다.

유대인들의 경전은 우리의 구약성경과 탈무드다. 구약성경은 기록된 율법으로, 탈무드는 구전 율법으로 지킨다. 그들은 매일 일정한 분량의 성경과 탈무드를 공부해야 한다. 자녀들은 평소에 주어진 분량의 공부를 한 다음 안식일 식탁에서 아버지가 묻는 질문에 답변하면서 서로 활발하게 토론한다.

한국인에게 공부란 끊임없이 듣고 외우는 것이고, 시험만 잘 보면 되는 것이고, 시험을 치른 뒤에는 까맣게 잊어버려도 되는 것이다. 교회에서 듣는 설교 역시 매 주일 수도 없이 듣지만 듣고 나서 남는 것이 별로 없다.

자녀에게 성경을 가르치는 의무는 목사나 전도사, 교회의 교사에게 있는 것이 아니라 부모에게 있다는 것이 하나님의 명령이다. 그러므로 부모는 자녀에게 부지런히 성경을 가르쳐야 한다. 하지만 부모가 성경을 가르친다고 설교를 하거나, 일방적으로 강의하면 자녀들은 지루해지고 다음부터 예배 자체를 싫어하게 된다. 그 시간이 즐거운 시간이 되려면 질문과 토론 중심으로 해야 한다. 자녀들이 대화로 참여해야 즐거운 시간이 되고, 자신의 생각을 말할 수 있어야 오래 남기 때

자녀교육 혁명 하브루타

문이다.

우리 가정의 경우 성경 하브루타를 한 시간 남짓 한다. 이 시간 동안 활발한 질문과 토론이 이루어진다. 아이들은 때로 아주 날카롭고 곤란한 질문을 할 때가 있다. 부모는 그것에 대해 정답을 알려 주려고 하지 말고 자유롭게 이야기를 나누는 것으로 만족해야 한다.

예를 들어 창세기 8장에 나오는 노아의 홍수를 주제로 하브루타할 때 아이가 이런 질문을 했다.

"비둘기가 물고 온 감람나무 잎사귀 (창 8:11)는 어디서 온 거야? 모든 식물이 물에 잠겼을 텐데."

나는 지금까지 한 번도 이런 질문을 생각해 본 적도 없지만 다른 사람한테 받아 본 적도 없다. 아이가 이 질문을 했을 때 온 가족이 골똘히 생각에 빠지게 됐다.

'홍수로 비가 내려 모든 식물이 잠겼고 잎사귀가 없었을 텐데, 이 감람나무 잎사귀는 어디서 난 거지?'

'지구 반대편은 물에 잠기지 않은 게 아닐까?'

'하나님께서 순식간에 감람나무 하나만 급히 자라게 하셔서 비둘기에게 주었을 거야.'

'가장 높은 산꼭대기에 있는 감람나무 한 그루만 물에 안 잠겼나?'

이때 내가 질문을 했다.

"물이 줄어든 기간은 며칠 동안이지?"

"8장 3절에 보면 150일 정도 걸려서 물이 줄어들었어요."

성경 내용에 대해 공부한 것을 바탕으로 아버지가 자녀에게 묻고 자녀가 답하면서 하브루타가 이루어진다.

"그럼 몇 개월 정도 되는 거야?

"5개월 정도요."

"보통 나무 잎사귀는 몇 월에 나오기 시작하지?"

"3월 정도에 나오기 시작하지요."

"잎이 완전히 자라는 시점은?"

"5월이나 6월이면 잎이 다 자라지요."

"그래, 2~3개월이면 잎이 다 자라지. 그럼 비둘기가 물고 온 감람나무 잎은?"

"물이 물러간 다음에 나뭇잎이 자란 거네요."

"그렇지. 어디에 있던 나무일 가능성이 높을까?"

자녀교육 혁명 하브루타

"물이 높은 산부터 물러갔을 테니까, 높은 산에 있던 감람나무는 그리 오래 물에 잠기지 않았겠죠. 그러므로 높은 산에 있던 감람나무에서 잎사귀가 났을 수 있겠네요."

이런 식으로 끊임없는 질문과 대화, 토론이 가능하다. 창세기 8장을 하브루타하면서 나온 질문들을 몇 가지 꼽으면 다음과 같다.

"노아 가족이 방주에 들어가서 나올 때까지 어느 정도 걸린 거야?"

"배에는 공룡이 타고 있었을까?"

"배 안에 있을 때 1년 동안 동물들은 무엇을 먹고 살았을까? 하나님이 겨울잠이라도 자게 하셨을까?"

"마지막에 돌아오지 않은 비둘기는 어디로 가서 무엇을 했을까?"

"우리는 모두 노아의 후손일까? 셈은 황인종, 함은 흑인종, 야벳은 백인종이 되었을까?"

이외에 많은 질문이 있었으며 각각의 질문을 놓고 온 가족이 토론을 나누었다. 때로는 성경을 찾고, 그래도 잘 모르는 것은 인터넷 검색을 하면서 이야기를 나누었다.

성경 하브루타의 구체적인 방법에 대해서는 다른 장에서 자세히 논의할 것이다.

일상 하브루타

가족이 일주일 동안 있었던 일을 나누면서 서로 조언하고 격려하고 위로하는 시간이 일상 하브루타 시간이다.

일상 하브루타는 가족끼리 일주일 동안 있었던 일들에 대해 서로 나누는 시간이다. 이 시간에는 그동안 있었던 일들을 말하고, 서로 조언을 하고, 대안을 제시하고, 토론을 한다. 서로가 무슨 일을 하고 있는지, 요즘 고민은 무엇인지, 앞으로 무엇을 할 것인지 돌아가면서 허심탄회하게 이야기를 나눈다.

아버지, 어머니, 자녀들 순으로 해도 되고, 가장 어린아이부터 해도 된다. 한 사람이 이야기하면 그것에 대해 다른 가족이 조언하거나 건의하거나 더 좋은 안을 말해 준다.

나는 대학에서 수많은 학생을 만나고 그들을 상담하기도 한다. 나는 학생들을 상담하면서 반드시 하는 질문이 있는데, 부모님이 무슨 일을 하느냐이다. 그런데 놀랍게도 대학생들이 부모의 직업도 잘 모르는데다 직업을 알아도 직장의 명칭을 모르는 경우가 절반이 넘었다. 어떤 직장을 다니는지도 모르는 자녀들이 직장에서 직급이 무엇인지, 어떤 일을 하는지, 어떤 고민을 하는지 알 턱이 없다.

나도 예외가 아니었다.

"저는 초등학교 졸업할 때까지도 아버지의 직업이 뭔지 몰랐어요."

우리 큰아이가 한 말이다.

이것이 현대를 살아가는 우리 어른들의 현 주소다. 부모들은 자녀를

자녀교육 혁명 하브루타

일상 하브루타는 일주일 동안 있었던 일을 나누면서 서로 조언하고 격려하고 위로하는 시간이다.

위해 열심히 일해서 돈을 벌어다 주면 다 되는 줄 안다. 하지만 아이들이 어릴 때는 부모가 돈을 얼마나 버는지에 관심이 없다. 부모가 얼마나 자신과 놀아 주는지, 얼마나 대화를 하는지, 얼마나 자신의 마음을 알아주는지에만 관심이 있을 뿐이다.

우리나라 아이들이 부모에 대해 한결같이 하는 말이 있다.

"우리 아빠(엄마)는 내 마음을 몰라줘."

자녀를 사랑하지 않는 부모는 없다. 그런데 사랑이 뭘까? 사랑의 기본 전제는 그 사람의 마음을 알아주는 것이다. 우리가 하나님을 사랑한다고 할 때 첫 출발점은 하나님의 마음을 헤아리는 것이다. 자녀를 사랑한다고 할 때 역시 첫 출발은 자녀의 마음을 알아주는 것이다. 많은 자녀들이 부모가 자기 마음을 몰라준다고 불평한다. 이것은 자녀

Chapter 9. 가족 하브루타는 하나님의 명령

입장에서 말하면 부모가 자기를 전혀 사랑하지 않는다는 말이다.

다시 말하지만, 부모가 자녀를 사랑한다면 먼저 자녀의 마음을 헤아려야 한다. 자녀의 마음을 어떻게 알아줄 것인가? 뇌를 스캔하면 되는가? 매일 일기장을 훔쳐볼 것인가? 자녀의 마음을 아는 방법은 대화밖에 없다.

유대인들이 자녀의 의사를 존중하고, 자녀의 적성과 소질에 맞게 진로를 안내해 줄 수 있는 것은 수많은 대화를 통해 이미 자녀의 적성과 소질, 생각과 꿈을 잘 알기 때문이다.

일상 하브루타 시간에는 상담과 조언, 치료, 진로 지도, 대화, 멘토링, 컨설팅 등 모든 것이 가능하다. 의도적으로 시간을 내서 하는 것이 아니라, 일상적인 대화 속에서 그때그때 수시로 자연스럽게 이루어지는 것이다. 매주 깊이 있는 대화를 나누는데, 부모가 어떻게 자녀의 마음을 몰라줄 수 있겠는가? 또 자녀가 부모에 대해 어떻게 모를 수 있겠는가? 일상 하브루타를 하면 자녀가 학교에서 어떻게 지내는지, 왕따당하는 것은 아닌지, 자녀와 친하게 지내는 친구는 누구인지, 선생님은 어떻게 가르치는지 등을 알 수 있다. 자녀 역시 부모가 직장에서 어떻게 근무하는지, 어떤 고민이 있는지, 부모의 꿈은 무엇인지, 누구와 친한지, 다음 주에는 무엇을 할 것인지 등을 알게 된다.

가족에게 자기가 하고 싶은 말을 실컷 하고 나면 그 마음속에 결코 서로에 대한 분노가 쌓일 수 없다. 수다는 스트레스를 푸는 가장 강력한 방법이기 때문이다.

자녀교육 혁명 하브루타

마음속에 분노가 없는 아이는 학교에서 다른 친구를 괴롭힐 이유가 없고, 선생님이나 부모에게 반항할 이유가 없으며, 밖에서 말썽을 피우지 않는다. 밖에서 어떤 어려운 문제를 만나도 가족과 의논하고 해결점을 찾아간다. 마음속에 분노가 없는 아이는 결코 정신장애에 걸리지 않는다. 모든 정신장애의 원인은 심리적 억압에 있으며, 마음속 분노에 있기 때문이다.

사람들이 정신과에 가서 무엇을 하는가? 마음속에 있는 말들을 쏟아놓는다. 정신과 의사는 단지 이야기를 들어줄 뿐이다. 상담사는 무엇을 하는가? 내담자의 말을 들어준다. 실컷 듣고 나서 그에 대해 몇 마디 조언을 할 뿐이다. 가정에서 가족끼리 충분히 이야기하게 되면 정신장애든, 심리장애든, 정서장애든 걸릴 이유가 없다.

부부관계에서 가장 큰 문제는 무엇인가? 서로 대화가 되지 않고, 서로의 마음을 몰라주는 것이다. 성격 차이로 이혼한다는 부부가 많은데 이것 역시 성격 차이라기보다 대화가 부족한 것이다. 아무리 외부에서 힘들었어도, 첩첩산중으로 문제가 많아도 가족이 그 마음을 알아주면 견딜 수 있다. 이것이 일상 하브루타의 막강한 힘이다. 일상 하브루타는 가족의 행복을 보장한다.

기도로 마무리하기

마지막으로 가족 한 사람 한 사람에 대해 다른 가족이 진심을 다해 기도해 준다. 각자 기도 제목을 내어 놓고 함께 손을 맞잡고 소리 내어 기도한다. 한 사람씩 기도 제목을 놓고 기도해도 되고, 기도 제목을 모두 내어 놓은 후에 함께 기도해도 된다. 기도가 끝나면 아버지는 아내와 자녀들 각자의 머리에 손을 얹고 축복기도를 해준다. 가장은 가족의 머리에 손을 얹고 안수기도를 할 수 있는 자격이 있기 때문이다.

우리 가정의 경험으로 볼 때 가족 하브루타 예배는 아무리 짧게 하려 해도 3시간은 족히 넘어간다. 순서 중에 촛불 켜기, 성찬, 축복하기, 회개하기는 10분 내외로 그렇게 오래 걸리지 않는다. 찬송이나 기도를 넣어도 종교적 형식의 순서는 30분 정도면 끝난다.

그런데 왜 3시간 이상인가? 가족 하브루타 예배의 핵심은 성경 하브루타와 일상 하브루타에 있기 때문이다. 유대인들 역시 종교적 형식의 절차는 길어야 30분이면 된다. 그런데도 2~4시간씩 안식일 식탁을 갖는다. 모두 대화에 할애하는 시간이다.

가족 모두가 자신의 이야기를 하다 보면 시간이 어느 사이 훌쩍 지나가 버린다. 한 사람이 30분씩만 말해도 네 가족이면 2시간이 금방 지나가기 때문이다. 이렇듯 허심탄회한 대화의 시간은 모두에게 기쁘고 즐거운 시간이다.

자녀교육 혁명 하브루타

교회가
가정을
지킨다

성경은 부모에게 자녀를 가르칠 것을 명령했지만, 지금까지 자녀에게 성경을 가르쳐 본 적이 없는 부모라면 갑자기 하브루타 예배를 실천하기란 그렇게 간단한 일이 아니다. 더구나 하브루타는 질문하고 답변하는 과정에서 토론을 해야 해서 말씀을 설교하는 것과는 다른 문제다. 교회는 이 같은 부모들을 대상으로 가족 하브루타를 훈련시킬 수 있다. 바로 교회에서 하는 가족 하브루타로, 부모가 자녀를 가르치는 성경 교육을 교회에 모여서 하는 것이다. 즉 공간과 교육 프로그램을 교회에서 제공하는 것이다.

유대인들은 이미 수천 년 동안 안식일 식탁을 매주 지켜 왔기 때문에 몸에 밴 습관처럼 하브루타를 하고 있다. 하지만 기독교인인 우리가 가족 하브루타를 실천하려면 이로써 새로운 전통을 세우는 것이기 때문에 영적 전투를 벌이며 정립해 나가야 한다.

하나님은 천지를 창조하신 뒤 가장 먼저 가정을 세우셨다. 하나님이 인간에게 하신 처음 명령 두 가지도 가정과 관련된 것이다. 아담을 창조하신 뒤 "생육하고 번성하라"(창 1:22)고 명령하신 것과 하와를 만드신 뒤 "남자가 부모를 떠나 그의 아내와 합하여 둘이 한 몸을 이루라"(창 2:24)고 명령하신 것이다. 생육하고 번성하려면 가정을 이루어 자녀를 많이 낳아야 하고, 아내와 한 몸을 이루려면 역시 가정을 이뤄야 한다.

현대에 들어 사탄은 가정을 파괴하는 데 온 힘을 쏟고 있다. 사람들은 결혼하지 않거나 최대한 늦게 하고, 결혼해도 자녀를 낳지 않거나 한두 명만 낳으려 한다. 더구나 이혼 가정이 갈수록 늘고 있다. 교회는 각각 작은 교회라 할 수 있는 가정이 바로 설 수 있도록 도와야 한다. 그리고 가정을 돕는 가장 좋은 방법은 교회에서 부모가 자녀를 가르칠 수 있도록 돕는 것이다. 여기에 가족 하브루타가 있다.

| 왜 가족 하브루타인가 |

가족 하브루타를 하게 되면 첫째로, 가정이 행복해진다. 가족끼리 허심탄회하게 대화를 나누기 때문에 서로 마음을 나누게 되고, 서로의 소중함을 깨닫게 되며, 서로 고마워하게 된다. 모든 문제를 다른 사람이 아닌 가족과 의논하게 되어 서로를 향해 늘 관심과 사랑을 쏟게 된다. 가족과 대화하면서 스트레스를 풀기 때문에 마음속에 분노를 쌓지 않게 된다.

유대인들은 가족 하브루타가 이 같은 위력이 있음을 증명하는 존재다. 세계에서 범죄율이 가장 낮고, 교도소에 가는 비율이 가장 낮은 민족이 유대인들이다. 청소년 문제가 그나마 가장 적은 민족도 유대인들이다. 가장 가족 중심인 민족도 유대인들이다. 유대인들은 오랜 세월 각지로 흩어져 살면서 그들을 지켜 주는 것은 국가도 사회도 군대도 경찰도 아니고 오로지 하나님과 가족뿐이라는 것을 몸으로 체득했다. 실제로 가족은 유대인으로서 그들의 정체성을 지킨 일등공신이었다.

가족 하브루타는 둘째로, 자녀의 성공을 가져온다. 질문과 토론 중심의 하브루타는 뇌를 가장 격렬하게 격동시키는 방법이다. 교실이나 강의실에서 듣기만 하는 교육은 뇌를 지루하게 할 뿐이다. 교사 중심이 아니라 학생 중심으로 서로 토론하는 과정에서 공부하면 뇌가 즐겁다. 즐겁게 수다를 떨었을 뿐인데 그것이 공부가 된다면 이보다 좋은 학습 방법이 어딨겠는가?

그런데 학교 하브루타는 가족 하브루타의 바탕에서 이루어질 수 있다. 가족 하브루타란 하브루타로 태교하고, 베드타임 스토리로 양육하며, 안식일 식탁을 하브루타하며 보내는 것을 말한다.

토론은 자녀의 고등 사고력을 높이고, 논리력을 계발하며, 안목과

자녀교육 혁명 하브루타

통찰력을 길러 준다. 유대인들은 하브루타를 통해 자녀를 성공적으로 양육한다. 무엇보다 가족 하브루타는 의사소통 능력, 설득력, 대화 장악력, 경청 능력 등을 기르는 데 최고의 방법이다.

요즘 화두는 소통이다. 현대의 문화는 철저하게 개인주의다. 길을 갈 때도 이어폰으로 음악을 듣고, 버스나 지하철에서도 휴대폰만 만지작거리며, 가족이 식탁에 둘러앉아서도 대화 한마디 하지 않고 밥만 먹는다. SNS가 아무리 발달해도, 인간에게는 스킨십이 필요하고 얼굴과 얼굴을 맞댄 대화가 필요하다. 스마트폰과 멀티 기기가 발달하면 할수록 오히려 인간적인 대화와 소통은 더 필요해진다. 가족 하브루타는 소통이 막힌 현대 사회의 대안이 될 수 있다.

가족 하브루타는 셋째로, 자연스럽게 신앙의 전수가 이뤄진다. 많은 신학자들이 한국 교회가 위기 상황이라고 진단하는데, 그 주요 원인이 다음 세대가 무너지고 있기 때문이다. 교회에서 가장 먼저 숫자가 줄어들고 있는 곳이 교회학교 학생들이다. 초등학교까지는 부모의 손에 이끌려 교회에 나오다가도 사춘기에 접어드는 중·고등생이 되면 부모의 말도 먹히지 않아 교회에서 이탈하기 시작한다. 더구나 요즘은 부모가 앞장서서 주일에도 자녀를 학원에 보내기도 한다.

부모들은 자녀에 대한 신앙 교육을 교회에 일임하지만, 성경은 그 책임이 부모에게 있다고 분명하게 말씀한다. 교회학교가 줄어드는 것은 교회에도 책임이 있지만 그보다 더 큰 근본 원인은 가정에 있음을 알아야 한다.

만일 가정이 가족 하브루타 예배를 통해 성경을 주제로 질문하고 대답하고 토론하는 분위기를 정착시킨다면 자녀들의 신앙도 지키고 한국 교회도 지킬 수 있다. 교회학교에서 설교를 듣는 것만으로는 부족하다. 듣고 질문하고 답변하고 토론하는 과정에서 말씀이 자기 것이 되어야 하고, 그러면 말씀이 삶의 기준이 되고 지표가 되어 진정한 신앙인으로 살게 된다.

이런 하브루타가 가지는 신앙 전수의 힘은 4000년 동안 하나님에 대한 신앙을 유지해 온 유대인들이 증명한다. 기독교는 초대 교회 때부터 다음 세대로 지속적으로 전수된 예가 거의 없다. 계속 나라와 민족을 옮겨 가면서 유지해 왔다. 우리나라도 기독교 역사가 이제 겨우 100년을 조금 넘겼을 뿐인데 벌써 기울고 있다는 소리를 듣는다. 믿음의 선진들이 자녀에게 신앙을 전수하기 위해 조금 더 노력했다면 이런 상황까지 오지 않았을 것이다. 가정에서 지속적으로 가족 하브루타만 실천하면 신앙 전수는 거의 걱정하지 않아도 된다. 그렇게 훈련된 자녀는 다시 그 자녀에게 똑같이 할 것이기 때문이다.

한편 가족 하브루타는 부모의 신앙 성장에도 크게 도움을 준다. 자녀에게 성경을 가르치려면 부모가 지속적으로 성경을 공부해야 하고, 자녀가 묻는 여러 가지 질문에 지혜롭게 대답할 수 있어야 한다. 그러기 위해서는 부모가 스스로 말씀을 묵상하고 연구해야 모범을 보일 수 있고, 그 시간 자체가 가족 전체에 모범이 될 수 있다.

자녀교육 혁명 하브루타

| 교회에서 하면 무엇이 좋은가 |

가족 하브루타에서 가장 부담이 되는 것이 성경 하브루타일 것이다. 개인적으로 꾸준히 큐티를 하는 성도라면 부담이 덜하겠지만 대부분은 말씀을 깊이 있게 묵상하고 공부하는 훈련이 되어 있지 않기 때문이다.

특히 한국 교회에는 성경 말씀은 믿음의 문제이지 토론의 문제가 아니라는 분위기가 팽배하다. 듣고 믿어야지 말씀에 의문을 가져서는 안 된다는 것이 일반적인 생각이다. 교회에서 성경 공부할 때도 성경 말씀을 가지고 토론하는 분위기는 아니다. 그래서인지 많은 성도가 나름의 논리로 똘똘 뭉친 이단에 쉽게 무너지기도 한다.

성경을 읽다 보면 이해되지 않는 부분이 있다. 이때 억지로 의문을 억누른다고 의문이 사라지는 것은 아니다. 밖으로 드러내지 않은 상처가 더 깊게 곪듯이 의심이 생길 때 그 자리에서 해결하지 않으면 그것이 신앙생활에 어떤 걸림돌로 튀어 나올지 알 수 없다.

질문과 토론은 자연스럽게 깨달음으로 이끈다. 설교로 해결되지 않는 갈증을 해결해 준다. 소그룹 토론이 활발해지면 교회 내 친구가 많아지고 교회 오는 재미도 있다. 하브루타는 잘만 운영하면 이렇게 막강한 힘을 발휘할 수 있다.

우리나라에서도 가정예배를 드린다. 그런데 대개 교회 예배의 축소판으로 예배를 드린다. 설교는 주로 부모가 한다. 그런데 문제는 자녀가 부모의 설교에 아무런 흥미를 느끼지 못한다는 것이다. 그래서 오히려 가정 예배가 자녀의 신앙 성장을 방해하기도 한다. 이런 가정예배에 생명력을 불어넣을 수 있는 것이 하브루타다.

성경 하브루타는 어려운 것이 아니다. 성경 내용을 가지고 가족끼리 질문과 답변을 하며 대화를 나누면 된다. 신명기 6장 7절 말씀대로 활발하게 'talk about' 하면 되는 것이다. 만일 난해한 질문이 나왔다면 인터넷 검색을 통해 해결할 수 있다. 그래도 해결되지 않는 문제는 질문으로 남겨 두거나 다음에 목사님께 물어서 해결하면 된다.

가족 하브루타 예배는 많은 이점이 있지만 부모가 훈련되어 있지 않으면 실천하기 어렵다. 또 이런저런 이유로 지속성을 갖기도 어렵다. 이럴 때 교회가 도와줄 수 있다. 교회에서 가족 하브루타를 실천하면 다음과 같은 몇 가지 장점이 있다.

첫째, 성경 말씀을 가르쳐야 한다는 부모의 부담을 덜어 준다. 교회가 하브루타 예배를 위한 교안을 마련하면 그 지침에 따라 부모가 준비하면 되니까 덜 부담스럽다.

둘째, 동질감을 가진 가족들끼리 서로 시너지를 낼 수 있다. 가정에서 가족 하브루타 예배를 지속적으로 실천하려면 가족 구성원의 적극적인 참여 의지가 필수적이다. 그런데 막상 가정에서 하브루타 예배를 드리려면 영적 방해가 매우 심해서 지속적으로 드리지 못하고 중도에 포기하기 쉽다. 그런데 교회에서 날짜와 시간, 장소를 정해서 동일한 목적을 가진 가족이 함께 모여 지속적으로 가족 하브루타를 하

자녀교육 혁명 하브루타

게 되면, 서로를 의식하고 의지하면서 상승하는 효과를 낼 수 있다. 예배에 참석하듯이 책임감을 가지고 나오게 되고, 담당 목회자의 지도와 격려도 받게 되며, 서로 경쟁의식도 생겨서 빠지지 않게 된다. 또 가족 하브루타를 잘하는 가정을 모델 삼아 배울 수도 있다.

셋째, 교회에서 체계적인 관리가 가능하다. 각 가정에서 하브루타 예배를 드리면 아무리 교회가 관심을 기울이인다 해도 체계적으로 관리하기 어렵다. 하지만 교회에 모여서 하게 되면 담당 교역자가 배정되고, 전담하는 부서가 생기고, 그 사역에 동참하는 스태프가 생기게 된다. 그래서 조직이 갖추어지고, 지속적인 관심과 체계적인 관리가 가능해진다. 구성원들의 지속적인 기도로 영적 후원도 가능해진다. 가족 하브루타의 성공 여부는 기도에 달려 있다고 해도 과언이 아니다. 영적 방해를 극복해야 정착이 가능하기 때문이다.

넷째, 토요일의 훌륭한 대안 프로그램이다. 현재 우리나라는 주5일 수업이 전면 도입되어 토요일에는 학생들이 학교에 가지 않는다. 교회는 주5일 수업이 오히려 학생들이 교회에 참석하는 비율을 더 떨어뜨리지 않을까 걱정하면서 대안 프로그램을 도입하고 있다. 하지만 여러 교회에서 시행하는 토요일 프로그램을 보면 흥미 중심의 놀이 형태이거나 학원과 유사한 프로그램이 대부분이다.

가족 하브루타 예배는 주5일 수업의 훌륭한 대안이 될 수 있다. 토요일을 '가족의 날'로 선포하고 오전 중에는 가족이 함께 영화를 보거나 여러 가지 활동을 하다가 오후 5시경에는 교회에 와서 가족 하브루타를 진행한 뒤 즐겁게 식사를 한다면 가정도 살리고 교회도 살릴 수 있을 것이다.

다섯째, 교회와 가정의 징검다리 역할을 할 수 있다. 교회에서 가진 하브루타 예배는 이후 가정에서 식사를 하는 자리건 TV를 보는 시간이건 가족이 함께 모이는 시간이면 자연스럽게 대화의 시간을 갖게 만든다. 이것이 축적되면 나중에는 가정에서도 하브루타 예배를 드릴 수 있다.

교회에서 가족 하브루타 예배를 드리는 궁극적인 목적은 각 가정에서 가족 하브루타 예배를 드리릴 수 있도록 훈련시키는 것이다. 교회는 가족 하브루타가 정착될 때까지 돕는 역할을 할 뿐이다. 유대인들처럼 하나의 문화가 되고 전통이 되어 가족 단위로 이것을 계승시키는 것이 하브루타 예배를 드리는 목적이기 때문이다. 설령 교회에서 이 프로그램이 사라진다 해도 가정에서 지속할 수 있도록 훈련시켜야 하는 것이다.

여섯째, 교회 전체에 공감대가 형성되면, 기도로 후원이 가능해 영적 방해를 최소화할 수 있다. 각 가정에서 가족 하브루타 예배를 실천하다 보면 알게 모르게 영적 방해를 많이 받는다. 1년 이상 지속되면 정착 가능성이 매우 높지만 이렇게 되기까지가 매우 어렵다. 그런 까닭에 교회에 모여서 하게 되면 부모가 성경을 가르쳐야 한다는 공감대가 형성되어 지속할 수 있는 힘이 생긴다. 물론 그런 공감대 형성에는 담임목사의 의지가 가장 중요하다. 부모가 자녀에게 성경을 가르치는 것이 왜 중요한지를 강단에서 지속적으로 설파해야 한다. 이와 함께 기도 모임을 별도로 조직하거나 스태프들로 기도 모임을 꾸리거나 해서 영적 방해를 최소화해야 한다.

| '쉐마학당'에 가다 |

과천약수교회는 교회에 모여 부모가 자녀에게 성경을 가르치는 쉐마학당을 열고 있다. 이 교회의 담임인 설동주 목사는 쉐마클리닉 3차 학기에 나와 함께 미국에 갔던 분이다. 당시 설동주 목사는 교회 현장에 쉐마를 접목할 방법을 놓고 목회자들과 며칠간 밤을 새워 토론하곤 했다. 그러더니 25년이 넘는 목회 경험을 살려 한국 교회 상황에 적합한 쉐마 교육의 모델을 찾아 쉐마학당을 열었다. 과천약수교회는 토요일에는 부모가 자녀에게 질문과 토론 형식으로 성경 말씀을 가르치는 '토요쉐마학당'을, 주일에는 교회학교에서 주제 중심의 말씀 교육에 초점을 둔 '쉐마교육'을, 금요일에는 캠프를 통해 회복과 치유를 꾀하는 '금요쉐마캠프'를 운영하고 있다.

설동주 목사가 교회학교 교육에 문제가 있음을 피부로 느낀 계기가 있다. 무심코 유치부, 유·초등부, 중·고등부, 청년부 등의 부서 재정 결산 보고서를 보다가 재정의 많은 부분이 먹는 것과 선물비 등 오락비에 편중되어 있음을 새삼 발견한 것이다. 그리고 교회학교 재정이

과천약수교회의 쉐마학당. 토요일 오후 5시부터 1시간가량 부모가 자녀에게 성경을 가르친다.

왜 그렇게 구성되는지를 심각하게 고민하기 시작했다. 부서 교역자들의 말에 따르면 아이들에게 선물을 주지 않고 먹을 것을 주지 않으면 교회에 잘 오지 않는다는 것이다. '친구초청잔치' 때 얼마나 많은 돈을 쓰느냐에 따라 모이는 수가 결정된다고도 했다. 설동주 목사는 그때부터 무엇이 올바른 기독교 교육일까를 고민했고, 대안은 말씀 중심의 신앙 교육이라는 지극히 상식적인 결론에 도달했다. 이 결론에 따라 쉐마 교육을 연구하기 시작한 것이다.

그는 한국의 교회학교 교육이 사역하는 교역자에 따라, 구입하는 교재에 따라 일관성 없이 진행되고 있음을 알고 체계적인 커리큘럼이 필요하다고 판단했다. 그래서 유치부부터 청년부에 이르기까지 성경

자녀교육 혁명 하브루타

에서 배워야 할 150개 주제를 선별하여 체계적인 교육 과정을 구성했다. 성경에 입각한 기독교적 가치를 구현하기 위해 주제를 선정하고, 그 주제를 체계적으로 배열하여 교회학교 교과서를 만든 것이다. 많은 말씀을 가르치려 하기보다는, 그리고 여러 주제를 전달하려 하기보다는 선택과 집중의 원리를 선택해 매주 하나의 주제를 가지고 말씀을 암송하고 설교하고 소그룹 공부를 하도록 교재를 구성했다.

과천약수교회는 이렇게 해서 2010년 4월부터 주일 쉐마교육을 실시하기 시작했고, 1년 뒤에는 토요쉐마학당을 개설했다.

교회학교 안에도 유능한 교사도 있고 아비의 심정으로 가르치는 교사도 있지만, 일주일에 한 번 모여 말씀을 가르치는 것만으로는 아이들의 신앙을 성장시키기 어렵다. 일주일 동안 거의 대부분의 시간을 학교와 학원에서 세상 학문에 노출되어 있는 아이들에게 일주일에 한 시간도 안 되는 신앙 교육으로 말씀이 그 삶에 뿌리내리게 할 수는 없다. 가정이 교육의 주체로 전면에 나서야 한다. 부모 자신이 유능한 교사가 되어야 한다. 교회학교 교육을 보완하면서 기독교 교육의 목적을 효과적으로 달성시켜 신앙을 전수하는 일에 부모가 발 벗고 나서야 한다.

이 같은 설동주 목사의 고민이 쉐마학당[66]이라는 결과물을 가져왔다. 부모가 자녀 교육의 전면에 나설 수 있도록 교회가 돕기로 결단한 것이다.

쉐마학당은 단순히 성경 지식을 전달하는 데 그치지 않고 부모가 자녀에게 삶의 지혜를 전수할 수 있도록 이끈다. 물론 여기서 삶의 지혜란 성경과 무관한 지혜가 아니라 성경 텍스트를 해석하고 적용함으로써 얻게 되는 지혜를 말한다. 자녀에게 질문하면 자녀는 자신의 수준만큼 대답한다. 그러면 부모는 더 높은 관점의 질문을 함으로써 자녀의 생각이 깊고 날카로워지도록 이끈다. 그러면서 자녀는 부모의 지혜와 관점을 이해하게 된다.

쉐마학당의 풍경

나는 2012년 6월에 과천약수교회의 토요쉐마학당을 방문했다. 장소는 2층의 소예배실이었는데, 3~5명씩 둘러앉아 이야기를 나눌 수 있도록 테이블과 의자가 배치되어 있었다. 부모들이 자녀의 손을 잡고 속속 도착했다. 입구에서 출석을 체크하고 교안 등을 받은 다음에 들어가 자리를 잡았다.

그날 40여 가정, 총 150여 명이 참석했는데 가족들은 테이블별로 앉아 교안에 따라 대화와 토론을 진행했다. 부모가 모두 참여한 가정도 있었고, 엄마나 아빠 중 한 명만 참석한 가정도 있었다. 부모 대신 할아버지가 손자를 가르치는 가정도 있었다. 자녀들의 나이는 2~3세부터 고등학생까지 다양했다. 아버지와 아들, 어머니와 딸 이렇게 둘씩 짝을 짓는가 하면 한 어머니가 3명의 아이를 가르치기도 했다.

특별한 안내나 설명 없이 아버지나 어머니의 주도로 교안을 보면서 대화와 토론이 진행되었다. 순서나 방법에 대한 안내는 빔을 통해

자녀교육 혁명 하브루타

PPT 화면으로 제시되었다. 각 가정은 다른 가정을 전혀 의식하지 않고 익숙하게 진행했다.

쉐마학당은 한 시간 남짓 진행되었는데, 부모들은 자녀가 한 마디라도 더 알아듣게 하기 위해 열성을 다해 설명했고, 질문했으며, 아이들의 말에 경청했고, 자녀와 대화하고 토론했다. 테이블별로 가족끼리 대화하는 소리가 공간을 가득 메웠다. 하지만 전혀 시끄럽거나 소란스럽지 않았다. 오히려 분위기는 매우 진지했고 엄숙했다. 나는 그들을 보며 '천국에 가면 이런 모습일까? 천국에서 들리는 소리가 이런 소리일까?' 하는 생각을 했다.

쉐마학당에서 아주 인상 깊었던 가족으로, 가족들의 표정에서 이 가정이 얼마나 행복한지를 읽어 낼 수 있다.

이렇게 쉐마학당을 하고 나면 가정별로 외식을 하거나 집에 돌아가 함께 식사를 하면서 쉐마학당에서 다하지 못한 이야기를 이어 간다고 한다.

Chapter 10. 교회가 가정을 지킨다

쉐마학당의 순서

쉐마학당의 진행 순서는 아래와 같다.

1. 시작 전 질문 5분 – 교역자가 전체 자녀들에게 질문한다. 질문은 주제와 관련하여 관심을 일깨우는 내용이다. 어렵지 않은 질문으로 준비한다.

2. 도입 질문 5분 – 다루는 주제와 간접적으로 연관되는 질문을 통해서 부모 자녀 간에 대화와 소통이 이뤄지도록 하기 위한 질문들이다. 이때 필요하면 탈무드 내용을 가지고도 질문한다.

3. 성경 읽기 10분 – 질문 및 토론의 텍스트인 성경 본문을 자녀와 함께 읽는다.

4. 내용 설명 10분 – 자녀에게 성경 본문의 배경과 핵심 내용을 부모가 설명하는 시간이다. 교안 뒷부분에 있는 참고 자료를 이용하여 설명한다. 참고 자료에는 성경 본문의 주석이나 주해가 실려 있고, 주제를 뒷받침하는 예화나 읽을거리가 있다.

5. 질문 및 토론 & 핫(Hot) 토론 15분 – 성경 본문을 가지고 탈무드식 토론(Talmudic debate)을 하는 시간이다. 교안이 제공하는 7~8개의 메인 질문뿐 아니라 필요한 경우 부모가 보조 질문을 직접 만들어 자녀에게 끊임없이 질문하고 자녀는 대답한다. 혹은 자녀가 부모에게 질문하고 서로의 의견을 개진하고 토론함으로써 성경 본문을 통해서 말씀하시는 하나님의 음성을 더 깊이 이해하고 성

경 지식과 지혜를 연마한다. 핫 토론은 쟁점이 되는 두 가지 주장을 제시하고 어떤 주장이나 생각이 더 논리적이고 합리적인지를 토론해 보는 시간이다. 상대의 주장을 비판적으로 검토하고 반박하며, 자신의 주장을 설득력 있게 제시한다.

6. 마무리 질문 & 칭찬 및 바람 말하기(I-message) 5분 - 마무리 질문은 적용 질문이다. 구체적으로 삶에 적용할 수 있도록 도움을 주는 질문이다. 그리고 이어서 부모와 자녀가 서로를 칭찬하고 서로의 바람을 말한다. 이때 고민이나 필요한 도움, 바라는 점 등을 서로 I-message로 말한다.

7. 암송 발표 및 시상 & 인사 교육 & 쉐마송 제창 & 구호 제창 - 집에서 암송을 해온 사람의 발표 시간을 갖는다. 지난주에 이미 발표한 사람을 시상한다. 부모가 외출할 때나 집에 돌아올 때 등의 경우에 맞게 인사 교육을 실시하고 쉐마송을 부르고 구호를 제창한 뒤 쉐마학당을 마무리한다.

chapter 11

성경 하브루타, 이렇게 하라

하브루타는 유대인들의 탈무드 논쟁에서부터 출발했다. 탈무드 논쟁은 유대인들이 탈무드를 공부하는 독특한 방법으로, 학생들이 짝을 지어 서로 질문하고 토론하고 논쟁하는 것을 말한다. 이때 랍비는 학생들의 질문에 답변하고, 학생들이 토론한 내용을 정리해 주는 역할을 한다.

탈무드는 "가르침을 무턱대고 받아들이는 사람은 권력과 자기 자신을 부패하게 만든다"고 했다. 유대인은 가르침, 통념, 권위, 관습 등을 무조건 받아들이지 않고 백지에 그림을 그리듯이 사고의 범위를 무한대로 열어 놓고 따져 묻는다.

"다르게 볼 수는 없는가?"

“더 좋은 방향은 없는가?”

“다른 대안은 무엇인가?”

“다르게 생각할 수는 없는가?”

“과연 옳은 생각인가?”

학생들은 탈무드에 실린 힐렐(Hillel)이나 샤마이(Shammai) 같은 저명한 학자들의 관점을 이해하려고 공부하는 것이 아니라 그들의 논리에 허점이 없는지 따지기 위해 공부한다. 유대인 중에 개혁적인 사상가가 많이 나오는 이유도 기존 질서나 권위를 의심하고 따져 묻는 이들의 태도와 밀접하게 관련이 있다. 사람들이 일반적으로 믿는 것과는 다른, 기존의 권위를 부정하는 엉뚱한 발상에서 혁신적인 개발이나 발명이 나온다. 사고의 범위를 제한하지 않고 다른 사람의 생각에 얽매이지 않는 자유로운 사고가 유대인들에게 최고의 성공을 가져다준 또 다른 이유다.

하브루타, 어떻게 할까

하브루타의 원리

탈무드 논쟁에는 분명한 원칙이 있다. 그중 몇 가지만 살펴보면 다음과 같다.

첫째, 파트너들은 토론할 때 서로 눈을 마주본다.

자녀교육 혁명 하브루타

둘째, 파트너들은 서로의 말에 경청한다. 한 파트너가 말하면 다른 파트너는 귀를 크게 열고 집중해서 듣는다. 파트너들은 동의하지 않는 의견에 대해서도 경청한다.

셋째, 파트너들은 그들 자신의 생각을 논리적으로 정리하여 제시한다. 각 파트너는 듣고 이해하고 생각한 것들을 논리적으로 설명하고 증거를 제시한다.

넷째, 파트너들끼리 합의하려고 노력하기보다는 자신의 논리를 체계화하고 상대방의 논리에 반박하는 데 중점을 둔다.

다섯째, 파트너들이 동의하지 않을 때는 왜 그런지 이유를 들어 말한다.

여섯째, 파트너들은 그들 자신의 견해가 가장 좋은 것이 되도록 서로 노력한다.

일곱째, 파트너들은 어떤 견해가 가장 좋은 것인지를 확실히 하기 위해 토론하여 판단을 내린다. 하지만 아무리 사소한 주장이라도 논리적 근거를 이해하고 존중한다.

이 같은 탈무드 논쟁의 원리를 참고하여 하브루타에 적용할 수 있는 기본 원리를 제시하면 다음과 같다.

- 하브루타는 질문이 핵심이다. 아이에게 지시나 요구, 설명을 하기보다 질문을 많이 한다.
- 아이가 틀린 답을 말해도 정답을 알려 주지 말고 다시 질문으로

답한다.

- 하브루타하기 전에 충분히 내용에 대해 알게 한다.
- 뭔가를 외우고 알게 하는 것보다 아이의 뇌를 자극해서 사고력을 높이는 것이 목적이다.
- 질문하고 대화할 때는 아이에게 집중해서 그 눈을 보고, 그 어떤 대답도 막지 않고 수용한다.
- 아이의 대답에서 구체적인 근거를 들어 칭찬한다.
- 아이가 모르는 것은 책을 다시 보거나 인터넷을 검색하는 등 스스로 찾아보게 한다.
- 많은 내용을 하브루타하기보다는 한 내용을 깊이 있고 길게 하브루타하는 것이 좋다.
- 다소 어려운 내용도 쉬운 용어로 질문하여 아이가 생각하게 한다.
- 모든 일상 속에서 하브루타를 하되 하브루타하는 시간을 정해서 정기적으로 하는 기회를 갖는다.
- 잠재우기 전이 하브루타하는 가장 좋은 시간이다.
- 어린아이라도 쟁점을 만들어 토론과 논쟁으로 끌고 가는 것이 뇌 활동에 좋다.
- 성경적으로 꼭 가르쳐야 하는 원칙이나 가치관은 대화를 통해 분명하게 인지하게 한다.

하브루타 어떻게 하나

탈무드는 그 자체가 논리의 체계를 가지고 있다. 랍비가 이야기하면 학생들은 그것을 생각하면서 듣는다. 그런 다음 자신의 생각을 이야기한다. 이것이 탈무드식 논리다. 서로 공격하고 토론하고 논쟁하면서 진리를 찾아가는 것이다. 랍비 루자토(Moshe Chaim Luzzatto)는 탈무드 논쟁의 일곱 가지 원리[67]를 설정했는데, 진술, 질문, 대답, 반박, 증거, 갈등, 해결이 그것이다.

1. 진술(statement): 말하는 사람이 사실을 있는 그대로 간략하게 설명한다.

2. 질문(question): 진술한 사람의 정보를 듣고 상대방이 그것에 대해 날카로운 질문을 한다.

3. 대답(answer): 진술한 사람이 질문에 대해 답변한다.

4. 반박(contradiction): 대답에 대해 반박하거나 반대 의견을 댄다. 반박은 싸우는 것이다. 날카로운 반박일수록 좋다.

5. 증거(proof): 원래 말한 사람이 자신의 주장에 대해 논리적으로 증거를 대고 증명한다.

6. 갈등(difficulty): 다시 증거를 댄 것들에 대해 사실이나 진실이 아닌 것들을 현명하게 찾아내어 지적한다.

7. 해결(resolution): 결론을 짓는다. 원래 말한 사람이나 파트너가 함께 갈등 상황에 대한 해결책을 찾고 바람직한 방향을 모색하면서 마

무리짓는다.

일반적인 성경 하브루타의 과정은 다음과 같다. 그 과정은 하브루타 준비와 실제로 나눌 수 있다. 이 방법 외에도 하브루타는 매우 다양하게 실천할 수 있다.

〈하브루타 준비〉

1. 본문 정하기: 성경의 일정 부분을 본문으로 정한다. 성경 순서대로 해도 되고, 상황에 따라 주제를 정하여 본문을 달리해도 된다.
2. 본문 충분히 읽기: 정해진 본문을 하브루타에 참여할 구성원들은 충분히 읽는다. 최소 10번 이상은 읽어야 한다.
3. 성경 내용 묵상하거나 조사하기: 성경 내용을 충분히 읽어서 그 내용을 이해한 다음, 성경 내용에 대해 묵상하거나 궁금한 것들을 인터넷이나 책을 찾아보며 조사한다.
4. 최대한 질문 많이 뽑기: 성경 본문 중에서 짝에게 질문할 거리를 충분히 뽑는다. 성경 본문에서 찾을 수 있는 단답형의 질문이 아니라 추론해야만 할 수 있는 질문이나 생각을 자극할 수 있는 질문을 뽑는다. 10개 이상의 질문이 필요하다.
5. 암송하기: 성경 본문 중에서 가장 마음에 와 닿는 구절을 암송한다.

〈하브루타의 실제〉

1. 본문 읽기: 본문을 번갈아 가면서 큰 소리로 읽는다.

2. 학생들끼리 하브루타하기: 서로 준비해 온 질문을 상대방에게 던지면서 토론한다. 한 사람이 질문을 계속 하면 지루해질 수 있으므로 하나씩 번갈아 가면서 한다. 그 질문에 대해 상대방은 답변을 하고, 답변에 대해 질문자는 반박을 한다. 그러면서 한 질문에 대해 하브루타를 길게 나눌수록 좋다.

3. 교사나 부모가 준비해 온 질문으로 하브루타하기: 교사나 부모도 성경 본문을 충분히 읽고 질문을 뽑아 와야 한다. 그리고 그 질문지를 주고, 학생들끼리 번갈아 가면서 토론하게 한다. 질문이 학생들이 뽑은 질문과 동일하면 다른 질문으로 넘어간다.

4. 쉬우르 하기: 쉬우르란 교사가 학생들 전체를 상대로 질문을 던지고, 전체 내용을 요약하고 정리해 주는 시간이다. 이 시간 역시 교사의 일방적인 설명이 아니라 교사는 계속 질문하고 학생들이 답변하는 형식으로 진행한다. 부모와 자녀 사이에서는 부모가 그 역할을 하면 된다.

5. 실제 삶에 적용하기: 성경 하브루타를 하면서 느낀 점을 서로 나누고, 성경 내용을 실제 삶에 적용할 수 있는 방법에 대해 이야기한다.

6. 말씀 암송: 각자 암송해 온 성경 구절을 암송하게 한다.

7. 다음 하브루타 안내: 다음 하브루타 시간과 장소, 성경 본문을 안

내하고, 철저하게 준비해 오도록 한다.

하브루타, 소크라테스 질문법과 무엇이 다른가?

한국 학교에서도 더러 토론도 하고 발표도 하고 체험 학습도 한다. 그런데 학교에서 일반적으로 하는 토론은 학습 목표를 잘 달성하기 위한 하나의 수단이다. 다시 말해 교사가 학생들에게 알려 주고자 하는 목표가 이미 정해져 있고, 토론을 통해 그 목표에 도달하고자 하는 것이다. 그래서 교사는 학습 목표를 얼마나 잘 전달했느냐에 관심을 집중한다. 학생들이 그 내용을 얼마나 흥미롭게 여기고 또 얼마나 자기의 것으로 소화시켰느냐에는 별로 관심이 없다. 학습 내용을 흥미롭게 여기고 자기 것으로 소화시키는 일은 학생 개인의 몫이라고 생각한다.

반면에 하브루타는 학습 목표가 거의 없다. 하브루타의 궁극적 목적은 학생들의 사고력 계발에 있기 때문에 질문은 단답형이 아니라 학생들이 충분히 사고하고 상상할 수 있는 것으로 주어진다. 당연히 질문에 대한 답은 하나가 아니라 여러 가지다.

한국 교육은 탁월한 암기력과 정답을 귀신처럼 찾아내는 능력, 단답형 형태로 알고 있는 지식을 답변하는 데 그 누구도 따라올 자가 없다. 모두 시험을 위한 것이고 대학 입학이나 취직을 위한 것이다. 하지만 공부에 대한 즐거움과 스스로 좋아서 하는 동기를 길러 주지 못함으로써 수능이 끝나면 책을 불태워 버리고, 취직만 하면 책과 담을 쌓는 사람들이 많다. 탐구하지 않고 책을 멀리하면서 어떻게 경쟁력 있는 사람이 될 수 있겠는가?

하브루타는 소크라테스의 질문법과도 다르다. 대부분의 하브루타 접근은 소크라테스 학습의 효과와 목적에서 유사한 점이 많다. 그러나 세 가지의 핵심적인 차이가 있다.

첫째, 소크라테스 질문법은 교사와 학생, 스승과 제자 사이에 주로 이루어지지만, 하브루타는 학생과 학생 사이에 이루어지는 것이 기본이다. 소크라테스 질문법은 선생님이 주로 질문을 던지고 학생이 대답하는 형식이다. 하지만 하브루타는 학생들끼리 질문하고 토론, 논쟁하는 것을 더 중시한다.

둘째, 소크라테스 질문법은 한 학생에게만 집중하여 대화할 수 있지만, 하브루타는 모든 학생이 각자 집중하여 대화할 수 있다. 교사와 학생 사이의 가장 잘된 소크라테스 토론도 한 학생만이 몰두할 수 있다. 다른 사람은 그것을 지켜보아야 한다. 하지만 하브루타는 학생들끼리 짝을 지어 토론하므로 모두가 참여하게 된다.

셋째, 전통적으로 소크라테스 질문법은 교사가 해답을 알고 있고, 학생은 교사에 의해 제시된 대답을 얻게 된다. 초점이 해답을 얻는 것에 맞춰지면 학생들은 과정에 중점을 두지 않게 되고, 그들 자신의 비판적인 사고와 판단을 계발하는 데 중점을 두지 않게 된다. 학생들은 독자적으로 생각하기보다는 교사에 의존하게 되어 교사와 같은 진리를 탐구하게 된다. 반면에 하브루타는 하나의 정답을 도출하기 위한 것이 아니라 비판적인 사고력을 계발하기 위한 것이다. 따라서 하브루타는 어느 한 가지 의견에 모아지는 것을 경계한다. 학생들 각자의 의견이 발전하고 확대되고 깊어지는 데 초점을 둔다.

대개 강의나 지식 전달 중심의 교실에서 교사가 하브루타를 시도하면, 교사와 한 학생 간에 이뤄지는 소크라테스 질문법과 유사해진다. 그래서 하브루타가 활성화되기 위해서는 교사와 학생 간의 토론이 아니라 학생들끼리의 토론이 되어야 한다. 학생들이 스스로 특정한 본문이나 주제에 대해 토론을 하고 교사는 조언하는 역할을 하는 것이다. 학생들은 토론을 진행하면서 준비한 여러 자료를 참고하게 되고, 또 상대방의 말을 들으면서 메모하게 된다. 한 번의 토론이 끝난 다음 서로 입장을 바꾸어 토론을 하면 이전보다 훨씬 더 깊은 깨달음을 얻게 되고 서로 다른 관점이나 입장을 훨씬 더 잘 이해할 수 있게 된다. 부모나 교사가 조금만 관점을 달리하면, 가르치는 현장에서 하브루타 방법을 다양하게 활용할 수 있다. 하브루타는 토론을 통해 각 학생들에게 보다 크고 깊은 이해에 도달하게 하고, 아이디어를 논리적으로 표현하는 방법과 서로의 아이디어에 대해 열린 마음으로 경청하는 방법을 배우게 한다.

자녀교육 혁명 하브루타

성경 하브루타는 자녀나 학생들의 연령이나 수준, 참여하는 숫자 등
에 따라 매우 다양하게 진행될 수 있다. 여기서는 대상의 연령에 따라
몇 가지 예를 제시하기로 한다.

가인과 아벨[67]: 어린이 대상

아담과 하와는 가인과 아벨을 낳았어. 그리고 두 아들에게 하나님에 대
해 가르쳤단다. 하나님이 어떻게 세상을 만드셨는지, 왜 아담과 하와가 에
덴동산에서 쫓겨나게 되었는지를 말이야. 그리고 하나님께 순종해야 한다
는 것도.

형 가인은 농사를 지었고, 동생 아벨은 양을 쳤어. 가인과 아벨은 열심히
일했어. 가인은 곡식이 점점 쌓였고, 아벨도 양 떼가 점점 많아졌어. 그래서
가인과 아벨은 하나님께 감사의 제사를 드리기로 했단다. 아벨은 가장 흠
없고 좋은 양을 골랐어. 나뭇가지 위에 양을 놓고 불을 피워 정성껏 제사를
지냈지. 하나님께 감사기도를 드리면서 말이야. 하지만 가인은 가장 좋은
곡식을 드리지 않았어. 게다가 하나님께 왜 감사의 제사를 드려야 하는지
의심했어. 태워지는 곡식이 아깝기도 했고.

하나님은 아벨의 제사는 기쁘게 받으셨지만, 가인의 제사는 받지 않으셨
단다. 가인은 화가 나서 얼굴색이 붉으락푸르락했어. 하나님이 가인을 꾸짖

으셨지.

"어찌하여 네가 화를 내고 얼굴색이 변하느냐? 네가 올바른 일을 하였다면 왜 얼굴을 똑바로 들지 못하느냐?"

가인은 몹시 화가 나서 아벨을 들로 데리고 나가 돌로 쳐 죽이는 큰 죄를 저질렀어. 하나님은 가인을 찾아와 물으셨어.

"네 아우 아벨이 어디에 있느냐?"

"모릅니다. 제가 아벨을 지키는 사람입니까?"

"네가 무슨 일을 저질렀느냐? 너는 이제 농사를 지어도 열매를 맺지 못할 것이고, 평생 떠돌아다니게 될 것이다."

하지만 하나님은 가인을 쫓아 보내며 이렇게 말씀하셨어.

"가인을 죽이는 자는 일곱 배로 벌을 받을 것이다."

하나님은 다른 사람이 가인을 죽이지 못하도록 표를 주셨지. 가인은 에덴 동쪽 놋 땅에서 살게 되었단다.

어린아이들은 질문을 만들기가 어려우므로 질문은 주로 교사나 부모가 한다. 하지만 먼저 아이들에게 질문할 기회를 주는 것이 좋다. 질문이 아무리 단순한 것이라도 진지하게 듣고 답변을 하거나 다시 질문을 던진다. 하브루타는 '내용 확인 하브루타', '사고 확장 하브루타', '적용 하브루타' 순으로 진행한다. 내용 확인은 본문의 내용을 보고 바로 답변할 수 있는 질문들로 구성하고, 사고 확장은 본문을 토대로 상상하거나 생각하여 답변할 수 있는 질문으로 구성하며, 적용은 일상

생활에서 적용할 수 있는 방법을 찾는 질문을 던진다.

부모: 아담과 하와가 처음으로 낳은 두 아들의 이름은 무엇이니?

자녀: 가인과 아벨이에요.

부모: 가인과 아벨이 각각 하는 일은 무엇이었니?

자녀: 가인은 농사를 지었고, 아벨은 양을 쳤어요.

부모: 아벨과 가인은 하나님께 무엇을 하기로 했니?

자녀: 제사를 드리기로 했어요.

부모: 가인은 무엇으로 제사를 지냈니?

자녀: 곡식이요.

부모: 아벨은 무엇으로 제사를 지냈니?

자녀: 양이에요.

부모: 아벨은 어떤 양을 골랐니?

자녀: 흠 없고 좋은 양을 골랐어요.

부모: 두 사람의 제사에 대해 하나님은 어떻게 하셨니?

자녀: 아벨의 제사는 받으시고, 가인의 제사는 받지 않으셨어요.

부모: 가인은 화가 나서 아벨에게 어떻게 했니?

자녀: 아벨을 죽이고 말았어요.

부모: 하나님께서는 가인에게 어떤 벌을 주셨니?

자녀: 농사를 지어도 열매를 얻지 못하고, 떠돌아다니게 될 거라고 하셨

어요.

부모: 아벨을 죽인 가인을 다른 사람들이 죽이지 못하도록 하나님은 어떻
게 하셨니?

자녀: 표를 주셨어요.

부모: 가인은 어디에 살게 되었니?

자녀: 놋 땅이에요.

〈 사고 확장 하브루타 〉

부모: 아벨과 가인이 하나님께 제사를 지냈는데, 어떻게 하나님을 알게
되었을까?

자녀: 어? 그러네요. 어떻게 하나님을 알게 되었을까요?

부모: 누구에게 배웠겠지? 누구에게 배웠을까?

자녀: 아! 맞아요. 부모인 아담과 하와에게 배웠겠네요.

부모: 아담과 하와는 두 아들에게 무엇을 가르쳤을까?

자녀: 하나님을 믿어야 한다고요.

부모: 또?

자녀: 하나님께 순종해야 한다고요.

부모: 또 다른 것은?

자녀: 하나님께 제사를 지내야 한다고 가르쳤어요.

부모: 훌륭해. 부모에게 배웠으니까 하나님께 제사를 지냈겠지?

자녀: 맞아요.

자녀교육 혁명 하브루타

부모: 왜 두 아들이 하는 일이 달랐을까?

자녀: 농부와 양치기요? 옛날에 가장 대표적인 직업이 농사짓는 일과 양을 치는 일이 아니었을까요?

부모: 왜 그런 생각이 드니?

자녀: 성경에는 양을 치는 것이 많이 나와요. 그리고 우리나라는 옛날부터 농사를 지었잖아요.

부모: 그럴 수도 있겠구나. 왜 아벨과 가인은 제사를 지낼 생각을 하게 되었을까?

자녀: 부모에게 배웠잖아요.

부모: 또 다른 이유는 없을까?

자녀: 글쎄요. 재산이 늘어나니까 하나님께 감사해야겠다는 생각이 들지 않았을까요?

부모: 그랬겠구나. 왜 하나님은 아벨의 제사를 받았을까?

자녀: 하나님께 정말 감사하는 마음으로 드리지 않았을까요?

부모: 왜 아벨은 가장 좋은 양을 골랐을까?

자녀: 양이 많아지게 하신 하나님께 정말 고마워서요.

부모: 어떤 사람은 아벨은 양의 피로 제사를 지내서 하나님이 받았다고 말한단다. 네 생각은 어떠니?

자녀: 예수님의 피와 연결되니까 그럴 수도 있지 않을까요?

부모: 성경 레위기에 보면 곡식을 태워서 드리는 제사도 있단다. 그 제사도 하나님이 정하신 제사야.

자녀: 그래요? 그럼 피가 있느냐 없느냐가 중요한 것이 아니네요?

부모: 그렇지? 하나님은 소나 양으로 제사를 드리는 것도 받으시지만, 곡식으로 드리는 제사도 받으셨거든.

자녀: 그럼, 하나님은 왜 가인의 제사를 받지 않으셨을까요?

부모: 네 생각은 어떠니?

자녀: 좋은 곡식으로 드리지 않아서일까요?

부모: 그것도 이유가 되겠지. 그런데 가장 중요한 것은 무엇일까?

자녀: 왜 하나님께 감사해야 하는지 의심을 해서일까요?

부모: 제사를 지내고 나서 하나님께서 가인의 얼굴색이 변했다고 말하는 것에서 무엇을 알 수 있을까?

자녀: 가인이 잘못한 것이 있었을까요?

부모: 하나님께서는 네가 올바른 일을 했다면 왜 얼굴을 똑바로 들지 못하느냐고 하셨어.

자녀: 그럼, 가인은 죄를 지은 채로, 하나님께 감사하는 마음도 없으면서 드렸다는 것인가요?

부모: 성경에서 하나님은 우리의 무엇을 본다고 항상 말씀하셨지?

자녀: 우리의 마음이요, 우리의 중심이요.

부모: 그래, 맞아. 문제는 양이냐 곡식이냐가 아니라, 어떤 마음으로 드리느냐를 하나님은 보신다는 것이지.

자녀: 어떤 마음으로 드리느냐를 가장 중요하게 생각하신다구요?

부모: 그래. 그런데 왜 가인은 아벨을 죽였을까?

자녀교육 혁명 하브루타

자녀: 화가 나서요.

부모: 왜 화가 났지?

자녀: 하나님이 아벨의 제사만 받고, 자기 제사는 받지 않아서요.

부모: 또 왜 화가 났을까?

자녀: 하나님이 아벨만 사랑하시는 것 같아서요?

부모: 그래, 이렇게 동생만 사랑하는 것 같아서 드는 감정을 질투라고 한
　　　단다.

자녀: 나도 그런 기분이 들 때가 있었어요.

부모: 어떤 때 그런 기분이 들었니?

자녀: 선생님이 친구만 칭찬하실 때요.

부모: 그래? 그랬구나. 그런데 만일 아벨이 살아 있다면 얼마나 많은 후손
　　　을 낳았을까?

자녀: 아벨이 살았다면 수많은 후손을 낳았겠네요.

부모: 맞아. 그래서 가인의 죄가 크다고 할 수 있지. 수많은 생명을 낳지
　　　못하게 했잖아.

자녀: 그렇군요.

부모: 가인은 그 후 어떻게 살았을까?

자녀: 힘들게 살았겠네요.

부모: 그래도 성경에는 가인의 후손이 많은 것으로 나온단다.

자녀: 그래요?

부모: 나중에 아담의 후손들이 가인의 후손과 결혼하기도 한단다.

자녀: 그런데 가인은 살인자인데 왜 하나님은 가인을 죽이려는 사람들로 부터 지켜 주셨을까요?

부모: 좋은 질문이구나. 가인을 죽이지 않고 살려 주신 것만도 고마운데, 하나님은 다른 사람들이 가인을 죽이지 못하도록 표를 주셨지. 네 생각은 어떠니?

자녀: 사랑의 하나님이시니까요.

부모: 그래. 그것이 하나님의 사랑이시지. 하나님께서 누구도 사랑하시지?

자녀: 저도 사랑하세요.

< 적용 하브루타 >

부모: 그래 맞아. 제사는 요즘의 무엇이라고 생각할 수 있니?

자녀: 예배요.

부모: 예전의 제사는 지금의 예배라 할 수 있지. 그럼 우리가 어떻게 예배를 드려야 하나님이 받으신다는 뜻이지?

자녀: 하나님께 감사하는 마음으로 드려야 해요.

부모: 그렇지. 교회에 가서 앉아 있다고 예배를 드린 것이 아니고, 마음을 다해 예배를 드려야겠지. 너도 질투로 화가 난 적이 있다고 했지?

자녀: 예.

부모: 친구들에게 질투가 나서 화가 났을 때 어떻게 하는 게 좋을까? 가인은 화를 참지 못했는데 말이야.

자녀: 잘 참아야지요. 하지만 화가 나면 참기가 너무 힘들어요.

부모: 맞아. 그래서 계속 훈련해야 하는 거란다. 너 나름대로 화를 푸는 방법을 찾아야 돼. 넌 어떻게 화를 푸니?

자녀: 베개 같은 것을 때려요. 아무도 없을 때는 소리를 지르기도 해요.

부모: 그래. 화를 참는 것보다는 잘 푸는 것이 중요하단다. 우리 기도드리자. 하나님 아버지, 감사합니다. 오늘 가인과 아벨에 대해 배웠어요. 아벨이 마음을 다해 제사를 지낸 것처럼 우리도 감사의 마음으로 예배드릴 수 있게 해주세요. 화도 잘 풀 수 있도록 도와주세요. 예수님 이름으로 기도합니다. 아멘.

사마리아 여인: 청소년 대상

부모: 오늘은 요한복음 4장 1절에서 42절까지의 사마리아 여인에 대해 생각해 보자. 성경에 보면 유대인들이 사마리아에 대해 어떤 마음을 가지고 있니?

자녀: 유대인들이 사마리아를 무시하고 경멸하는 것 같아요.

부모: 그 이유가 무엇인지 아니?

자녀: 북이스라엘이 앗수르에게 망할 때, 강제 결혼으로 혼혈 정책을 썼다고 들었어요.

부모: 맞아. 그런데 왜 그게 문제지?

자녀: 성경에는 이방인과 결혼하지 말라고 했으니까요.

부모: 그래. 유대인들이 사마리아를 무시하는 이유는 이방인의 피가 섞였기 때문이지. 그래서 유대인들은 사마리아 땅을 지나가지도 않으려

고 했단다.

자녀: 그런데 왜 예수님은 사마리아에 들어가신 거예요?

부모: 그래. 그게 아주 중요하지. 예수님은 갈릴리와 예루살렘에서 주로 사역하셨는데 이 두 지역은 150km 정도 떨어져 있지. 이 두 지역을 오가는 두 가지 방법이 뭔 줄 아니?

자녀: 하나는 갈릴리에서 요단강을 따라 내려와 여리고를 거쳐 예루살렘으로 올라가는 길과 사마리아를 거쳐 직선으로 가는 길 아니에요?

부모: 그래 맞아. 예수님도 평소에는 주로 요단강과 여리고 길을 이용하셨지.

자녀: 그럼, 예수님께서 일부러 사마리아에 들어오신 거네요.

부모: 그렇지. 예수님은 사마리아 여인을 만나려고 일부러 오신 거라고 할 수 있지. 성경에 나오는 여섯 시는 몇 시를 말하는지 아니?

자녀: 몇 시예요?

부모: 유대인들은 새벽을 기점으로 하기 때문에 6시간을 더해야 현대의 시간이 된단다. 그래서 6시는 낮 12시를 말하지.

자녀: 12시라고요? 그럼 매우 더운 날씨 아니에요?

부모: 맞아. 중동에서 12시는 섭씨 40도를 오르내리는 시간이지. 그래서 아무도 물 길러 오지 않는 시간이야.

자녀: 그런데 왜 이 여인은 그 시간에 물을 길러 나온 거예요?

부모: 그게 중요하지. 왜 그랬을까?

자녀: 다른 사람들을 만나기 싫은 거 아니에요?

자녀교육 혁명 하브루타

부모: 결론은 조금 미루고, 조금 더 살펴보자. 그런데 예수님은 그 여인에게 물을 좀 달라고 하셨어.

자녀: 어, 이상하다. 아까 유대인들은 사마리아인들을 싫어한다고 했는데….

부모: 그랬지. 웬 낯선 남자가 물을 달라고 하니까, 그것도 유대인이 말이야. 사마리아 여인의 대답에 날이 좀 서 있지?

자녀: "당신은 유대인으로서 어찌하여 사마리아 여자인 나에게 물을 달라 하나이까?"라고 묻는데요.

부모: 그 말을 풀면 이런 뜻이지. "유대인 당신들은 우리 사마리아 사람들과 상종도 하지 않으려 하지 않습니까? 그런데 그런 유대인이 남자도 아닌 여자인 나에게 물을 달라고 하십니까?"

자녀: 예수님께 따지듯이 말하고 있네요.

부모: 그 다음 말을 표준새번역으로 보면 "선생님, 선생님에게는 두레박도 없고, 이 우물은 깊은데, 어떻게 나에게 생수를 구해 주시겠습니까?"야. 어떤 느낌인지 알겠니?

자녀: 사마리아 여인은 계속 대들듯이 이야기하고 있네요. "이 사람이 내게 수작 거는 거 아닌가? 너 잘 걸렸다. 너 한 번 당해 봐라." 이런 느낌이에요.

부모: 여기서 사마리아 여인이 어떤 상태인지 알겠니?

자녀: 자기 방어가 아주 심하네요. 피해의식이나 자격지심이 있는 것 같아요.

부모: 그런 여인에게 예수님은 갑자기 무슨 말을 꺼내니?

자녀: 영원히 목마르지 않는 샘물 이야기를 하네요.

부모: 그 말을 하니까 여인이 어떤 반응을 보이니?

자녀: 그 물을 달라고 했어요.

부모: 왜 따지듯이 이야기하던 여인이 갑자기 샘물에 관심을 보였을까?

자녀: 물을 길러 오지 않아도 되니까요.

부모: 그 이야기는 이 여인에게 물을 긷는 일이 어떻다는 말이니?

자녀: 너무나 고통스럽다는 말이네요.

부모: 그런데 갑자기 예수님은 또 엉뚱한 말씀을 하시지?

자녀: 맞아요. 남편을 데려오라고 하셨어요.

부모: 그랬더니 그 여인은 남편이 없다고 대답했어.

자녀: 다시 방어기제가 발동한 거네요.

부모: 대단한데! 네가 그런 말도 아니?

자녀: 그런데 이 여인에게는 남편이 다섯이나 있었네요. 지금도 남자가
있고요.

부모: 맞아. 그런데 예수님은 거짓말하는 여인에게 "옳도다, 참되도다"라
고 두 번씩이나 인정하는 말을 하시지. 왜 그러셨을까?

자녀: 이상하네요. 그 여인의 아픈 마음을 보고, 그 마음에 공감해 준 걸
까요?

부모: 훌륭해! 상처가 있는 사람과 말을 할 때 그 사람의 아픔에 공감해
주는 것이 가장 중요하단다. 만일 예수님께서 "남편이 다섯이나 있

으면서 왜 없다고 하느냐? 왜 거짓말을 해?"라고 야단치셨다면 어떻게 되었을까?

자녀: 물론 여인은 도망가 버렸겠죠. 예수님 정말 대단하시네요.

부모: 그런 예수님의 공감 때문에 여인이 어떤 말을 하니?

자녀: 예수님을 선지자로 인정하는데요.

부모: 예수님이 여자의 가장 깊은 아픔을 말하니까 마침내 마음을 연 거지.

자녀: 그럼 이 여인은 남편을 계속 바꾼 창녀예요?

부모: 아주 중요한 질문이야. 그 문제를 한번 생각해 보자. 우선, 이스라엘처럼 율법이 강한 나라에서 창녀가 공공연히 존재할 수 있을까? 창녀가 다섯 번 결혼할 수 있을까?

자녀: 정말 그러네요. 유대 율법에 의하면 창녀는 돌에 맞아 죽어야 하잖아요.

부모: 그렇지. 막달라 마리아가 어떤 여인이라고 들었니?

자녀: 옛날에 창녀였다고 들은 것 같은데요.

부모: 흔히 막달라 마리아가 창녀였다가 예수님을 만났다고 알고 있는데, 성경에는 그런 말이 없어. 누가복음 8장 2절에 일곱 귀신이 들렸다가 치유받은 여인으로 나와 있어.

자녀: 그래요? 왜 그런데 창녀였다고 흔히 말하지요?

부모: 글쎄, 그게 정말 이상해. 성경의 네 복음서에서 창녀라는 단어는 세 번밖에 나오지 않는단다.

자녀: 생각해 보니까 이상해요. 사마리아 여인은 다른 사람을 만나기 싫

어 정오에 물을 길러 왔는데, 그런 대인기피증에 걸린 여자가 창녀를 할 수 있나요?

부모: 아주 중요한 지적이야. 또 있어. '창녀가 구원이나 예배에 그렇게 관심을 보일 수 있는가'란 의문도 제기할 수 있지!

자녀: 정말 그러네요.

부모: 나중에 보면 사마리아 여인이 동네에 달려가 전도를 하거든. 만일 사마리아 여인이 창녀였다면 마을 사람들이 그렇게 기꺼이 전도를 받아들였을까?

자녀: 그것도 그러네요. 그럼 이 여인이 창녀가 아니란 말씀이네요. 그럼 다섯 남편은 어떻게 된 거예요?

부모: 신명기 25장 5-6절을 읽어 보자.

자녀: 형제들이 함께 사는데 그 중 하나가 죽고 아들이 없거든 그 죽은 자의 아내는 나가서 타인에게 시집 가지 말 것이요 그의 남편의 형제가 그에게로 들어가서 그를 맞이하여 아내로 삼아 그의 남편의 형제 된 의무를 그에게 다 행할 것이요 그 여인이 낳은 첫 아들이 그 죽은 형제의 이름을 잇게 하여 그 이름이 이스라엘 중에서 끊어지지 않게 할 것이니라.

부모: 이것은 유대인의 율법 중 하나인 수혼법이란다. 형이 죽으면 그 동생이 형의 아내와 동침해서 그 후손을 잇게 하는 율법이지.

자녀: 우리나라 문화와는 전혀 다르네요. 어떻게 형수랑 결혼을 해요?

부모: 우리나라에서는 있을 수 없는 일인데, 이것은 하나님의 명령으로

자녀교육 혁명 하브루타

후손을 잇는 것이 중요했던 옛날 중동에서는 하나의 풍습이었지.

자녀: 유다와 다말 이야기도 그런 이야기인가요?

부모: 그래. 룻과 보아스의 결혼 이야기도 유대 문화에서만 이해할 수 있는 일이지.

자녀: 그럼, 이 사마리아 여인은 수혼법 때문에 계속 남편의 동생이나 친척들과 어쩔 수 없이 결혼한 여인이란 말씀인가요?

부모: 그래 맞아. 18절 말씀인 "너에게 남편 다섯이 있었고 지금 있는 자도 네 남편이 아니니"에서 그 해답을 찾을 수 있지.

자녀: 그게 무슨 뜻이에요?

부모: 남편이 죽어서 동생들과 결혼한 거야. 그런데 창세기 38장의 엘과 오난처럼 다섯 명이나 죽은 거지. 지금 여섯 번째 친척과 살고 있는데, 그 사람도 언제 죽을지 마음이 너무도 불안한 거야.

자녀: 우아! 그야말로 남편 잡아먹는 여인이 된 거네요.

부모: 그렇지. 자신과 결혼만 하면 남편이 죽어 버리니 얼마나 상처가 컸겠어.

자녀: 이제야 이 여인의 아픈 마음이 보이네요. 자기와 결혼만 하면 남편이 죽어 버리고, 그런 일이 다섯 번이나 일어났다면 정말 끔찍했겠어요.

부모: 그래서 이 여인은 다른 사람을 만나는 것이 너무나 큰 고통이었던 거야. 다른 사람이 자신을 '남편 잡아먹는 여자'라고 욕하는 것 같으니까.

자녀: 그래서 이 여인의 입에서 예배에 대한 질문이 나온 거군요?

부모: 그렇지. 평소에 구원에 대해 너무나 갈급했기 때문에 선지자인 예수님을 만나자마자 평소 궁금했던 예배와 구원 문제를 묻기 시작한 거지.

자녀: 야! 정말 신기해요. 성경이 너무나 신비로워요.

부모: 나중에 이 여인이 동네에 전도하러 가잖니? 그럼 이 여인의 대인기피증은 어떻게 된 거니?

자녀: 우아! 굉장해요. 대인기피증이 싹 나은 거네요.

부모: 예수님이 그런 분이시란다. 기도하자꾸나. 하나님, 오늘 사마리아 여인에 대해 하브루타를 했습니다. 많은 것을 깨닫게 하신 것을 감사합니다. 이 여인에게 한 것처럼 저희에게도 찾아오셔서 우리의 마음을 어루만져 주세요. 주 예수 그리스도 이름으로 기도합니다. 아멘.

삭개오(눅 19:1-10) 하브루타를 위한 질문

• 예수님은 예루살렘과 갈릴리를 오고 가는 두 길 중에 어떤 길을 택하셨는가?

• 예수님은 여리고에 의도를 가지고 오셨는가, 그냥 지나가는 길이셨는가?

• 왜 삭개오는 예수님을 보고자 했을까?

• 앞으로 달려가서 보고자 했다는 것은 어떻게 했다는 말인가?

• 삭개오에게 열등감이 있다면 가장 큰 것 두 가지는 무엇인가?

- 왜 삭개오가 나무에 올라가기 어려울까?

- 삭개오가 나무에 올라가기 위해 내려놓아야 하는 것은 무엇인가?

- 삭개오는 언제 예수님이 메시아임을 알았을까?

- 왜 삭개오는 집에 머물겠다는 예수님의 말에 그렇게 즐거워했을까?

- 왜 군중들은 삭개오 집에 들어가지 않고 수군거렸는가?

- 예수님은 언제 구원을 선포하셨는가? 삭개오의 고백과 실천이 먼저인가, 구원이 먼저인가?

- 삭개오에게 재산이 남아 있었을까?

- 왜 아브라함의 자손이라고 했을까?

- 왜 잃어버린 자를 찾아 구원하려 함이라고 했을까?

- 삭개오의 상황은 이전보다 좋아졌는가, 나빠졌는가?

- 삭개오의 상황이 변한 것인가, 마음이 변한 것인가?

다윗과 골리앗(삼상 17장) 하브루타를 위한 질문

- 이스라엘은 어떤 민족과 전쟁 중인가?

- 이 전쟁에 참여한 이새의 세 아들 이름은?

- 당시 다윗은 어떤 일을 하는 사람이었는가?

- 요셉이 세겜까지 양을 치던 형들을 찾아간 이야기에서 알 수 있듯 이 다윗은 어디에서 자면서 양치기를 했을까?

- 다윗은 양치기를 할 때 혼자 무엇을 하면서 시간을 보냈을까?

- 왜 다윗은 시인이 되었고, 하프를 연주하게 되었을까?

- 아버지의 말(17-18절)에서 알 수 있는 다윗에 대한 아버지의 생각은?

- 형의 말(28절)에서 알 수 있는 동생 다윗에 대한 생각은?

- 골리앗은 며칠 동안 아침저녁으로 나와 이스라엘 사람들을 조롱했는가?

- 왜 골리앗은 이스라엘을 바로 쓸어버리지 않았을까?

- 골리앗의 자존감은 어땠으며 무엇을 보면 알 수 있는가?

- 다윗의 자존감은 어땠으며 무엇을 보면 알 수 있는가?

- 물매란 무엇인가?

- 양치기를 하면서 다윗은 물매를 어느 정도 연습했을까?

- 골리앗과 싸울 당시 다윗의 나이는 몇 살이었을까?

- 다윗은 어떤 동물을 죽였다고 말하고 있는가? 어떻게 그런 동물을 죽일 수 있었을까?

- 한 규빗이 45cm라면 골리앗의 키는 몇 cm 정도인가?

- 다윗은 왜 갑옷과 투구를 입지 않았는가?

- 다윗은 어떤 차림으로 골리앗에게 나갔는가?

- 다윗이 골리앗과 싸우기 위해 가지고 간 것은 무엇인가?

- 골리앗이 투구를 쓰고, 갑옷을 입고, 큰 창을 들고, 방패를 들었다면 다윗의 눈으로 보았을 때 공격할 빈틈이 어디인가?

- 왜 골리앗은 이렇게 자신을 무장했을까?

- 골리앗은 결국 누구의 칼에 목이 베이는가?

- 골리앗은 칼과 창과 단창을 가지고 싸우지만, 다윗은 무엇으로 싸

자녀교육 혁명 하브루타

우러 나간다고 말하는가?

- 골리앗은 결국 무엇을 맞고 넘어져 죽는가?

- 다윗을 갑자기 이스라엘에서 유명하게 만든 사람은 누구인가?

- 하나님은 골리앗과 싸워 이길 수 있도록 다윗을 어떻게 준비시킨

  것인가?

chapter 12

일상 하브루타, 이렇게 하라

Havruta

유대인에게 가장 소중한 시간은 가족과 함께하는 시간이다. 특히 안식일은 온전하게 자녀에게 투자한다. 아이에게 숙제하라고 시켜 놓고 텔레비전 보는 유대인 부모는 없다. 자녀에게 공부하라고 잔소리하는 부모도 없다. 하브루타로 공부하려면 스스로 공부해야 하기 때문에 그런 말을 할 필요가 없다. 슈물리 보태악(Shmuley Boteach)은 "우리 집에서는 되도록 매일 저녁 온 가족이 함께 식사하려고 노력한다. 저녁식사는 그 가족이 한 가족임을 가장 잘 보여 주는 활동이며, 가족만의 시간이다. 이 시간만큼은 전화도, 초인종도, 어떠한 방해도 허락하지 않는다. 우리는 모두 서로에게 삶의 일부다. 나는 아이들이 이 사실을 알고 서로 소중히 여기길 바란다. 온 가족이 모이는 시간은 두말할 필요도 없이 중요한 대화를 나누기에 최고의 기회를 제공한다. 모든 가족 구성원이 인정을 받고, 대화에 참여하며, 서로의 말에 경청한다. 원하든 원하지 않든 간에"[68]라고 말했다. 그 역시 매일 저녁은 집에서 먹는 것을 원칙으로 삼으며, 저녁에 다른 약속을 잡지 않고 가족과 식사하는 이유는 가족과 대화하기 위해서라고 했다.

하버드 대학의 유대인 학생들에게 유대인이 세계적으로 두각을 나타내는 이유가 뭐냐고 묻자 그들은 '부모와의 대화와 토론'을 가장 많이 꼽았다. 유대인들은 주로 저녁식사를 하면서 가족끼리 자연스럽게 대화를 나눈다. 주제가 무엇이 되었든 부모와 대화하면서 질문하고 토론한다. 이처럼 가정에서 주도적으로 자신의 의견을 개진하는 것이 습관이 된 아이들은 사회에서 누구를 만나든 대화에 거리낌이 없고 스스럼이 없다.

어른과 아이가 같은 주제를 가지고 대화를 한다는 것은 우리의 정서로는 이해하기 어렵다. 그러나 오랜 세월 가정의 문화로 정착되어 어린 시절부터 부모와 대화하는 것이 자연스런 유대인들한테는 당연한 것이다. 유대인 부모들은 일상생활에서 벌어지는 그 어떤 문제든지 철학적인 질문으로 연결시키고 그것을 진지하게 자녀와 토론한다. 그들은 일상의 소소한 사건을 가지고도 철학을 논하고, 심리학을 이야기하고, 경제 문제를 토론한다.

자녀교육 혁명 하브루타

우리는 대부분 초등학교 2~3학년 때 학급의 학생들과 함께 2단부터 9단까지 구구단을 한목소리로 수십 번, 수백 번 반복해서 외운 기억을 갖고 있을 것이다. 하지만 유대인들은 학교에서든 집에서든 구구단을 외우는 일이 없다. 대신 구구단이 나오는 원리를 2년이고 3년이고 반복해서 교육한다.

만일 사각형의 넓이를 구하는 공부를 한다고 하자. 가로가 8cm이고 세로가 9cm인 직사각형의 넓이를 구하라고 하면 구구단을 외운 우리나라 학생들은 1초도 안 돼 72cm²라는 대답이 나올 것이다.

하지만 유대인 학교에서는 학생들끼리 짝을 지어 토론을 통해 각자 문제를 풀도록 한다. 구구단을 외우지 않은 이 아이들은 서로 대화하면서 여러 가지 방법을 동원해 문제를 풀게 된다. 예를 들어 어떤 팀은 자로 1cm씩 가로로 8칸을 그리고, 세로로 9칸을 그려서 전체 칸이 몇 칸인지 일일이 센다. 그런 다음 72cm²라는 답을 도출한다. 어떤 팀은 바둑알 같은 것으로 여덟 개씩 나란히 아홉 줄로 일일이 놓는다. 그래서 전체가 72라는 것을 알아낸다. 또 어떤 팀은 모눈종이를 가져다 놓고 칸을 칠하면서 넓이를 구한다. 이런 방식으로 아이들은 둘씩 짝을 지어 아이디어와 토론을 통해 각각 자기만의 방법을 동원하여 직사각형의 넓이를 구한다.

답을 구한다고 끝나는 것이 아니다. 한 팀씩 돌아가며 자기 팀이 어떻게 이 문제를 해결했는지 친구들 앞에서 발표한다. 만일 앞에 발표한 팀이 자기 팀과 똑같은 방법으로 문제를 해결했다면, 그 팀은 가능한 한 새로운 방법으로 문제를 해결해야 한다. 아이들은 자기들이 토론을 통해 알아낸 방법 외에도 수많은 방법이 있음을 알게 된다. 이렇게 발표가 끝나면 또 다른 방법은 없는지, 각 방법의 장단점은 무엇인지 토론한다. 남과 다른 나만의 방법을 찾는 것, 이것이 유대인 교육의 핵심이자, 그들이 성공하는 비결 중의 비결이다. 뭔가를 외우게 해서 빠른 정답을 찾는 게 목적이 아니라, 한 가지 문제에 대해 다양한 해답을 찾게 함으로써 사고력을 길러 주는 것이 목적인 것이다.

유대인들은 유치원이나 학교에서도 대화와 토론이 교육의 중심이다. 아이들은 등교하면서부터 마칠 때까지 교사나 친구들과 재잘거리며 수많은 질문과 대화를 한다. 칠판이나 분필, 책으로 수업을 진행하는 것이 아니라 말로 수업을 진행한다. 따라서 말하지 않는 아이는 수업에 참여하기 힘들다. 그러면 어떤 학습도 자기 것으로 소화할 수 없다.

한 가지 주제를 가지고 토론하는 것도 거의 매일 한다. 교사가 주제를 설명하고 방향을 잡아 주면, 아이들이 나서서 토론을 이끈다. 교사는 아이들의 토론을 끝날 때까지 지켜보다가 의견을 모아 정리하고 결론을 내려 준다. 토론 중에 아이들끼리 자기주장을 고집하면서 싸우면, 교사는 아이들 각자에게 변론할 기회를 준 뒤 잘잘못을 가려 준다. 이때도 단순히 판결해 주는 것이 아니라 아이 스스로 문제를 깨닫

자녀교육 혁명 하브루타

고 해결 방안을 생각하도록 이끈다. 이렇게 아이들과 교사가 한 곳에 둘러앉아 토론을 벌이는 모습은 마치 우리나라 성인들이 한 가지 주제를 가지고 토론하는 〈100분 토론〉을 연상시킨다. 이런 대화와 토론 중심의 교육에 길들여진 아이들은 논리적인 사고력과 표현력뿐 아니라 문제를 뿌리까지 캐서 해결하려는 적극적이고 능동적인 태도와 자신감을 보인다.

가정에서도 베드타임 스토리나 안식일 식탁뿐 아니라 평소 사소한 일까지 자녀와 대화하고 토론하며 시간을 보낸다. 나는 이것을 '일상 하브루타'라고 부른다.

일상 하브루타는 일상생활에서 접하는 모든 소재가 주제가 된다. 길을 가다가 교통질서를 지키지 않는 사람을 보고 자녀와 하브루타를 할 수 있다. 공공장소에서 크게 떠드는 사람을 보고도 토론할 수 있다. 책을 읽고 그 내용에 대해 질문하고 토론할 수 있다. 신문을 읽다가도 질문하고 대화하고 논쟁할 수 있다. 어디서든, 어떤 주제든, 언제든 하브루타할 수 있는 것이다. 수다의 수준을 조금만 높이면 하브루타가 된다. 주제를 가지고 수다를 떨면 공부가 된다.

신호등 네 개의 순서가 뭐지?

우리는 도덕이나 윤리 시간에 교통 법규에 대해 강의식으로 가르치고 이를 암기해서 시험을 보는 것으로 교통 법규를 배운다. 그래서 도덕 점수는 100점이어도 실생활에서는 교통 법규를 전혀 안 지킬 수 있다. 이렇게 우리의 교육은 실천이 아니라 빠른 습득과 효율적인 암기에 초점이 맞추어져 있다. 하지만 유대인 교육은 다르다. 그들은 아이에게 교통 법규가 없다면 어떻게 될지 생각하게 해서 생활과 밀착된 공부를 시킨다.

만일 아이와 함께 자동차로 이동하다가 갑자기 무단횡단한 사람 때문에 급하게 브레이크를 밟았다고 해보자. 이런 상황에서 부모와 자녀가 할 수 있는 하브루타의 예를 들어보면 다음과 같다.

"어이쿠! 무단횡단한 사람 때문에 큰일 날 뻔했구나."

"저도 머리를 앞 의자에 부딪힐 뻔했어요."

"저 사람이 잘못한 게 뭐니?"

"횡단보도로 건너지 않고 아무 데서나 건넜어요."

"그래서 어떻게 되었지?"

"저 사람은 우리 차에 치어 다치거나 죽을 뻔했어요."

"그럼 우리는?"

"우리도 급브레이크를 밟아 갑자기 몸이 앞으로 쏠렸어요."

"우리가 급브레이크를 밟으면 또 어떻게 될 수 있지?"

"맞아요. 뒤에 오는 차가 우리 차를 받을 수도 있어요."

"맞아. 저 사람도 위험하고 우리도 위험하고, 뒤에 오는 차도 위험해질 수 있었지. 무단횡단을 한 한 사람 때문에 말이야."

"정말 그러네요."

“그런데 사람들은 왜 무단횡단을 하는 걸까?”

“빨리 건너려고요. 횡단보도까지 걸어가야 하고, 또 기다려야 하니까요.”

“그래 맞아. 조금 빨리 건너려다가 영원히 빨리 갈 수도 있지. 그런데 우리가 횡단보도로 건너기만 하면 되니?”

“신호등도 지켜야 해요.”

“무슨 색이 켜져 있을 때 건너야 하지?”

“초록색이요.”

“만일 횡단보도나 신호등이 없다면 어떻게 될까?”

“우리가 건너다가 교통사고가 날 수 있어요.”

“차들은 어떻게 되겠니?”

“차들끼리 부딪쳐서 사고가 나요.”

“그런 교통 법규가 있어도 사람들이 지키지 않으면 어떻게 될까?”

“사람이 죽을 수도 있고, 교통사고도 많이 나요.”

“그렇게 사고가 많이 나서 큰 혼란이 일어나면 어떻게 되지?”

“세상이 무서워져요. 마음 놓고 거리를 다닐 수도 없고, 차도 못 다녀요.”

“왜 우리가 신호등을 지켜서 횡단보도로 건너야 하지?”

“내가 죽을 수도 있고, 교통사고도 많이 나서요.”

“그런데 너 혹시 신호등 네 개의 순서를 알고 있니?”

“네? 신호등 네 개의 순서요?”

“그래, 신호등은 두 개와 세 개, 네 개짜리가 있잖니? 두 개의 신호등은 주로 어디에 있니?”

"두 개의 신호등은 횡단보도에서 건널 때 있어요."

"그럼 세 개의 신호등은?"

"직선도로에 있어요."

"그러면 네 개의 신호등은 주로 어디에 있니?"

"사거리 같은 교차로에서는 네 개의 신호등이 있어요."

"맞아. 너 신호등을 지금까지 몇 번이나 봤니?"

"수천 번, 수만 번 정도는 봤겠지요."

"그랬지! 그럼 네 개의 신호등 순서를 말해 봐."

"일단 네 개의 신호등은 초록색, 노란색, 빨간색이 있고, 또 하나는 뭐죠?"

"좌회전 신호가 있지. 화살표로 되어 있잖니?"

"맞아요. 그런데 순서가 어떻게 되죠? 초록색이 제일 먼전가, 빨간색이 먼전가?"

"수만 번을 본 거잖아. 잘 생각해 봐."

"음, 잘 모르겠어요."

"신호등의 순서를 어떻게 배치하는지 한 번이라도 생각해 본 적 있니?"

"아니요."

"그럼 두 개의 신호등 순서는 알겠니?"

"횡단보도에서 빨간색이 위에 있고, 초록색이 밑에 있었던 것 같아요."

"그러면 세 개는 어떤 순서일까?"

"음, 빨간색이 가장 먼저고, 그 다음이 노란색, 마지막이 초록색인가요?"

"저기 앞에 세 개의 신호등이 있구나. 어떠니?"

자녀교육 혁명 하브루타

“우아, 제가 맞았네요.”

“그래 잘했구나. 그런데 순서를 그렇게 정한 이유가 뭘까?”

“빨간색이 가장 먼저인 이유는 위험을 알리기 위해서가 아닐까요?”

“훌륭하구나. 그 다음에 노란색인 이유는?”

“노란색은 경고의 뜻을 담고 있어요.”

“맞아. 그럼 초록색은 안전을 의미하지. 길을 건너거나 차가 가도 된다는 뜻이지. 이제 순서의 의미를 알겠니?”

“빨강, 노랑, 초록… 맞아요. 위험에서 안전의 순서군요.”

“대단하구나. 잘 생각했어. 이제 네 개의 신호등 순서를 말할 수 있겠니?”

“위험에서 안전의 순서라면, 가장 먼저는 당연히 빨간색이에요.”

“그 다음은?”

“다음에는 노란색이겠지요. 마지막은 초록색이고요.”

“그러면 좌회전 신호는?”

“그렇군요. 이제 알겠어요. 빨강, 노랑, 좌회전, 초록의 순서예요.”

“그렇지! 한 번 보렴. 마침 교차로라서 네 개의 신호등이 있구나.”

“정말이에요. 빨간색, 노란색, 좌회전 화살표, 마지막으로 초록색이에요.”

“그렇지? 이제 왜 그 순서인지 알겠니?”

“위험을 가장 먼저 알려야 하니까요. 그리고 경고가 그 다음이고요.”

“그런데 왜 우리는 수만 번씩이나 본 신호등의 순서를 잘 알아맞히지 못할까? 실제로 어른들에게 물어도 90% 이상은 그 순서를 틀리게 말한단다.”

“정말이오? 왜 그럴까요?”

"우리가 아무리 많이 본 것이라도 의미 있게 보지 않으면 기억에 남지 않는단다. 너 천 원짜리 지폐에 누가 그려져 있는지 아니?"

"천 원이오? 세종대왕인가, 이순신인가? 아니면 이율곡인가, 이황인가요?"

"천 원짜리 지폐는 신호등보다 많이 봤겠지. 하지만 잘 생각나지 않지?"

"정말이네요. 여기 천 원짜리 지폐를 보니까 이황이네요."

"이제 천 원에 그려진 사람이든, 네 개의 신호등 순서든 잊어버리지 않겠지?"

"예!"

"신호등 순서를 그냥 외우려고 하면 곧 잊어버리고 만단다. 하지만 그 논리를 이해하면 외우지 않아도 잊어버리지 않게 되지. 신호등 순서의 논리가 뭐라고?"

"위험에서 안전이요."

"맞아. 그렇게 알고 있으면 일부러 외우지 않아도 두 개든, 세 개든, 네 개든 순서를 모두 알 수 있지. 우리가 하는 공부도 마찬가지란다."

"공부할 때 단편적인 지식을 외우려고 애쓰지 말고, 그렇게 되는 이유나 논리 등을 이해하는 것이 훨씬 중요하다는 말씀이네요."

"그래. 그 방법은 지금 너와 내가 하브루타하는 것처럼, 친구와 이야기를 나누면서 토론하고 논쟁하게 되면 훨씬 재미있게 공부하면서 사고력은 더 커지는 거지."

"정말 오늘 많은 것을 알게 되었어요. 고맙습니다."

이처럼 부모는 아이들에게 계속 질문을 하면 된다. 질문을 통해 아

자녀교육 혁명 하브루타

이들로 하여금 스스로 생각하는 기회를 주는 것이다. 그런 대화는 교통 법규 준수에 대한 토론이나 논쟁으로 이어질 수도 있다. 한편 관련된 재미있는 이야기를 통해 질문함으로써 사고력을 자극할 수도 있다. 이런 대화는 끊임없이, 수시로, 어디서든, 어떤 소재나 주제든 할 수 있다. 이렇게 대화를 통해 알게 된 사실이 책상에 앉아 책을 읽으면서 알게 된 사실보다 훨씬 기억도 잘되고 오래간다. 더불어 부모와도 친밀해질 수 있다.

사과 꼭지에서 어떻게 잎이 나오지?

나는 아이들과 함께 마트에서 장을 보면서 사과도 한 상자 샀다. 그런데 사과박스에 그려진 사과 그림을 보고 아이와 하브루타를 해야겠다고 생각했다.

자녀에게 사과 하나를 그려보라고 했다. 여러분도 아래 네모 안에 사과 그림을 하나 그려 보자.

아이가 그린 사과

사과상자에 그려진 사과

아이가 그린 그림은 위의 왼쪽 그림과 비슷했다. 그리고 사과 박스에 그려진 그림은 오른쪽 그림과 유사한 모습이었다. 아마 여러분이 그린 그림도 왼쪽 그림과 비슷할 것이다. 아이가 그린 그림을 가지고 하브루타가 시작되었다.

상자에 든 사과들. 꼭지가 달려 있지 않다.

아빠: 네 사과 그림에 꼭지가 있구나?

자녀: 네. 사과에는 꼭지가 있잖아요.

아빠: 우리가 사온 사과박스에도 꼭지가 그려져 있고.

자녀: 맞아요. 멋있게 그려진 사과네요.

아빠: 그럼 우리가 사온 사과를 한번 살펴볼까? 상자를 열어서 사과를 살펴보렴.

자녀교육 혁명 하브루타

자녀: 어! 이상하다. 사과에 꼭지가 없어요. 꼭지가 있는 것도 있는데 그건 저 속에 아주 작게 있어요.

아빠: 상자 속의 사과에는 왜 꼭지가 거의 없을까?

자녀: 왜 그럴까요?

아빠: 한번 생각해 보렴. 만일 꼭지가 길게 달린 채로 포장을 하면 어떤 일이 일어날까?

자녀: 맞아요. 사과의 꼭지를 따지 않으면 사과들이 서로 흠집을 내게 돼요.

아빠: 사과에 흠집이 나면 어떻게 되니?

자녀: 당연히 사과에 상처가 생기게 되고, 상품성이 떨어지겠지요. 썩을 수도 있고요.

아빠: 그럼 우리가 주변에서 볼 수 있는 사과들은 대부분 꼭지가 없다는 말이 되네?

자녀: 네.

아빠: 너도 학교에서 정물화 그린 적 있지?

자녀: 네. 정물화 그린 적 있어요.

아빠: 그때 사과도 그렸지?

자녀: 네. 사과도 있었어요.

아빠: 그때 너는 사과에 꼭지를 그렸니, 안 그렸니?

자녀: 음… 안 그린 것 같아요.

아빠: 왜 안 그렸을까?

자녀: 내가 보고 그린 사과에 꼭지가 없었으니까요.

아빠: 그래 맞아. 세잔의 정물화를 본 적 있지?

자녀: 네. 그런데 잘 생각이 안 나요.

아빠: 그럼 인터넷으로 검색해 보자.

자녀: (컴퓨터에 앉아 '세잔 정물화'란 단어로 검색을 하고 나서) 와! 세잔이 정물화를 많이 그렸네요.

아빠: 그래. 한번 정물화를 잘 살펴보렴. 정물화 속에 사과가 많지? 사과에 꼭지를 그렸니?

자녀: 아니요. 여러 그림 중에 꼭지가 있는 사과는 없는 것 같아요.

아빠: 그런데 우리는 왜 사과에 꼭지를 그릴까?

자녀: 우리의 고정관념 때문에 그럴까요? 사과는 이렇게 생겼다는 고정관념 말이에요.

아빠: 맞아. 고정관념이 그렇게 그리게 한 거지. 우리의 고정관념은 이렇게 무섭단다. 그런데 네가 그린 그림에 사과 잎사귀도 있구나.

자녀: 네. 사과에 잎사귀가 있으면 더 사과 같잖아요.

아빠: 너 잎사귀가 달린 사과를 직접 본 적이 있니?

자녀: 아니요. 직접 보지는 않았지만, 사진이나 그림에서 자주 보잖아요.

아빠: 우리가 잎사귀 달린 사과를 직접 보려면 과수원에 가서 잎사귀가 달린 채로 사과를 따야 가능하겠지?

자녀: 네. 하지만 그림으로는 자주 볼 수 있어요.

아빠: 그래. 그런데 그 그림이 문제라는 거지. 너는 잎사귀를 어디에 그렸니?

자녀: 음. 꼭지에 붙은 잎사귀를 그렸어요.

자녀교육 혁명 하브루타

아빠: 조금만 생각해 보자. 꼭지에서 사과 잎이 나올 수 있니?

자녀: 네? 꼭지에 잎사귀가 붙어 있지 않나요?

아빠: 과학적으로 생각해 보렴. 나뭇잎은 어디에서 나오니?

자녀: 가지에서 나오지요.

아빠: 그렇지. 가지에서 나뭇잎이 나오잖니. 그런데 꼭지에서도 나뭇잎이 나올 수 있니?

자녀: 우아 . 놀라워요. 꼭지에서 잎이 나올 수 없지요.

아빠: 우리가 사과를 그릴 때 잎을 그리면 너처럼 꼭지에서 잎이 나오게 그리거나 또 어떻게 그리니?

자녀: 사과 속에서 잎이 나오는 것으로 그리지요.

아빠: 그렇지. 그런데 사과 속에서 사과 잎이 나올 수 있니?

자녀: 과학적으로 결코 사과 속에서 잎사귀가 나올 수는 없지요. 잎사귀는 가지에 붙어 있어요. 사과 꼭지나 사과 속에서 나올 수 없어요.

아빠: 직접 인터넷으로 사과를 찾아볼까?

자녀: (인터넷으로 '사과'를 검색하고 나서) 사과는 항상 가지에 꼭지가 붙어 있고, 그 잎도 가지에 붙어 있네요.

아빠: 정말 재미있지? 그런데 우리는 왜 사과 잎을 그릴 때 꼭지에 붙여 그리거나 사과 속에서 나오는 것처럼 그릴까?

자녀: 우리의 고정관념이 정말 무섭네요.

아빠: 또 하나 있단다.

자녀: 또요? 뭔데요?

잎사귀는 가지에 붙어 있다. 사과 꼭지나 사과 속에 붙어 있을 수 없다.

아빠: 느낌표지!

자녀: 느낌표요?

아빠: 네 그림에도 느낌표가 있잖니?

자녀: 에이. 그건 느낌표가 아니라 사과가 반짝이는 모습을 그린 거잖아요.

아빠: 모양이 완전히 느낌표를 닮았잖아. 상자에 그려진 사과도 그렇고. 왜 우리는 느낌표를 사과에 그리지?

자녀: 사과를 싱싱하게 보이게 하려고 그러는 거 아닐까요?

아빠: 맞아. 그런데 실제 사과에 느낌표가 있니?

자녀: 아니요.

아빠: 나는 사과에 '복'(福)자가 붙어 있거나 '합격' 같은 단어가 있는 것은 보았지만, 느낌표는 못 본 것 같은데 말이야.

자녀: 그러고 보니 이상하네요. 완전히 습관이에요. 사과 하면 떠오르는 이미지는 나의 고정관념이었네요.

아빠: 그렇게 우리의 고정관념은 무서운 거란다. 한번 고정되면 바꾸기도 어렵고. 그런데 창의성은 어디에서 출발하니?

자녀: 창의성이요? 새롭게 생각해야 하는 거잖아요?

아빠: 그래, 맞아. 새롭게 생각하려면 무엇을 깨야 가능한데?

자녀: 고정관념이지요.

자녀교육 혁명 하브루타

아빠: 그렇지. 우리가 창의성에 대해 말을 많이 하는데, 그런 창의성의 출발은 고정관념을 깨는 것에서 시작되잖니!

자녀: 그런데 사과 하나에도 우리의 고정관념이 숨어 있는 거네요.

아빠: 그렇지. 우리가 지금까지 살펴본 것처럼 말이야.

자녀: 내가 그린 사과 그림 하나에서 이렇게 많은 것을 알게 되다니. 정말 신기해요. 고맙습니다.

이런 식으로 생활 속에서 하브루타 재료를 발견하고 나누다보면 어느새 성장한 자신과 친밀해진 가족의 모습을 발견하게 될 것이다. 하브루타를 실천함으로써 행복과 성공과 신앙을 모두 성취하기를 바란다.

1. 이영돈,《마음》(예담, 2006), 170.

2. 엘리사 메더스, 진성록 옮김,《아이의 뇌세포를 춤추게 하라》(부글북스, 2007), 138.

3. 이기복,《성경적 부모교실》(두란노, 2006), 66.

4. 에드워드 R. 크리스토퍼슨, 서영조 옮김,《미국심리학회가 권하는 자녀교육법》(아인북스, 2006), 349.

5. 노경선,《아이를 잘 키운다는 것》(예담, 2007), 31.

6. 신의진·우남희·이기숙,《서둘지 않는 엄마의 타이밍 학습법》(서울문화사, 2007), 152.

7. 중앙일보 2007년 4월 17일자.

8. 레이먼드 크래이머, 신동운 옮김,《마음을 열어 주는 예수 심리학》(스타북스, 2007), 28.

9. 차동엽,《무지개 원리》(동이, 2006), 96.

10. 윌리엄 시어스 외, 노혜숙 옮김,《성공하는 아이, 친구 같은 부모가 만든다》(친구미디어, 2004), 30.

11. 노경선, 앞의 책, 34.

12. 노경선, 앞의 책, 75-76.

13. 마사 하이네만 피퍼 · 윌리엄 피퍼, 최원식 옮김,《스마트 러브》(나무와 숲, 2008), 82.

14. Meier, P., *Christian Child-Rearing and Personality Development*, Translated into Korean by Jeoung Hee-Young(Seoul :Chongshin College Press, 1988), 12.

15. 신의진·우남희·이기숙, 앞의 책, 47.

16. 구정은,《엄마의 심리학》(리더스하이, 2006), 55.

17. 윌리엄 시어스 외, 앞의 책, 25.

18. 신의진·우남희·이기숙, 앞의 책, 21.

19. 메맷 오즈 · 마이클 로이젠,《내 몸 사용설명서》(김영사, 2007), 101.

20. 릭 오스본, 정은영 옮김,《마리아와 요셉의 자녀 양육》(인피니스, 2006), 150.

21. 쉐마에 대해서는 현용수,《잃어버린 구약의 지상명령 쉐마 1,2,3》(쉐마. 2009) 등 20여 권의 책을 참고하기 바란다.

22. 장화선, 〈신앙교육의 관점에서의 쉐마에 대한 연구〉(《신학지평》16, 2003), 68-71.

23. 김진섭, 〈성령님이 충만한 3대 명가의 태교〉(쉐마교육학회 하계학술논문발표회, 2011), 55.

24. 장보근, 앞의 책, 106-107.

25. 에란 카츠, 박미영 옮김,《천재가 된 재롬》(황금가지, 2007), 206.

26. 변순복, 〈삶의 지혜를 찾아 성경 속으로 탈무드 속으로〉(연세목회자 신학 세미나 26, 2006), 99.

27. 루스 실로, 김하 옮김,《호기심 많고 엉뚱한 우리 아이 똑소리나게 키워라》(토파즈, 2008), 8.

28. Aaron Parry, *The Talmud*(NY:Alpha, 2004), 275.

29. Torah Aura Productions, *Talmud with Training Wheels*(LA:Joel Lurie Grishaver, 2007), 5.

30. Aliza Segal, *Havruta Study: History, Benefits and Enhancements*(Jerusalem: Academy for Torah Initiatives and Directions, 2004), 3. 하브루타라는 용어는 영어로 Havruta, Hevruta, Chavruta, Chavrusa 등으로 표현된다. Havruta는 가장 일반적으로 쓰이는 용어다.

31. Nancy Fuchs-Kreimer & Nancy H. Wiener, *Judaism For Two:A Spiritual Guide for Strengthening and Celebrating Your Loving Relationship*(Woodstock Vermont:Jewish Lights Publishing, 2005), 7-8.

32. Nurit Stadler, *Yeshiva Fundamentalism:Piety, Gender, and Resistance in the Ultra-Orthodox World* (NY:NYU Press, 2009), 165.

33. Rachel Brodie, *Jewish Family Education:A Casebook for the Twenty-First Century*(LA:Alef Design Group, 2002), 7.

34. 앤드류 서터, 남상진 옮김,《더 룰》(북스넛, 2008), 122.

35. 최재호,《세상을 길라잡는 유대인》(한마음사, 2008), 278.

36. 정현모,《유태인의 공부》(성안당, 2011), 49.

37. 고영,《작은 소리로 아이를 천재로 만드는 유태인 천재교육》(효원출판사, 2007), 146.

38. 이희경,《부모들의 대화기술》(산호와진주, 2006), 29.

39. 정현모《유태인의 공부》(성안당, 2011), 187.

40. 현용수,《유대인 아버지의 4차원 영재교육》(동아일보사, 2006), 308.

41. 에란 카츠, 앞의 책, 219.

42. 마사 하이네만 피퍼, 김미정 옮김,《내적 불행》(푸른육아, 2008), 71.

43. 마사 하이네만 피퍼 · 윌리엄 J. 피퍼, 앞의 책, 49.

44. 제인 넬슨 · 쉐릴 어윈, 조형숙 옮김,《넘치게 사랑하고 부족하게 키워라》(프리미엄북스, 2001), 213.

45. 유지미, 〈성전과 소년 예수〉(《설교자를 위한 성경연구》, 7, 2000), 60-71.

46. 김숙현, 〈예수 논쟁 방법에 관한 고찰〉(기독교언어문화논집, 2002) 5(1).을 바탕으로 재구성하였다.

47. A. J. Kolatch, 김종식·김희영 옮김,《유대인들은 왜?》(크리스챤뮤지엄, 2009), 41.

48. 김진섭, 〈성령님이 충만한 3대 명가의 태교〉(쉐마교육학회 하계학술논문발표회, 2011), 55.

49. 고재학,《부모라면 유대인처럼》(예담프렌드, 2010), 74.

50. EBS 아기성장보고서 제작팀,《아기성장보고서》(예담, 2009), 14-15.

51. 최재호, 앞의 책, 264-265.

52. 조선강, 〈기독교 태아교육의 가능성에 관한 연구〉(《기독교교육연구》3, 1992), 139-140.

53. 이영희,《침대머리 자녀교육》(몽당연필, 2009), 126.

54. 이케가야 유지, 김성기 옮김,《착각하는 뇌》(리더스북, 2008), 158.

55. Anita Diamant & Karen Kushner, *How to Raise a Jewish Child*(NY:Schocken Books, 2008), 53.

56. 류모세,《열린다 성경 성전 이야기》(두란노, 2009), 174-175.

57. 에란 카츠, 박미영 옮김, 앞의 책, 29.

58. 김종철,《이스라엘에는 예수가 없다》(리수, 2010), 159.

59. 마빈 토케이어 인터뷰(중앙일보 2010년 8월 11일자).

60. Daniel L. Switzer, *Train Up a Child*(Clarksville:Lederer Books, 2007), 102.

61. 쉐마목회자클리닉은 3차 학기로 구성되어 있다. 1차는 인성 교육을 배우고, 2차는 쉐마 교육에 대해 배운 다음, 3차 학기는 미국 Field Trip을 가게 된다. 미국 LA에서 유대인 회당, 가정, 학교 등을 방문하여 유대인 교육과 문화를 직접 체험하게 된다.

62. Anita Diamant & Karen Kushner, 앞의 책, 53-80; A.J. Kolatch, 김종식·김희영 옮김, 앞의 책, 188-208을 주로 참고하되, 여러 책을 종합하여 일반적인 순서를 정리하였다. 현용수, 《신앙명가 이렇게 세워라 2》(쉐마, 2011), 190-196에서도 자세히 다루고 있다.

63. Anita Diamant & Karen Kushner, 앞의 책, 6.

64. 이희영, 《솔로몬 탈무드》(동서문화사, 2004), 161-162.

65. A. J. Kolatch, 김종식·김희영 옮김, 앞의 책, 204.

66. 설동주, 〈과천약수교회의 쉐마학당과 인성교육〉(쉐마교육학회 하계 학술논문발표회, 2012), 73.

67. 전성수, 《헤브루타 그림 성경》(두란노키즈, 2012), 24-31에 실려 있는 이야기이며, 하브루타의 실제는 그 책의 질문들을 바탕으로 재구성되었다.

68. 슈물리 보태악, 정수지 옮김, 《유태인 가족대화》(랜덤하우스코리아, 2009), 180-181.

자녀교육 혁명 하브루타

하브루타는 뇌를 격동시켜 성공을 가져오고, 애착과 대화를 통해
가족의 행복을 보장하며, 일상의 성경 나눔을 통해
신앙을 전수시킨다.

이 책이 당신의 가정에
하브루타의 행복을 선사하길 바란다.